Atores e poderes
na nova ordem global

FUNDAÇÃO EDITORA DA UNESP

Presidente do Conselho Curador
Marcos Macari

Diretor-Presidente
José Castilho Marques Neto

Editor Executivo
Jézio Hernani Bomfim Gutierre

Assessor Editorial
João Luís C. T. Ceccantini

Conselho Editorial Acadêmico
Alberto Ikeda
Alfredo Pereira Junior
Antonio Carlos Carrera de Souza
Elizabeth Berwerth Stucchi
Kester Carrara
Lourdes A. M. dos Santos Pinto
Maria Heloísa Martins Dias
Paulo José Brando Santilli
Ruben Aldrovandi
Tania Regina de Luca

Editora Assistente
Denise Katchuian Dognini

Gilberto Dupas

Atores e poderes na nova ordem global

Assimetrias, instabilidades e imperativos de legitimação

© 2005 Editora UNESP

Direitos de publicação reservados à:
Fundação Editora da UNESP (FEU)
Praça da Sé, 108
01001-900 – São Paulo – SP
Tel.: (0xx11) 3242-7171
Fax: (0xx11) 3242-7172
www.editoraunesp.com.br
feu@editora.unesp.br

CIP – Brasil. Catalogação na fonte
Sindicato Nacional dos Editores de Livros, RJ

D942a

Dupas, Gilberto, 1943-
    Atores e poderes na nova ordem global: assimetrias, instabilidades e imperativos de legitimação / Gilberto Dupas. – São Paulo: Editora UNESP, 2005.

    Anexo
    Inclui bibliografia
    ISBN 85-7139-574-8

    1. Relações econômicas internacionais. 2. Capitalismo. 3. Política internacional. 4. Mercado de trabalho. 5. Tecnologia e civilização.
    I. Título.

05-0046   CDD 337
                                                                                    CDU 337

Editora afiliada:

A missão da política na era da liberalização, que consistiria justamente em definir e distribuir os riscos econômicos e os demais impoderáveis riscos globais ligados ao mercado mundial, jamais é assim evocada. Somos vítimas de um otimismo que não se apóia na reflexão e na imaginação sobre as catástrofes possíveis, mas unicamente no lema negligente *pouco me importa aquilo que ignoro.*

Ulrich Beck

Sumário

Introdução   9

1 Assimetrias e impasses na nova lógica do poder global   15

Nações e poder global no início do século XXI   20

Os atores em cena   27

O metajogo do poder e suas estratégias   32

A inexorabilidade da lógica global   42

Os múltiplos impasses e contradições   48

O caso paradigmático da América Latina   59

O significado do trabalho
e das migrações na nova lógica global   68

As novas tecnologias e seus riscos   74

2 O amplo domínio do capital
e o imperativo da legitimação democrática   81

Estratégias e poderes
do capital e as questões da legitimidade   94

Protecionismo: o Estado a serviço da corporação   112

Globalização, capital e legitimação   116

Filantropia e "responsabilidade social" das corporações   118

3 O futuro dos Estados nacionais   125

Nação e soberania   137

Pós-modernidade, Estado contemporâneo e seus dilemas   150

Lógica global, fragilização dos
Estados e desintegração social   157

O Estado nacional e suas estratégias   168

4 O contrapoder da sociedade civil   175

A reação da sociedade civil   179

Cidadania e prática da democracia   185

A necessidade de legitimação e o poder da sociedade civil   187

O consumidor consciente   194

As redes virtuais e as novas armas do cidadão virtual   198

A prática da intolerância e o terrorismo como contrapoder   207

5 Possibilidades de reequilíbrio de poderes na era global   219

Reformas na socialdemocracia   222

O cosmopolitismo como solução?   227

As forças de resistência à integração:
nacionalismos e hegemonias   240

A ousadia da União Européia testando o cosmopolitismo   246

As difíceis opções da América Latina   259

A reconstituição do espaço da política na era global   267

Observações finais   279

Referências bibliográficas   287

Anexo   297

Índice onomástico   311

Índice remissivo   315

Introdução

Este livro pretende explorar a profunda assimetria entre os poderes que exercem os principais atores econômicos, políticos e sociais sobre a nova ordem global, bem como caracterizar as instabilidades e os impasses que esses desequilíbrios provocam na formulação de modelos consistentes de equilíbrio e governabilidade sistêmica para a primeira metade do atual século. Mas, para além desse balanço de poderes, aprofundaremos as reflexões sobre o crescente imperativo de legitimação que o capital e as grandes corporações – os grandes atores do capitalismo global vencedor – passam a necessitar para se livrarem da imputação de destruidores do meio ambiente, redutores do mercado de trabalho mundial e agentes socialmente não-responsáveis. Finalmente, em busca de alternativas de reequilíbrio das tensões desestabilizadoras que o perverso quadro atual gera, exploraremos os espaços de contrapoder que podem surgir a partir de ações concretas da sociedade civil e dos Estados transnacionalizados.

O presente estudo de alguma forma encerra um ciclo de investigação sobre as lógicas e os efeitos do capitalismo global que iniciamos com *Economia global e exclusão social* (Paz e Terra, 1999), seguimos com *Ética e poder na sociedade da informação* (Unesp, 2000), *Hegemonia, Estado e governabilidade* (Senac, 2001) e que havia tido como última expressão *Tensões contemporâneas entre o público e o privado* (Paz e Terra, 2003).

Atores e poderes na nova ordem global está estruturado em cinco capítulos. No primeiro, "Assimetrias e impasses na nova lógica do poder global", analisamos os principais atores que disputam a cena do metajogo global de poder, caracterizando os múltiplos impasses e contradições em que se acha enredado esse jogo, enfatizando o grave estreitamento do mercado de trabalho mundial e os riscos das novas tecnologias. Especial atenção é dada à América Latina, região na qual tantas falsas ilusões foram vendidas com o chamado "Consenso de Washington" e que agora enfrenta um novo e duro impasse. Assim, os itens "Nações e poder global no início do século XXI" e "O caso paradigmático da América Latina" são recheados de evidências numéricas que podem torná-los um pouco áridos. Isso é intencional: no primeiro caso, para quantificar com clareza as brutais assimetrias da atual ordem global; no segundo, para que não pairem dúvidas àqueles mais sensíveis ao discurso hegemônico de que os progressos foram mínimos e os tempos ruins estão de volta. Em nada prejudica ao leitor que, em ambos os casos, passe por cima dos números e dê uma olhada nos gráficos apresentados no "Anexo", que fornecem uma visão sintética de tendências. No segundo capítulo, "O amplo domínio do capital e o imperativo da legitimação democrática", analisam-se as estratégias e os poderes dos atores do capital, as questões de legitimidade social e política que eles ocasionam e como os grandes Estados nacionais e as instituições internacionais –

que muitas vezes agem como seus coadjuvantes – tornam-se parceiros dessas estratégias. Finalmente, examinamos a auto-proclamada "responsabilidade social da empresa" como uma faceta daquela estratégia que visa flertar com uma legitimidade que essas corporações não conseguem conquistar sozinhas. O terceiro capítulo tem como tema "O futuro dos Estados nacionais". Ele inicia com uma visita sumária às origens históricas do Estado moderno, avança pelas discussões sobre nação e soberania para, por fim, discutir os dilemas do Estado contemporâneo, premido entre as forças do neoliberalismo que o exigem a seu serviço como Estado-mínimo e as demandas sociais que crescem diante de perigos e desafios que só podem ser enfrentados globalmente.

O quarto capítulo, "O contrapoder da sociedade civil", trata da investigação sobre as forças que surgem como resistência à hegemonia do capital. Examinamos o tônus atual da reação dos movimentos da sociedade civil, a prática democrática e o exercício de cidadania, a eficácia do comportamento consciente do consumidor, as novas armas viabilizadas pelas redes virtuais e, finalmente, a afirmação do terrorismo global como forma trágica de contrapoder. O último capítulo, "Possibilidades de reequilíbrio de poderes na era global", faz um balanço crítico da eficácia das atuais formas de ação do Estado – por meio de blocos transnacionais espelhados na União Européia – e das ricas utopias fundamentadas no cosmopolitismo, que ressurgem com toda a força; analisam-se, também, as forças de resistência a essas práticas e idéias num mundo hegemônico unipolar, exploram-se as parcas opções disponíveis na América Latina e, por fim, rediscute-se o papel fundamental da política como reequilibradora de um sistema em crise e resgatadora de um nível indispensável de utopia. Nas "Observações finais", apresenta-se uma síntese das questões que continuam suspensas.

Em várias partes do trabalho são citadas explicitamente algumas corporações globais e mencionadas suas ações ou estratégias como referências de exercício de poder sobre o qual nos interessa chamar a atenção. Desde já é preciso ficar claro que, além de estarem sempre referidas a notícias na imprensa diária ou a menções específicas em ensaios de terceiros, essas citações obviamente não têm como intenção ou pretensão nenhum julgamento moral sobre as próprias empresas e seus dirigentes ou acionistas. Às empresas, o sistema capitalista reserva o papel fundamental de transformadores de capital em mercadorias e serviços, alimentando a capacidade de acumulação do sistema mediante a maximização do lucro do seu negócio. Não faz parte da lógica capitalista a auto-regulação do capital. Cabe à sociedade, por meio dos Estados nacionais, enquadrá-las em limites legais cabíveis em cada circunstância, procurando conciliar sua tendência autárquica incessante de concentração, automação e maximização de rentabilidade por todos os caminhos possíveis com os interesses fundamentais e legítimos das sociedades – como o nível de emprego e a preservação do meio ambiente – que acabam conflitando com estratégias corporativas.

Ao final desta breve introdução tenho que lidar com o recorrente e insolúvel problema do amplo leque de agradecimentos necessários para fazer justiça a tantas pessoas que foram indispensáveis para que este trabalho se concluísse. Inicio obviamente com as contribuições intelectuais essenciais que fui garimpar em autores que respeito e das quais, muitas vezes, na dificuldade de lapidar formas já tão bem resolvidas, aproprieime mais do que devia. É o caso dos trabalhos mais recentes de Ulrich Beck, a quem devo parte fundamental da discussão sobre o metajogo, seus atores e as questões de legitimação, embora vendo com reservas seu otimismo sobre o renascer da belíssima utopia cosmopolita. É dele, como pequena homenagem, a frase do frontispício. O mesmo se deu com Ernst Cassirer, de quem me apropriei da síntese do percurso do pensamento mítico ao Estado moderno; isso para citar apenas dois exemplos.

Devo a Fábio Villares de Oliveira e a Marcelo Fernandes de Oliveira, companheiros de reflexão no Instituto de Estudos Econômicos e Internacionais, a leitura rigorosa do texto e várias sugestões, algumas delas incorporadas na versão final. Agradeço a Adalton César da L. Oliveira o eficiente apoio na análise de dados; e a Rosana de Lima Soares, a sempre cuidadosa revisão final. Aqueles que não pude ou não me lembrei de citar que me perdoem e, ainda assim, recebam meu reconhecimento.

A Margarida Azevedo Dupas, por todas as razões do mundo. E, por meio dos meus filhos queridos – Cláudio, Mariana e Ana Luiza –, a homenagem a todos os jovens desta era global para quem nossa geração falhou em entregar um mundo melhor. Que eles consigam.

1
Assimetrias e impasses na nova lógica do poder global

Compreender a nova ordem mundial exige lançar o olhar – ainda que superficialmente – pela história dos últimos séculos e examinar o dinamismo e as relações de poder que resultaram da vitória retumbante do capitalismo globalizado, atualmente o único modelo disponível para fazer mover a economia mundial com padrões mínimos de eficiência. Isso significa ir muito além do aparente equilíbrio de forças definido a partir da conduta internacional dos Estados Unidos pós-Onze de Setembro, uma exótica contingência histórica que fez coexistirem uma ação política terrorista dramática com um governo norte-americano de inspiração fundamentalista.

O capitalismo surgiu entre os séculos XIV e XVI, mas foi no século XVIII que se firmou com seu imenso poder produtivo. Analisar o longo caminho percorrido pelo capitalismo até o que hoje se designa *economia global* é investigar as suas crises, no melhor estilo da metáfora schumpteriana da destruição criativa. Durante o século XX, no entanto, esse sistema se firmou progressivamente e, no confronto com a implementação de uma alternativa socialista, acabou confirmado como o grande vencedor. Na emergência do capitalismo em sua forma hegemônica deste início de século XXI, os dois dos raros pensadores do final do século XIX que parecem ter tido suas idéias confirmadas foram Max Weber e Karl Marx. Weber (2004) citava Gothein para designar "a diáspora calvinista como o viveiro em que floresceu a economia capitalista". E lembrava as máximas de Benjamin Franklin, satirizadas por Ferdinand Kürnberger (cf. ibidem, p.44), como sendo uma espécie de profissão de fé ianque que expressava a essência do *espírito capitalista*, uma filosofia da avareza que definia o homem digno de crédito como aquele que tinha crédito e valorizava o dever do aumento das posses como um objetivo em si mesmo.

Não que a cobiça, a *auri sacra fames*,[1] fosse menor no mandarim chinês ou no aristocrata da Roma antiga ou no antigo artesão europeu. Ela é tão velha quanto a história da humanidade, como naquele capitão de mar holandês que "por ganância estava disposto a varar o inferno, mesmo que dali saísse com as velas em chamas" (ibidem, p.44). Mas, para Weber, o *espírito capitalista* transformou esse sentimento num vitorioso *fenômeno de massa* que deu origem a um sistema econômico bem-sucedido e avassalador. Dizia ele:

> Atualmente a ordem econômica capitalista é um imenso cosmos em que o indivíduo já nasce dentro e que para ele, ao menos enquanto indivíduo, dá-se como um fato, uma crosta que ele não pode alterar e dentro da qual tem que viver. Esse cosmos impõe ao indivíduo, preso nas redes do mercado, as normas de ação econômica. O fabricante que insistir em transgredir essas normas é indefectivelmente eliminado, do mesmo modo que o operário que

---

1 "Sagrada fome do ouro", expressão consagrada na *Eneida* de Virgílio para designar a incontida avidez por riqueza.

a elas não possa ou não queira se adaptar é posto no olho da rua como desempregado. (2004, p.50)

Além do mais, esse sistema encontrou sempre à mão, do século que se seguiu até os dias de hoje, uma permanente abundância de uma das suas condições de vitalidade. É mais uma vez Weber quem previa que, "para sua expansão, o capitalismo requer a existência de um excedente populacional que ele possa alugar a preço baixo no mercado de trabalho" (ibidem, p.47-8).

No caso de Marx, em instigante texto que pretende resgatar o pensamento original marxiano, Meghnad Desai (2003) lembra ter sido ele ironicamente um propagandista do livre-comércio e do fim das barreiras tarifárias; não defendia o monopólio de um partido único, e nunca afirmou literalmente que o partido comunista deveria guiar o proletariado. Na verdade, as primeiras investigações sobre o capitalismo feitas por Adam Smith, em meados do século XVIII, em *A riqueza das nações,* no famoso exemplo da fábrica de alfinetes – onde a produtividade é aumentada várias vezes pela especialização, com a divisão do trabalho constituindo-se na chave para essa maior produtividade –, já antecipavam a longa rota de sucessos e perversões desse sistema econômico. Entre o nascimento de Smith, em 1723, e a morte de Marx, em 1883, ocorreu uma profunda mudança não só nas sociedades européias mas no mundo em geral. Nesse período, o capitalismo passava a ser a norma estabelecida para a organização da vida econômica, como o modo de produção dominante. Quando Marx nasceu, a fiação – então ainda artesanal – passava por uma revolução. A necessidade de expandir constantemente o mercado para os seus produtos impulsionou a burguesia a ampliar os mercados mundiais, dando já naquela época um caráter cosmopolita à produção e ao consumo, ou seja, à própria lógica da expansão capitalista.

Marx, que havia passado os anos 1850 e boa parte da década seguinte trabalhando em *O capital*, acabou embriagado pelo poder e pela força retórica das idéias suas e de Friedrich Engels contidas no *Manifesto comunista* (1848) e imaginou que elas poderiam mudar a realidade da época; muitos dos seus amigos chegaram a crer que elas liquidariam o sistema capitalista. Desai afirma que "durante os esforços prolongados dedicados à redação de *O capital*, o próprio Marx temia (sobretudo em 1857) que o capitalismo pudesse desaparecer antes que ele completasse a sua crítica" (2004, p.62). Já o próprio *O capital* continha duas idéias principais: em primeiro lugar, a explicação do que fazia o capitalismo funcionar, ou seja, de como os lucros eram gerados pela extração da mais-valia dos trabalhadores; em segundo, indicações sobre o futuro provável do sistema capitalista.

Quanto à primeira, a lógica do modelo, a famosa descrição contida no *Manifesto* – documento anterior a *O capital* – é preciosa e constitui uma verdadeira premonição – com um século e meio de antecipação – do que viria a ser o capitalismo global:

A necessidade de expandir constantemente o mercado para os seus produtos impulsiona a burguesia em toda a superfície da terra. Ela precisa criar abrigos em toda parte, estabelecer-se em todos os lugares, afirmar conexões em todo o mundo. Com a exploração do mercado mundial, a burguesia deu um caráter cosmopolita à produção e ao consumo em todos os países. Para grande pesar dos reacionários, retirou de sob os pés da indústria o solo nacional sobre o qual ela existia. Todas as indústrias nacionais foram destruídas ou estão sendo destruídas diariamente. São deslocadas por novas indústrias, cuja introdução passa a ser uma questão de vida e morte em todas as nações civilizadas; por indústrias que não trabalham mais com as matérias-primas locais, porém com materiais trazidos das regiões mais remotas. Indústrias cujos produtos são consumidos não só naquele país mas em todas as partes do mundo. Em lugar das antigas necessidades, atendidas pela produção nacional, temos novas necessidades, que para a sua satisfação exigem os produtos de terra e climas distantes. Em lugar do antigo isolamento e da auto-suficiência local e nacional, temos um intercâmbio em todas as direções, a interdependência universal das nações. (Marx apud Desai, 2004, p.17)

Com referência à segunda idéia central – a da duração do capitalismo – no curto prefácio de *Uma contribuição à crítica da economia política*, publicado em 1859, Marx escreveu:

> Nenhuma ordem social jamais desaparece antes que todas as forças produtivas que acolhe se tenham desenvolvido; e novas relações superiores de produção nunca surgem antes que as condições materiais para a sua existência tenham amadurecido no seio da antiga sociedade. Assim, a humanidade sempre se propõe só as tarefas que pode executar; ao examinar o assunto mais de perto sempre verificamos que a própria tarefa só surge quando há condições materiais necessárias para a sua solução, ou pelo menos quando essas condições se encontram em processo de formação. (Apud ibidem, p.67)

Depois de sua morte, em especial durante os anos 1890, insistiu-se em afirmar que Marx previa o fim iminente do capitalismo, o que não parece fazer justiça à sofisticação de suas análises. O capitalismo sobreviveu e fortaleceu-se. Nenhuma das condições imaginadas como possíveis causas do fim do sistema capitalista pareceu poder detê-lo: a redução do consumo e a falta de mercados, a organização dos trabalhadores, a perda do império colonial, a escassez de petróleo e a ameaça proletária do terceiro mundo. Parece a Desai, portanto, que Marx não estaria surpreso com a vitalidade do capitalismo se estivesse vivo para observar o atual cenário. O capitalismo não desaparecerá até esgotar – se é que um dia esgotará – o seu potencial. O século XX foi uma brilhante e assustadora demonstração de sua força. Desai acha-se resgatando Marx ao afirmar que

> a persistência da dinâmica do capitalismo no princípio do século XXI é a vingança de Marx contra os marxistas – todos aqueles que, em seu nome, mentiram, roubaram, assassinaram e propagaram falsas esperanças. É necessário retornar ao Marx original para compreender as forças do capitalismo e os segredos de seu dinamismo. (Ibidem, p.24)

Nações e poder global no início do século XXI

A maneira menos insatisfatória de estimar o poder de um país ainda é o tamanho do seu PIB (produto interno bruto). Ele pode ser medido por três valores macroeconomicamente idênticos: a despesa, a produção e a renda. Pela ótica da despesa, ele agrega o consumo total das famílias e do governo, os investimentos públicos e os privados e a variação do saldo externo; pelo enfoque da produção, ele soma o valor dos produtos da agropecuária, da indústria e dos serviços; finalmente, pelo viés da renda, ele mede os rendimentos do trabalho, os lucros do capital e as receitas do governo. Como se pode notar, o PIB engloba os comércios interno e externo de um país e sua competência para gerar reservas, sua capacidade de acumular ativos públicos e privados, seus gastos militares e com defesa, o tamanho do seu mercado interno etc. Trata-se, pois, de um indicador abrangente e bastante razoável para utilizarmos como comparação do peso relativo entre nações; o que não quer dizer, obviamente, que países com PIBs semelhantes tenham o mesmo poder.

No entanto, quando se trata de lidar com o potencial do mercado interno ou o "padrão de vida" das populações, outro índice utilizado comumente é o PIB medido em PPP (*purchase power parity*). Ele relativiza o poder de compra dos indivíduos com base nas diferenças expressivas nos preços relativos, de modo a poder estimar paridades entre diferentes países. Por exemplo, se dois indivíduos moram em uma habitação de três cômodos e metragem semelhante, um deles nos arredores de Bombain (Índia) e o outro em Manhattan (Estados Unidos), supõe-se que – em termos relativos – eles tenham o mesmo "conforto". No entanto, o primeiro gasta cinco vezes menos em dólares que o segundo; e isso é levado em conta no cálculo do PPP. É o que explica por que o PIB *per capita* da Índia é de 450 dólares e, medido em PPP, chega a 2.751 dólares; em suma, justifica por que a população indiana sobrevive com renda tão baixa.

Pois bem, a partir dessas considerações pretendemos classificar os países em três categorias. A primeira será a das grandes nações ricas, que chamaremos de *grandes países centrais*, por ocuparem o *core* do poder mundial (suposição que, preliminarmente, nos parece útil manter); elas têm mais de 1 trilhão de dólares de PIB e PPP[2] *per capita* superior a 18 mil dólares anuais. A segunda categoria, que chamaremos de *outros países centrais*, definimos como sendo formada pelos demais países ricos, com PPP também superior a 18 mil dólares, mas com PIBs entre 120 bilhões de dólares e 1 trilhão de dólares. Finalmente, designaremos as nações acima de certo porte, mas relativamente mais pobres (PPPs inferiores a 18 mil dólares anuais) – que tenham mais de 100 bilhões de dólares de PIB e população superior a 25 milhões de pessoas – como *grandes países periféricos*. Os

---

2 Dados do World Bank Indicators, 2004 (banco de dados organizado pelo Banco Mundial).

outros países serão considerados *demais países periféricos* (Quadros 1, 2 e 3 do "Anexo"). Claro está que a escolha das faixas e números utilizados para balizar as classificações é uma escolha entre muitas outras, até certo ponto arbitrária, mas que contém determinadas consistências e utilidades metodológicas. Pequenas alterações nessas faixas contemplariam outros países em nossas classificações, o que não importa muito para os argumentos e raciocínios que seguirão.

O que salta aos olhos no grupo de *grandes países centrais* é o peso dos Estados Unidos, *potência hegemônica* que gera, sozinha, 30% do PIB mundial. Em seguida aparece o Japão, mesmo após uma década de estagnação. Segue o núcleo básico da União Européia, formado por Alemanha, Reino Unido, França e Itália. Em conjunto, esses cinco países somam outros 32% do PIB mundial. Se juntarmos os seis maiores países, chega-se à impressionante cifra de 62%, distribuindo-se os restantes 38% entre todas as 204 nações menores. Ressalta-se, desde já, a imensa assimetria na distribuição atual do "poder econômico" mundial. Esses seis maiores países ricos têm um PPP médio de 29 mil dólares anuais, bastante homogêneo, à exceção dos Estados Unidos, que têm PPP de 37.352 dólares.

Quanto aos *outros países centrais*, são catorze países também ricos, com PPP médio muito semelhante ao dos *grandes países centrais*, exceção feita aos dois extremos: Noruega (37.063 dólares), Grécia (19.973 dólares) e Portugal (18.444 dólares). Retirando-se o Canadá e a Austrália, trata-se das demais nações ricas da União Européia (antes da integração do Leste). Finalmente, os *grandes países periféricos* assim o foram classificados porque, dada sua *massa crítica* representada pela concomitância de um PIB maior que 100 bilhões de dólares e uma população maior que 25 milhões de habitantes, os consideramos parte da lógica global das grandes corporações. O mercado atual e potencial que representam os incluem, queiram ou não, nas decisões estratégicas daquelas corporações a respeito de seus produtos mundiais. Note-se nesse grupo: a relevância da China, com 1,3 bilhão de pessoas, 1,4 bilhão de dólares de PIB, mas PPP de apenas 4.995 dólares; a discretíssima posição ocupada pela Rússia por desintegração, com um PIB de apenas 433 bilhões de dólares e um PPP equivalente ao brasileiro; quatro países em processos de transição econômica e política atípicos (China, Rússia, Polônia e Irã); as fortes quedas relativas da Argentina e do Brasil que, após as violentas crises cambiais iniciadas em 1999 tiveram forte redução do seu PIB em dólares (que eram respectivamente 299 bilhões e 788 bilhões de dólares em 1998); e, finalmente, um PPP médio de 8.496 dólares com desvios mais intensos (de 17.908 dólares na Coréia do Sul para 2.909 dólares na Índia).

Quanto às questões de poder relativo, são necessárias várias considerações. Em primeiro lugar, o desmantelamento do ex-império soviético liquidou com o sistema de equilíbrio de poder militar e nuclear da época da guerra fria. Atualmente, ainda que permaneça sendo a segunda potência militar mundial em termos de ogivas nucleares, a Rússia gasta, a duras penas, 8% do seu PIB para defesa (cerca de 25 bilhões de dólares); enquanto isso os Estados Unidos, com 4% do seu PIB, acumulam mais de 480 bilhões de dólares para despesas militares, o que o torna líder isolado e capaz de operar autonomamente em pelo menos dois conflitos em partes diferentes do mundo. A própria União Européia, que em termos de PIB acumulado teria porte semelhante ao dos Estados Unidos, agrega uma despesa militar muito inferior, é desarticulada e depende da Organização do Tratado do Atlântico Norte (Otan) para envolvimentos maiores, em que os Estados Unidos têm assento e dominância. Assim, em termos militares, trata-se de uma hegemonia mundial norte-americana indiscutível e assim deverá permanecer por certo tempo.

No enfoque de poder econômico, se medido pelo PIB, teríamos uma menor assimetria entre os Estados Unidos (10,9 trilhões de dólares), a nova União Européia (10,5 trilhões de dólares) e a Ásia (9 trilhões de dólares). Ainda assim, a predominância norte-americana é insofismável, especialmente quando nela englobamos as corporações transnacionais e o domínio tecnológico. Um bom exemplo são as fantasias sobre a China substituindo os Estados Unidos como potência hegemônica em duas décadas. Trata-se de uma hipótese sem muito sentido, no momento. Ainda que tudo continue a caminhar muito bem na complexa transição chinesa, se seu crescimento continuar na média fantástica de 8% ao ano, em vinte anos aquele país terá acumulado um PIB de 5,4 trilhões de dólares; no entanto, basta que os Estados Unidos mantenham até lá um crescimento de 2% anuais para atingir 15,2 trilhões de dólares (três vezes mais que o chinês). Claro que, nessas circunstâncias, o peso da China na economia e no poder mundial teria se alterado substancialmente, tendo ela então um PIB 26% maior que o do Japão de hoje. Ainda assim, nada a ameaçar de forma definitiva a hegemonia dos Estados Unidos.

Finalmente, outra questão que chama a atenção, além da brutal assimetria que caracteriza o atual poder mundial, é a sua tendência de crescimento. Se observarmos o Quadro 4, verificaremos que, desde 1977, o peso relativo (medido em PIBs) dos grandes países centrais em relação aos grandes países da periferia só cresceu. Isso não se deve necessariamente a um crescimento sistematicamente maior dos países ricos – que até, em determinados períodos, caminharam mais lentamente que os mais pobres – mas, especialmente, pelo efeito de percentuais de crescimento incidindo cumulativamente sobre montantes

Atores e poderes na nova ordem global

iniciais desiguais. Em suma, se 10% sobre 200 é 20, o mesmo percentual sobre 20 é apenas 2. O que significa que, após um período de crescimento igual, um conjunto de países com 200 de PIB passou a 220, e um conjunto com 20 foi para apenas 22, aumentando sensivelmente a diferença de ambos os conjuntos em favor do maior. A resultante final é um aumento progressivo da concentração do poder econômico em mãos dos grandes países ricos.

No entanto, essa imensa assimetria de PIBs não impediu os brutais atentados aos centros simbólicos do poder norte-americano por um grupo pequeno de fanáticos contando com recursos muito limitados, assim como não garantiu o controle efetivo dos Estados Unidos no Iraque e não consegue inibir jovens hackers talentosos, operando em fundos de quintal e utilizando laptops convencionais a criarem e espalharem vírus que causam imensos distúrbios em softwares de uso global – tanto comerciais quanto domésticos –, acarretando falhas nos sistemas de segurança de governos hegemônicos e prejuízos de bilhões de dólares. Fica claro, pois, que concentração tão intensa de poder não significa – nem garante – necessariamente um exercício permanente de dominação.

Antes de tudo, entende-se aqui por hegemonia – a partir de conceitos de Antonio Gramsci (1991) e Giovanni Arrighi (1996) – a liderança associada à capacidade de um Estado de se apresentar como portador de um interesse geral e ser assim percebido pelos outros. Portanto, a nação hegemônica é aquela que conduz o sistema de nações a uma direção desejada por ela, mas, ao fazê-lo, consegue ser percebida como se buscasse o interesse geral. Para tanto, as soluções oferecidas pela nação hegemônica devem criar contínuas condições de governabilidade mundial, respondendo à demanda das outras nações pressionadas por suas próprias tensões. Se isso nunca ocorrer, hegemonia transforma-se em tirania e só poderá ser mantida com grande coerção.

Felizmente, o mundo global parece ser hoje muito complicado e cheio de contradições para se dar a esse luxo macabro de manter uma situação imperial e tirânica por muito tempo. Joseph Nye (2002) nos sugere uma metáfora muito interessante para o entendimento da nova dinâmica hegemônica mundial: o jogo de xadrez do poder global em três níveis. Ele fala de um jogo de xadrez tridimensional. No tabuleiro de cima está o poderio militar, ocupado quase inteiramente pelos Estados Unidos, única potência mundial que pode fazer a guerra onde quiser e com seus próprios recursos. O tabuleiro do meio é do poderio econômico, com Estados Unidos, Europa e Japão ocupando dois terços do PIB mundial e China correndo velozmente em busca do seu lugar. Finalmente, o tabuleiro inferior é o reino dos múltiplos atores sociais em nível local e internacional. Nele estão organizações da sociedade civil, grandes e médias empresas, traficantes, pacifistas, terroristas, parte das mídias independentes, intelectuais e outras forças complexas, dinâmicas e razoavelmente autônomas. É nesse tabuleiro que as tecnologias da informação operam como disseminadoras de instrumentos de poder, tornando as distâncias menores e os riscos maiores. A idéia aqui é que, participando desse jogo tridimensional, a potência hegemônica pode perdê-lo se não olhar o segundo e o terceiro tabuleiros com muita atenção. É no terceiro tabuleiro – que não é dos poderes militar nem do econômico convencionais – que podem ocorrer lances decisivos para abalar a arrogância imperial. As tecnologias da informação, desenvolvidas nos dois primeiros tabuleiros, mas socializada pela própria lógica da globalização, garante a esses atores instrumentos poderosos que podem se voltar brutalmente contra seus criadores.

Outra consideração não trivial a fazer sobre a relativização das assimetrias de poder tem a ver com o domínio completo do ciclo nuclear e a posse de arsenais atômicos. Claro está que essa condição, embora problemática e discutível do ponto de vista estratégico e moral, estabelece saltos relativos nos degraus do poder mundial para aqueles países que a obtêm, como aconteceu com China e Índia e, mais recentemente, com a Coréia do Norte.

Os atores em cena

Quem são os atores do jogo global? De maneira esquemática podemos agrupá-los em torno de três áreas principais: a área do capital (atores da economia global, incluindo corporações, sistema financeiro, associações empresariais, acionistas); a área da sociedade civil (indivíduos e organizações sociais não-governamentais); e a área do Estado (Executivo, Legislativo, Judiciário, partidos políticos e instituições internacionais). Cada uma dessas áreas envolve, como é óbvio, uma grande quantidade de grupos e subgrupos, representando múltiplos interesses. Há atores que se ramificam entre essas categorias. Os grupos terroristas repentinamente adquiriram o status de novos atores mundiais, concorrendo com os Estados, a economia e a sociedade civil e disputando com os primeiros o monopólio da violência.

A autonomia dos Estados nacionais é, hoje, questionada ao mesmo tempo pelos atores econômicos e pela sociedade civil mundial. Veja-se o caso dos Estados Unidos, que ficaram rapidamente expostos a um déficit comercial de 450 bilhões de dólares por decisão estratégica de suas grandes corporações em produzir fora do país para se beneficiar de custos de fatores de produção mais baratos. Por outro lado, o dogma nacional pode também ser eventualmente enfrentado para fazer respeitar os direitos do homem, visto que os Estados podem agir como quiserem no interior de seu espaço de soberania. A globalização contemporânea é uma força normativa e política decisiva. Com isso, os conceitos de soberania e nacionalismo que prevaleceram durante o século XX são confrontados com a progressiva tensão entre protecionismo e abertura. O regime neoliberal decide, mediante instrumentos como o *investiment-grade* – amparado por uma tecnicalidade exótica que considera unicamente o resultado final quanto à competência de pagar as dívidas internacionais – quem se comportou conforme as expectativas, quem estará incluído ou excluído do jogo global; aqueles últimos sofrerão as duras sanções naturais do fluxo de investimentos internacionais, geneticamente estruturados para terem *coração de passarinho e pernas de lebre*. Gestão monetária de acordo com as regras do Fundo Monetário Internacional (FMI), reformas políticas ditadas por objetivos econômicos, metas rígidas de inflação, orçamento superavitário, liberação do comércio, liberdade de capitais, Estado social reduzido ao mínimo, são condições indispensáveis para uma boa pontuação. Se essas políticas conduzem a crises – a Argentina é o exemplo paradigmático – o país que assuma sozinho o risco de ter se comportado como lhe foi sugerido. O sistema internacional lava as mãos dentro da melhor tradição de que o sucesso tem vários pais, mas o fracasso é órfão.

Os Estados nacionais vêem-se pressionados em duas frentes: pelas exigências de um Estado minimalista, onde a autonomia se reduz a opções restritas à aplicação das normas neoliberais; e pela desregulação dos mercados, pela privatização dos serviços e pela deterioração progressiva do quadro social, que exigem um Estado forte e um aparato regulador muito eficiente, até para ter o poder de impor à sociedade civil condições desvantajosas. Um bom exemplo, por um lado, são as indexações e os reajustes de tarifas das empresas privatizadas necessários à remuneração adequada dos capitais, mas superiores ao aumento dos salários. Por outro, os Estados são obrigados a buscar cada vez mais intensamente baixar os custos dos seus fatores de produção a serem oferecidos para atrair partes das cadeias produtivas globais a seus territórios, numa estratégia de especialização fortemente competitiva que estimula um rebaixamento geral dos preços daqueles fatores entre Estados concorrentes, especialmente dos custos gerais da mão-de-obra e dos tributos. É dessa maneira que a China está ocupando o lugar do México com sua capacidade de oferecer grandes bases de produção com mão-de-obra extremamente barata e bem qualificada aos Estados Unidos. Para competir, o México terá que reduzir ainda mais seus custos, provocando novas quedas em outros países, e assim sucessivamente.

O mesmo acontece com as questões de rebaixamento das alíquotas de importação por conta da ampliação da inserção no comércio global. Quanto mais os grandes países da periferia se abrem, mais enfrentam outros que também se abrem para atrair investimentos das grandes corporações. Como essas nações acrescentam baixo valor tecnológico à sua produção local, ao se integrarem especializadamente na lógica das cadeias globais acabam gastando com suas importações mais do que conseguem ao exportar e não são capazes de obter os benefícios do aumento do fluxo de comércio, como foi o caso do México com a sua integração à Nafta (Tratado de Livre-Comércio da América do Norte). Embora tanto suas importações como exportações tenham mais do que triplicado de 1992 para 2002, o comércio mexicano continua a ser deficitário e seus indicadores sociais pioraram, como veremos em detalhe mais à frente. Além do mais, a partir de 2002, esse país vem perdendo sistematicamente empregos para a China. Essa estratégia paga um alto preço com a redução progressiva de margens de ação, erosão da soberania nacional e das condições de governabilidade. Quanto à sociedade civil, seu poder está se limitando especialmente pela erosão contínua dos movimentos sindicais, incapazes de dar suporte ao crescente volume de trabalho informal e de desemprego, especialmente devido aos processos intensos de terceirização e de automação. Caso recente que merece especial atenção é o do Brasil. Os sindicatos, especialmente os mais à esquerda, foram essenciais à eleição de Lula e seus líderes passaram a ocupar importantes funções no governo. A conseqüência foi terem que assistir, agora dentro do esquema político do governo, à contínua deterioração dos salários, do desemprego e da informalidade que continuou a rota anterior dos últimos quinze anos, só rapidamente interrompida durante os dois anos do pós-Plano Real. No entanto, a ação das organizações não-governamentais (ONGs) e dos movimentos sociais tem avançado muito, especialmente em organização e marketing; esses grupos da sociedade civil muitas vezes têm circunstancialmente ocupado o lugar dos partidos políticos e da formulação de certas políticas públicas no lugar dos Estados. Como regra geral, no entanto, eles não sabem a quem reivindicar e como influir na alteração mais ampla do processo global que conduz a progressivas assimetrias e concentração de renda e poder. No caso das ONGs ligadas a empresas privadas, seus objetivos raramente ultrapassam a função meramente mercadológica de fortalecimento da imagem da própria corporação, como melhor veremos no capítulo 4.

Vale ressaltar um ator muito especial dentro da nova lógica econômica global, que pode assumir um papel fundamental no equilíbrio futuro do poder, e que ainda está fora do jogo: o consumidor, o gigante adormecido, que – como muito bem lembra Ulrich Beck (2003a, p.34) – poderia transformar seu ato de compra em um voto sobre o papel político dos grandes grupos em escala mundial, lutando contra eles com suas próprias armas: o dinheiro e a recusa de comprar.

Finalmente, após o Onze de Setembro, os grupos terroristas adquiriram a condição de novos e importantes atores globais, concorrendo com os Estados, os partidos políticos, os atores econômicos e a sociedade civil. Devemos entender essa nova escala do terrorismo como uma ação criminosa, uma declaração de guerra contra valores ou uma batalha visando denunciar ou conquistar? Podemos afirmar que seus atores lutam por um mundo mais justo? O terrorismo internacional não é intrinsecamente ligado ao radicalismo islâmico, podendo se associar a qualquer vertente fundamentalista. É preciso distinguir esse terrorismo dos movimentos de libertação nacional como a ETA, os bascos ou os insurretos tchetchenos, ligados ao território e à nação, das novas redes de terrorismo transnacional. Beck (p.41) lembra que a morte guiada a distância saiu do domínio militar monopolizado pelos Estados e caiu na alçada de redes fanáticas que podem transformar aviões em mísseis. São kamikazes, antítese radical do *homo oeconomicus*, não conhecendo obstáculo econômico ou moral. Como tais, com a morte habitual dos agentes, são imunes à justiça, pois – após o crime – não há mais quem possa ser julgado. Constituem-se como uma espécie de *ONGs transnacionais da violência* dirigidas principalmente contra os valores norte-americanos ou ocidentais.

A ausência progressiva dos Estados e de suas ações públicas forma o caldo de cultura para o terrorismo. E as novas tecnologias são um arsenal de ferramentas maravilhosas à disposição da matança em massa, tanto para os Estados em guerra como para os atores terroristas. As maneiras reativas de lidar com essa ameaça, considerando a todos como terroristas em potencial até prova em contrário, abrirão espaço à individualização da guerra, podendo conduzir à morte dos direitos sociais – conquistados a duras penas ao longo de séculos de luta em países ocidentais – e à erosão da democracia: uma espécie de aliança dos Estados contra os cidadãos, contra o perigo imaginário que poderia vir de cada um dos seus próprios cidadãos.

Os riscos provocados pelo terrorismo, no entanto, têm natureza muito diferente dos riscos ecológicos a que vivemos expostos, acarretados por ação direta ou involuntária dos agentes econômicos. Os primeiros provocam deliberadamente a catástrofe, fazendo disso uma arma política; os últimos são conseqüência de ações indiretas, imprudentes e muitas vezes levianas, tendo o lucro como única motivação, mas não diretamente intencionais. No entanto, as ameaças ao ecossistema acabaram provocando uma saudável reação, hoje consolidada como um valor universal da sociedade civil: a proliferação dos movimentos em defesa do meio ambiente.

O metajogo do poder e suas estratégias

A partir das duas décadas finais do século XX, passou a imperar uma nova lógica global. A intensa aceleração da globalização dos mercados e a abertura dos grandes países da periferia a produtos e capitais internacionais, a partir dos anos 1980, coincidiram com a necessidade das corporações transnacionais de ampliarem seus mercados e sua produção de modo a operar com as maiores escalas e os menores custos possíveis. A manutenção da liderança tecnológica exigia geração de caixa cada vez maior para investimento em tecnologia de ponta. E as tecnologias da informação possibilitavam um fracionamento intenso da lógica de fabricação, em busca de facilidades de produção onde quer que estivessem, fossem elas proximidade dos mercados, mão-de-obra barata, flexibilidade das normas ambientais, economias fiscais ou *clusters* tecnológicos. O capitalismo global apossou-se por completo dos destinos da tecnologia, orientando-a exclusivamente para a criação de valor econômico. A liderança tecnológica passou basicamente a determinar os padrões gerais de acumulação. As conseqüências dessa autonomização da técnica com relação a valores éticos e normas morais definidos pela sociedade é um dos mais graves problemas com que tem de se confrontar este novo século.

Por outro lado, em todas as áreas da economia assiste-se a um violento processo de fusões e incorporações motivado pela nova lógica competitiva, que pressupõe saltos tecnológicos e busca de mercados cada vez mais globais. Já em 1996 as cem maiores corporações mundiais detinham cerca de um terço do estoque global de investimento direto e eram responsáveis por 80% do fluxo de pagamentos internacionais de *royalties* e *fees*, ou seja, de transferência de tecnologia. O faturamento total das empresas transnacionais dobrou de valor, por exemplo, de 1982 a 1992, crescendo muito mais que o PIB dos países. Esse processo continuou em progressão geométrica; se tomarmos as quinhentas maiores empresas globais, o total de suas vendas, no período de 1998 a 2001, elevou-se em 22%, enquanto o PIB global dos países cresceu 6%. A hegemonia das nações e a liderança das empresas nas cadeias produtivas globais têm atualmente como fator determinante a capacidade de inovação tecnológica sobre a qual se articula e organiza a produção mundial em busca da composição mais eficiente dos fatores de produção global: trabalho, capital, conhecimento e recursos naturais.

A nova lógica do poder mundial se assenta sobre competência e confrontação e baseia-se na combinação de uma série de mecanismos de poder nos campos militar, econômico, político, ideológico e cultural. O componente estratégico fundamental é o controle da tecnologia de ponta, dos recursos essenciais e da força de trabalho qualificada ou barata. A liderança tecnológica define a condição hegemônica dos capitais e dos Estados, porque é por meio dela que são impostos os padrões gerais de reprodução e multiplicação da acumulação pelos ganhos tecnológicos. Se ela puder estar combinada com a disponibilidade de força de trabalho e de matérias-primas estratégicas, estará completada uma condição central para o exercício da hegemonia. É preciso recordar que as novas dimensões abertas pela computação e pela bioengenharia alteraram os fundamentos do conceito de apropriação dos recursos naturais. A desagregação e o processamento dos códigos genéticos revalorizou reservas biológicas como as da Amazônia e do sudeste do México, convertendo-as em valiosíssimas fontes de informação. O mesmo acontece com os minerais e as terras raras utilizados na produção de supercondutores e substâncias compostas.

A diversidade do mercado de trabalho internacional pode se converter em novo elemento para a superioridade do capital, mediante a utilização de novas tecnologias flexíveis e abertas. Para tanto, dadas as possibilidades de ampla fragmentação geográfica das cadeias produtivas permitidas pelas tecnologias da informação, é possível utilizar as grandes reservas de mão-de-obra barata existentes nos países da periferia sem ter de arcar com suas infinitas demandas de *welfare* e sua capacidade de gerar tensões sociais nos países centrais se esses tivessem que absorvê-las. Esses bolsões são mantidos nos países de origem, incorporando seu baixo valor adicionado àquela etapa de produção e recebendo os demais fatores (capital, tecnologia, materiais), cada vez mais móveis e para eles deslocados. Quanto

Atores e poderes na nova ordem global

aos recursos naturais, fonte básica de receitas de exportação dos países da periferia, eles estão submetidos a uma deterioração relativamente crescente de seu poder de troca em função da maior velocidade de incorporação tecnológica aos serviços e produtos industrializados. A tecnologia acabou transformando-se basicamente em expressão das relações de poder, já que a necessidade de inovação – que realimenta o ciclo da acumulação – exige a contínua ampliação da participação das grandes corporações nos mercados globais. É por ela que se obtém o controle dos processos e dos fatores de produção e que se apropria e se concentra a riqueza mundial.

Por decorrência, os Estados Unidos, por seu espaço territorial, pelo poder econômico das transnacionais lá sediadas e pela função irradiadora do padrão cultural dominante, conseguiram colocar-se na vanguarda desse processo e, apesar da evolução de seus competidores, traçar as linhas dominantes na globalização das cadeias produtivas. As grandes empresas que têm sido vitoriosas na corrida rumo à disputa da liderança global de seus setores, embora não fabriquem em sua maioria "produtos" típicos das novas tecnologias, são aquelas que conseguem incorporar com mais eficácia essas inovações na maneira de fabricar e distribuir produtos tradicionais. As chamadas tecnologias da informação – que incluem computação e automação radicais, transmissão de dados em tempo real e internet – mais a engenharia genética e a biotecnologia, fazem o sucesso de montadores de automóveis, fabricantes de *soft drinks*, calçados e roupas, empresas de malotes e transporte aéreo. São essas corporações gigantes, cada vez mais concentradas e globalizadas, que por enquanto sustentam as taxas de acumulação do sistema capitalista.

Essa nova lógica global implica um novo tipo de jogo de poder que introduz imensos desafios na prática da política mundial e tem características bem mais complexas que as que vigoravam durante a época da guerra fria. Numa metáfora muito competente, Beck (2003a, p.24) chama essa nova realidade de *metajogo*.[3] No antigo esquema, o exercício da política era feito basicamente com a aplicação das regras em curso; o metajogo introduz novos e múltiplos paradoxos: as regras não são mais relativamente estáveis, modificam-se no curso da partida, confundindo categorias, cenários, dramas e atores.

O sistema de jogo mundial envolve instituições (regras e tabuleiros) que regulam o exercício do poder e da dominação. Seus principais atores (peças), como já vimos, são os Estados, as corporações e os atores da sociedade civil. No pós-globalização os Estados deixam de constituir-se nos atores mais relevantes da ação coletiva e não regulam os sistemas de regras de jogo da ação política que definem e modificam os cenários das ações coletivas. O novo jogo despreza as fronteiras e é extremamente imprevisível. O Estado-nação e o *welfare state* deixam de imperar e tendem ao declínio. Com a liberalização das fronteiras surgem jogos suplementares, novos papéis e regras desconhecidas, bem como novas contradições e conflitos. Beck propõe como metáfora aplicável a essa nova situação que as peças principais do antigo *jogo de damas* adquirem repentinamente a liberdade de movimentos permitida em um jogo especial de xadrez, utilizando movimentos inusitados, pulando outras peças e inventando elas mesmas seus novos papéis e recursos. Preferimos aqui outra imagem, trabalhando com a idéia de Gilles Deleuze (apud Schoopke, 2004, p.24) sobre o *go*. Quando explora os dois tipos de existência – do homem de Estado e do guerreiro – ele se refere à comparação entre o xadrez e o *go*.

---

3 Entendemos aqui o termo *meta* no sentido de "aquilo que vai além, que transcende, que não mais pode ser explicado pelas regras do antigo jogo".

Ainda que com muito mais mobilidade que o jogo de damas, o xadrez é, por excelência, um jogo de Estado; cada uma de suas peças possui qualidades intrínsecas e natureza interior, portanto são codificadas e dotadas de movimentos limitados. E toda tentativa de codificação é a marca explícita do mundo estatal e seus três instrumentos: a lei, o contrato e as instituições. "É sobre essas codificações que florescem nossas burocracias", diz Deleuze (ibidem, p.173). Já no *go*, um jogo da *potência nômade*, seus peões não têm nenhuma qualidade intrínseca que os impeçam de se movimentar livremente. Seus movimentos são dirigidos ao sabor da situação e não obedecem a nenhum código preestabelecido. Para Deleuze, *go* é pura estratégia, suas peças percorrem espaços livres; já o xadrez é semiologia, espaço da ordem. Trabalhemos, pois, com o *go* para melhor representar o novo metajogo global, no qual o papel criativo da potência nômade é perversamente apropriado pelas forças desestabilizantes do capital, visando desestruturar o espaço público. Alguns exemplos desses *graus de liberdade* afrontadores da ordem antiga: a Espanha decide julgar um ex-presidente chileno por crime contra a humanidade; os Estados Unidos inventam o conceito de guerra preventiva e invadem o Iraque à revelia da Organização das Nações Unidas (ONU); uma corporação transnacional tenta controlar sozinha o genoma da espécie humana; presidentes de empresas globais dependentes de softwares desenvolvidos na Índia tentam evitar que ela se envolva em guerra contra o Paquistão e complique as operações de seus sistemas.

O antigo jogo nacional-global era dominado por regras de direito internacional que partiam do pressuposto histórico de que os Estados poderiam fazer o que quisessem com os seus cidadãos dentro de suas fronteiras. Essas regras tendem a ser progressivamente contestadas. O conceito-fetiche de soberania é posto em xeque, abrindo mais espaço para temas de direitos do homem e intervenções humanitárias internacionais; a imunidade diplomática parece mais relativa. Quem decide hoje as regras a aplicar? A possibilidade de ação dos jogadores depende em grande parte de sua autodefinição e de suas novas concepções sobre a política. Nesse novo contexto, o nacionalismo como conceito metodológico torna-se extremamente custoso e obstrui a visão prospectiva, impedindo que se descubram novas estratégias e recursos de poder. A primeira condição para desobstruir essa visão e ampliar os espaços do olhar é aceitar a realidade de que estamos definitivamente inseridos numa nova – e muitas vezes perversa – realidade global. Ela implica a assunção de uma visão cosmopolita do cidadão e das instituições públicas e privadas, que passam a integrar inevitavelmente – ainda que com ceticismo e realismo – a lógica global. É essa atitude realista que maximiza as possibilidades de ação dos jogadores do metajogo mundial, como afirma Beck (2003a, p.31). Revertendo o princípio marxista, é essa nova essência que determinará a consciência do futuro espaço de ação.

Nas alianças de geometria variável – intensamente cambiantes – vigorantes no metajogo global, o aliado de hoje pode ser o inimigo de amanhã. Ainda assim, há blocos de interesse definindo conflitos de fundo. Um desses conflitos opõe corporações multinacionais a movimentos sociais. As grandes corporações – com seu imenso poder – definem a direção dos vetores tecnológicos – e, portanto, o grau de empregabilidade da economia –, a distribuição mundial da produção e os produtos a serem fabricados ou considerados objetos de desejo. Com isso, elas ficam continuamente expostas às conseqüências negativas que se podem atribuir a esse enorme poder, a saber: a degradação ambiental, os efeitos da utilização de transgênicos e produtos químicos na alimentação, o desemprego e o crescimento da informalidade, a propaganda enganosa ou mentirosa etc.

Esse poder de legitimação dos movimentos sociais repousará, por sua vez, sobre sua credibilidade em longo prazo no papel de testemunhas de fatos e reveladores das verdades que as grandes corporações querem esconder. Por decorrência, quanto mais crescerem e se concentrarem, mais essas empresas gigantes dependerão da legitimação dos atores públicos (agências reguladoras, atores da sociedade civil, serviços de proteção ao consumidor etc.) para manterem seu espaço mercadológico e sua margem de lucro.

Outro conflito de fundo é o da economia global contra os Estados nacionais. O campo do capital é muito forte e não tem necessidade de se organizar num ator capitalista global para fazer jogar seu poder contra os Estados. O capital é aqui entendido como um conjunto de atores heterogêneos, não necessariamente coordenados (empresas isoladas, fluxos financeiros, organizações supranacionais – FMI, OMC, Banco Mundial) que, garantindo seu lugar dominante no tabuleiro, fazem pressão explícita ou sutil sobre os Estados, acelerando assim a dissolução do velho jogo referenciado no Estado nacional. Por outro lado, o capital alia-se freqüentemente com seus Estados nacionais de origem buscando seu apoio para estender sua influência mundo afora. No caso dos países centrais, essa aliança entre capital e Estado é tão antiga quanto a existência dos próprios Estados, como bem exemplificaram as Companhias das Índias Ocidentais e Orientais, ainda nos primórdios do século XVI. Contemporaneamente, essa aliança está mais forte do que nunca nos países centrais em seus acordos comerciais e nas suas diretivas ou pressões sobre as instituições internacionais. Isso não impede que até uma nação hegemônica como a norte-americana encontre-se, de repente, com um imenso déficit comercial presenteado ao país pela estratégia autônoma de fragmentação

Gilberto Dupas

global da produção que suas grandes corporações adotaram para minimizar seus custos e aumentar seus lucros.

É preciso, no entanto, ter atenção quanto ao risco, quando se fala dos três atores principais do jogo global – capital, Estado e sociedade civil –, de se estar agrupando agregados sociológicos de natureza heterogênea. Na verdade, os atores não são nunca bem definidos nesse jogo: eles se delineiam por meio de alianças temporárias de geometria variável durante o próprio jogo, constituindo-se e organizando-se politicamente. Para Beck (2003a, p.31), os recursos e margens de manobra desses atores são funções uns dos outros, dependendo de sua auto-interpretação, modo de expressão, mobilização e organização; e é no questionamento de sua própria identidade e de sua capacidade de ação que eles ganham ou perdem espaço. Em função da enorme assimetria de poder entre a capacidade estratégica do capital, dos Estados – especialmente os periféricos – e da sociedade civil, a constituição de contrapoderes ao capital estará sempre condicionada a uma quantidade extraordinária de fatores. Parceiros e adversários, eles são obrigados a concluir alianças e não podem vencer sozinhos. O caso da invasão unilateral norte-americana no Iraque é um bom exemplo. Viabilizada por um enorme poder militar e econômico, concretizou-se num imenso fracasso político. Assim como não se dispôs a partilhar as vantagens de uma eventual vitória política da ação guerreira, foi impossível aos Estados Unidos dividirem os ônus do fracasso.

Em nível mais amplo, poder-se-ia dizer – correndo o risco de excessiva simplificação – que a estratégia ideal do capital seria fundir-se com o Estado sob a forma do Estado neoliberal. Inversamente, o objetivo da sociedade civil seria construir uma aliança entre ela e o Estado. O programa neoliberal gosta de se imaginar regulando-se e legitimando-se autonomamente.

Já o programa da sociedade civil dependerá sempre da confiança que suas organizações inspiram em seus cidadãos como seus legítimos defensores. A definição de estratégias nesse complexo novo jogo exige uma abordagem interativa tanto da reciprocidade quanto do antagonismo entre os múltiplos atores em busca de seus espaços de ação e de poder.

O principal instrumento de poder das corporações transnacionais e do capital global é a capacidade de dizer não: *saio, não entro, não fico mais*. Essa decisão constitui-se num ato político por excelência e basta para originar imensos traumas. O critério de *dizer sim* segue um padrão: orientação neoliberal do governo, tamanho relativo e ritmo de crescimento das dívidas interna e externa, ortodoxia monetária e fiscal etc. O metapoder da economia mundial diante dos Estados nacionais consiste, pois, na opção-saída. Essa imagem foi usada por Albert Hirschman (1996) em sua análise dos anos finais do regime comunista na Alemanha Oriental, quando ele constrói a metáfora da "voz e saída". A saída era o ato de partir, a voz era o ato de reclamar ou protestar. No caso em pauta, a *saída* era uma decisão privada e a *voz* era tipicamente uma atividade pública. Aplicando essas categorias ao caso dos atores corporações-capitais globais e cidadãos-sociedade civil, a *saída* seria uma arma típica do capital; contrapor-se a ela com instrumento equivalente significaria poder utilizar a *voz*, o contrapoder do *não-compro*.

Os atores da economia global são extremamente eficazes e flexíveis no exercício desse poder, operando com sanções e recompensas. O poder de não investir é brandido como uma imensa ameaça. O que sanciona esse poder é o *princípio da não-alternativa*. A economia neoliberal é o que há disponível para aqueles que quiserem fazer parte do mundo global. No entanto, a vulnerabilidade desse imenso poder reside na sua legitimação social.[4] O metapoder da economia global é extensivo, difuso e não autorizado, já que não dispõe de legitimidade própria. Por essa razão, Beck (2003a, p.128) acredita que ele fica vulnerável à violência, ao mesmo tempo em que depende dela. É preciso lembrar que poder e violência têm naturezas diferentes. A utilização continuada das formas de ameaça e sanção por parte dos capitais e investimentos globais abre espaço para crises de legitimidade do próprio capital. O poder em longo prazo não pode prescindir de legitimidade; sua estabilidade repousa em grande parte sobre a evidência da aprovação social, caso contrário ela gera violência e anarquia. Daí decorre – ao menos nos países de tradição ocidental – o papel essencial das instituições democráticas, que não se constitui na legitimação geral do poder e da dominação dos mais fortes, mas na obtenção de um consenso que sancione o exercício do poder e da dominação em benefício de uma governança que seja entendida como socialmente benéfica.

A inexorabilidade da lógica global

O início do século XXI nos coloca diante de enormes tensões. Uma corrosiva desesperança espalha-se pelo mundo

---

4 Neste livro utilizaremos com freqüência os termos *legitimidade* e *legitimação* (social). *Legitimação* será empregada como *ato de legitimar*, de tornar legítimo para a sociedade ou para a opinião pública. *Legítimo* é algo considerado autêntico, genuíno, fundado na razão, no direito ou na justiça. Já *legitimidade* é a qualidade de ser considerado legítimo por essa mesma sociedade. O processo democrático endossa, mediante a opinião dos líderes eleitos e dos partidos majoritários, bem como dos eleitores que a eles apóiam, a legitimidade conseguida por convencimento da opinião pública. A legitimidade de um político e de seu partido é reforçada na medida em que eles adotam teses consideradas corretas pela opinião pública. É claro que a legitimidade também pode ser provisoriamente conseguida por manipulação ou propaganda; no entanto, parece difícil mantê-la nessas condições por muito tempo.

Atores e poderes na nova ordem global

global e impõe a necessidade de repensar e renegociar, a partir dos impasses surgidos, as bases fundamentais do tipo de sociedade que desejamos.

Para a pós-modernidade, a ordem social implicou a superação de uma dinâmica de oposição de classes com a criação de uma nova estrutura de castas: de um lado, os incluídos; de outro, os excluídos de todos os tipos. A interpretação absoluta e universal da realidade acabou substituída por uma grande diversidade de discursos. Foi o fim dos *grandes relatos* e o surgimento de uma sociedade atomizada e de uma nova classe dirigente, com uma clara visão tecnocrática e funcional sobre as orientações políticas e econômicas. Além do mais, a tendência atual ao oligopólio sobre a produção de bens culturais induz a uma recepção passiva de seus consumidores, não se arriscando os produtores de cultura ao terreno da inovação e trafegando nas águas tranqüilas e tépidas dos best-sellers. Transformada em mercadoria, a cultura está se confundindo com a publicidade.

A consolidação da hegemonia capitalista do pós-guerra fria definiu claramente o tom hegemônico contemporâneo. A mobilidade do capital e a emergência de um mercado global criaram uma nova elite que controla os fluxos do capital financeiro e das informações, atuando predominantemente em redes e *clusters,* e reduzindo progressivamente os vínculos com suas comunidades de origem. Em conseqüência, enquanto o mercado internacional se unificou, a autoridade estatal se enfraqueceu. Com isso, acentuou-se a fragmentação, ressurgiu o tribalismo e acelerou-se a perda do monopólio legítimo da violência pelo Estado, que agora compete com grupos armados e com o crime organizado em vários lugares do globo; além, evidentemente, dos aparatos de segurança privada que, em alguns países da periferia, chegam a ter homens armados em maior número que suas polícias civis e militares.

Por outro lado, aquele discurso hegemônico neoliberal do pós-guerra fria, que garantia aos grandes países da periferia uma nova era de prosperidade a partir das políticas de "abrir, privatizar e estabilizar" – receituário batizado na América Latina de "Consenso de Washington" – mostrou-se ineficaz. Os resultados foram, em geral, decepcionantes e têm exigido orçamentos públicos muito apertados justamente no momento em que os efeitos sociais perversos da liberalização aparecem com toda a força, reduzindo ainda mais a legitimidade dos governos e das classes políticas.

A primazia dos mercados globais incluiu a privatização do conceito de cidadania, reforçada nos ex-países comunistas do Leste europeu com a construção da metáfora da soberania popular triunfando sobre Estados coercitivos para assegurar a liberdade individual. Após a queda do Muro de Berlim, algumas mentes mais afoitas chegaram a criar a fantasia de que a questão da liberdade havia sido resolvida por exclusão de alternativas. Eram as teorias do *fim da história*, na suposição de que a democracia e o livre mercado – como sistema único – levariam à paz e à prosperidade. Essas teses esdrúxulas tiveram boa acolhida num quadro de apatia dos cidadãos e de insignificância do discurso político das elites. No entanto, a aplicação das idéias neoliberais veio acompanhada de um enorme crescimento das turbulências internacionais e de uma inédita sucessão de crises e guerras localizadas, que caracterizaram os anos 1990 e o início do século XXI.

Duas tendências haviam se afirmado durante a transição à pós-modernidade: do lado europeu, a socialdemocracia representava a concretização dos direitos civis e políticos universais no campo social, incluindo as garantias coletivas ao trabalho; já na vertente norte-americana, inaugurou-se uma sociedade de caráter corporativo e organizacional, com características decisórias, programáticas, informáticas e de imediatismo operacional. Nessa última, as corporações dispõem de informações privilegiadas e determinam a estruturação do espaço público por meio das mídias, adquirindo na prática um quase monopólio de acesso a ele. Essa vertente norte-americana prevaleceu. As corporações tornaram-se os sujeitos de direito mais importantes da sociedade civil; ao mesmo tempo, em suas decisões sobre padrões e vetores tecnológicos – que definem, além dos produtos que se transformarão em objeto do nosso desejo, as características do mercado de trabalho e da oferta de emprego –, tornaram-se os atores mais importantes da esfera política e do espaço público da sociedade liberal.

Essas teses, que desenvolvemos em maior profundidade em *Tensões contemporâneas entre o público e o privado* (Dupas, 2003), sugerem que as oposições modernas entre Estado e sociedade civil, indivíduo e sociedade, sociedade e natureza, estão em decomposição. Passamos de uma sociedade política a uma sociedade organizacional, entendida esta última como uma sociedade de gestão sistêmica e tecnocrática que serve de legitimação e referência aos direitos da pessoa e, portanto, define uma liberdade de maneira totalmente privada. Tudo se reduz ao exercício pragmático do controle e da influência. A referência à cidadania não desaparece, mas reduz-se à participação nas eleições, numa sociedade de massa totalmente aberta à propaganda e amplamente entregue às solicitações mercantis e às modas.

Como conseqüência desses impasses, um dos dilemas da política contemporânea é a aversão à esfera pública, ocasionando assim sua degradação. A liberdade passa a parecer possível unicamente na esfera privada, o que leva à progressiva privatização da cidadania. Desaparece a divisão tripartite entre Estado, sociedade civil e espaço privado, indiferenciando-se o espaço social. O espaço público, essencial à democracia, converte-se em espaço midiático. E as corporações apropriam-se dele, transformando-o em espaço publicitário; os cidadãos que freqüentam esses espaços não o fazem mais como cidadãos, mas como consumidores de informação, comunicação e entretenimento.

O mundo tem aprendido que a economia global apresenta riscos muito maiores do que poderíamos imaginar. As lógicas da globalização e do fracionamento das cadeias produtivas, muito oportunas para a pujança do capitalismo contemporâneo, incorporaram os bolsões de trabalho barato mundiais sem necessariamente elevar-lhes a renda. Os postos formais crescem menos rapidamente que os investimentos diretos. E se surgem oportunidades bem remuneradas no trabalho flexível, o setor informal também acumula o trabalho muito precário e a miséria. As grandes corporações transnacionais, responsáveis pelo desenvolvimento das opções tecnológicas, reforçam o desemprego estrutural alegando – compreensivelmente – que sua missão é competir e crescer, e não necessariamente gerar empregos. Os Estados nacionais estão em crise, subordinados a metas monetárias rígidas e com pouca flexibilidade para voltar a praticar princípios do antigo keynesianismo. E, especialmente nos países mais pobres, os governos não têm orçamento nem estruturas eficazes para garantir a sobrevivência dos novos excluídos.

Diante desse quadro complexo, o ex-secretário-geral da ONU, Boutros Boutros-Ghali (2004) sugere:

> Democratizar a globalização é o maior desafio do século XXI. Se não compreendermos a urgência dessa tarefa a democracia poderá perecer. Mesmo as democracias mais sólidas vêm sofrendo na economia da globalização. Ela intensifica frustrações, solapa a

solidariedade e marginaliza países. E disso se aproveita o pensamento fanático, sempre à espreita de populações sem perspectivas.

De fato, a democracia precisa ser exercida onde está o poder, o que inclui – mais do que tudo – o nível global. Ela deve incluir não só cidadãos, mas Estados, empresas multinacionais e partidos políticos, e isso exige novas instituições e a reforma das atuais. De que adianta a ONU se nela não há um espaço de comprometimento das corporações gigantes transnacionais que definem vetores tecnológicos e empregabilidade? Elas devem aparecer não só como predadoras que aproveitam brechas da ordem internacional para maximizar seu lucro, mas como agentes do desenvolvimento democrático. Boutros-Ghali lembra que é preciso evitar que um confronto cultural e uma guerra de civilizações estimulados pelas pressões migratórias e pelo terrorismo internacional destruam as bases para uma convivência mundial equilibrada.

Há os que não vêem nada de errado na situação atual, apesar dos indícios de fracasso social do modelo global. Outros assumem com realismo que não há outra saída e que o capitalismo funciona, sustentando sua lógica de acumulação nos seus ganhos sistêmicos e tecnológicos; estaria faltando ainda "mais do mesmo" (mais abertura, mais privatização, mais equilíbrio fiscal). Seria um pouco como dizia Georg Hegel: "Não há alternativa! Estaremos realmente destinados a viver para sempre sob o encantamento do sistema global do capital ... Ao ganhar e trabalhar para seu próprio gozo, se está *eo ipso* produzindo e ganhando para deleite de todos os demais" (apud Mészáros, 2002, p.65-6).

O fato é que, ao longo do último século, o capital invadiu e subjugou todos os cantos de nosso planeta, tanto os pequenos como os grandes, bem como todas as instâncias da vida privada.

No entanto, ele se mostrou incapaz de resolver os graves problemas que as pessoas têm de enfrentar em seu cotidiano pelo mundo afora, agravando os problemas de concentração de renda, desemprego e exclusão social em amplas áreas da periferia, mas também nos países centrais. O sistema capitalista escapa ao controle social porque surgiu no curso da história como uma poderosa estrutura "totalizadora" à qual tudo o mais, inclusive seres humanos, deve se ajustar, e assim provar sua "viabilidade produtiva".

Não se pode imaginar um sistema de controle mais inexoravelmente absorvente do que o sistema do capital global, que sujeita aos mesmos imperativos empregos, saúde, comércio, educação, agricultura, arte e indústria; ele implacavelmente sobrepõe a tudo seus próprios critérios de viabilidade econômica (taxa de retorno ou custo-benefício), "desde as menores unidades de seu microcosmo até as mais gigantescas empresas transnacionais, desde as mais íntimas relações pessoais aos mais complexos processos de tomada de decisão dos vastos monopólios industriais" (Mészáros, 2002, p.96). É curioso que os ideólogos desse sistema acreditem que ele seja inerentemente democrático, como bem reflete a afirmação do *The Economist*: "Não há alternativa para o mercado livre como forma de organização da vida econômica. A disseminação da economia de livre mercado gradualmente levará à democracia multipartidária, porque as pessoas que têm a livre opção econômica tendem a insistir também na livre opção política" (apud ibidem, p.97).

Os múltiplos impasses e contradições

Nas duas últimas décadas do século XX, o discurso neoliberal varreu as economias mundiais. O vácuo teórico e a incapacidade de gestão dos Estados nacionais, fenômenos que se seguiram à crise pós-keynesiana, abriram espaço para os ardorosos defensores do *Estado mínimo*; a redução de suas dimensões foi apresentada como fundamental para resolver os problemas de um setor público estrangulado por suas dívidas. E pregou-se a flexibilização do mercado de trabalho como condição importante para o enfrentamento do desemprego.

As conseqüências desse processo foram uma sucessão de crises que afetaram principalmente a América Latina e a maioria dos grandes países da periferia, provocando um aumento significativo da exclusão social em boa parte do mundo. Isso acarretou a marginalização de grupos até recentemente integrados ao padrão de desenvolvimento. Para complicar ainda mais esse quadro, a revolução nas tecnologias da informação e comunicação elevou incessantemente as aspirações de consumo de grande parte da população mundial, até mesmo dos excluídos. O processo de globalização também constrangeu progressivamente o poder dos Estados, restringindo sua capacidade de operar seus principais instrumentos discricionários. As fronteiras nacionais passaram a ser a todo tempo transpostas, sendo encaradas como obstáculos à livre ação das forças de mercado.

Os Estados nacionais não mais conseguiram responder aos chamados para garantir a sobrevivência dos cidadãos que estão sendo expulsos em grande quantidade do mercado de trabalho formal. Ocorre claramente o que se poderia chamar "efeito democracia": aumenta o número de desempregados e pobres, crescendo sua base política. Introduz-se, assim, clara dissonância entre o discurso liberalizante das elites e sua práxis política. Enquanto isso, a questão quanto ao futuro papel dos Estados nacionais continua suspensa, bem como a crescente disparidade entre as demandas sociais e a impossibilidade de o Estado atendê-las de modo convencional já que, enquanto o capitalismo global prospera e as ideologias nacionalistas avançam em todo o mundo, o Estado-nação perde parcelas consideráveis do seu poder.

Como se vê, este início de século apresenta amplos impasses e intensas contradições. Os gastos militares mundiais atingiram 956 bilhões de dólares em 2003 e, pela primeira vez desde a guerra fria, o valor total volta a ser semelhante aos picos daquele período de intenso militarismo característico da "dissimulação pelo terror nuclear". Os Estados Unidos sozinhos são responsáveis por 47% desse total, enquanto detêm 30% do PIB mundial. Por outro lado, o risco de um acidente atômico aumenta progressivamente. Mohamed el-Baradei (2004), diretor geral da Agência Internacional de Energia Atômica, lembra que a proliferação nuclear está em ascensão. Hoje há uma sofisticada e crescente rede mundial capaz de oferecer ilicitamente sistemas para produzir material utilizável em armas nucleares. Se a radicalização política continuar e isso não mudar, ele acha que a humanidade corre imenso perigo. O Tratado de Não-Proliferação Nuclear, que tem tentado lidar com a questão desde 1970, padece de crescentes problemas de legitimidade e está anacrônico para as realidades do século XXI. Levada ao limite do conceito, a idéia de que uns podem ter as bombas e outros não gera uma situação eticamente insustentável. Seria necessário um amplo controle da comunidade internacional para amenizar os riscos. Claro está que isso seria muito facilitado se os "cinco Estados nucleares" (Estados Unidos, França, Rússia, China e Grã-Bretanha) assumissem um compromisso efetivo de desarmamento com o desmonte acelerado das 30 mil ogivas nucleares ainda existentes e fazendo finalmente vigorar o longamente esperado Tratado Abrangente de Proibição de Testes Nucleares; e se fossem de fato enfrentadas as causas das tensões regionais no Oriente Médio, no sul da Ásia e na Península Coreana, bem como as do terrorismo internacional. Essas situações de extrema tensão são as demandadoras naturais de armas de destruição em massa.

Outro grave problema é o aumento contínuo de pobreza e concentração de riqueza mundo afora. Os neoliberais insistem em afirmar que, graças à liberalização econômica, pela primeira vez em mais de um século a pobreza mundial e a desigualdade de renda teriam caído durante as duas últimas décadas, provando a tese de que quanto mais abertas as economias, mais prósperos seus países. Assim, os agentes econômicos, impulsionados pela Organização Mundial do Comércio (OMC), estariam fazendo crescer a riqueza e distribuindo-a melhor. Para provar essa tese eles tentam se apoiar no jogo complexo das estatísticas internacionais, marcadas por alterações metodológicas e incompatibilidades de comparação.

Para Robert Hunter Wade (2003), no entanto, o número de pobres da população mundial – embora continue uma incógnita – certamente é maior do que os apresentados nos relatórios do Banco Mundial. Sua conclusão, ao contrário dos dados do Banco Internacional para Reconstrução e Desenvolvimento (Bird), é que o número de pobres cresceu entre 1980 e 1998 por várias questões. A diminuição dos dados de pobreza extrema – 1,4 bilhão em 1980 e 1,2 bilhão em 1998 – seria por conta da adoção de uma nova metodologia nos últimos anos da década de 1990, que torna os dois estudos incomparáveis. Ela alterou a maneira de calcular a pobreza mundial em países com baixa e média renda, o conceito de linha de pobreza internacional (antes medida pelo PPP e agora por pessoas vivendo com menos de 1 dólar) e a maneira de agregar os países. Reduziu-se também o peso de itens relevantes como vestuário e alimentação. Segundo Wade, o resultado foi a diminuição da pobreza em 77% dos 94 países pesquisados.

Quanto à desigualdade de renda, a questão é ainda mais complicada. Em primeiro lugar, os números disponíveis são sempre sobre renda (fluxo) e não incluem a riqueza (estoque). As distorções aí são muito agravadas, dado que a classe social com maior estoque de bens (ativos fixos ou recursos monetários) tem a oportunidade de concentrar muito mais que proporcionalmente seu patrimônio mediante utilização de instrumentos operacionais (serviços bancários especiais, liberdade de circulação mundial dos recursos, *hedges* etc.) que os mais pobres não têm. Em regimes de turbulência cambial ou altas taxas de juros é justamente essa categoria social que consegue efeitos expressivos de multiplicação patrimonial; ou, na pior hipótese, de melhor proteção contra perdas relativas. No caso do Brasil, é provável que tenha sido intenso o crescimento da concentração de riqueza no país desde a estabilização do Plano Real, com seus choques cambiais e enormes juros reais. Em nível internacional, vários analistas continuam a afirmar que a desigualdade de renda mundial caiu bruscamente; no entanto, há cada vez menos acordo sobre isso. Por várias razões. A primeira envolve as escolhas feitas sobre as variáveis a serem medidas: a renda *per capita* convertida em dólar, ou o PIB *per capita* em PPP. Outro motivo é que cada país pode ser encarado como uma unidade ou pelo número da sua população. Pode-se usar, também, coeficientes como o de Gini.[5] Por último, a estimativa pode ser feita via renda nacional ou por meio de amplas pesquisas domiciliares.

A maioria dos economistas afirma que médias de renda baseadas na taxa de câmbio são irrelevantes. O importante seria a renda via PIB, sempre ajustada pelo poder de paridade de

---

5 O coeficiente de Gini é utilizado para medir o grau de desigualdade de renda. Quanto mais próximo de 1, maior a concentração.

compra via diferenças de preços relativos para bens e serviços em diferentes países. Para Wade, a distribuição de renda ajustada por PPP tornou-se muito mais desigual nas duas décadas passadas. Se ela for medida em termos de dispersão do PIB *per capita* entre os países do mundo, também houve um aumento entre 1950 e 1998, e ainda mais rapidamente na década de 1990. Apenas se usarmos uma medida da distribuição total e ponderarmos os países pela população, a desigualdade entre as médias dos países será constante ou vem caindo desde 1980, nesse caso influenciada pelos números da China e da Índia. Um recente estudo produziu uma aproximação para a distribuição de renda entre todos os povos do mundo pela combinação entre a desigualdade do país em PPP e as rendas médias dentro da desigualdade do país. O resultado indicou que a desigualdade do mundo se alargou entre 1980 e 1993 usando todas as medidas comuns da desigualdade sobre a distribuição, exceto na China. Portanto, embora esse assunto seja complicado, parece razoável concluir que, quanto mais globalizado o mundo se torna, mais razões existem para se preocupar com a desigualdade dentro dos países e entre eles.

Um estudo do Banco Mundial defende que quanto mais aberto o país ao comércio e mais globalizado, mais riqueza ele tende a gerar. Curioso que, agora, os exemplos citados são a China e a Índia, a primeira tão avessa a medidas e recomendações neoliberais clássicas. Mas o argumento do Banco Mundial sobre os efeitos benignos da globalização no crescimento, na pobreza e na distribuição de renda não sobrevive ao exame feito por Wade. Ele foi questionado por um estudo recente no mundo sobre a relação entre a abertura e a igualdade da renda. Esse estudo demonstra que entre o subconjunto dos países com níveis baixos e médios de renda, os níveis mais elevados de abertura de comércio são associados com mais desigualdade;

e que só nos países de renda mais elevada a abertura está ligada a igualdade. Ou seja, quanto mais alta for a renda média do país, mais ele se beneficia com a globalização; e não o contrário. Finalmente, a diminuição na importância da relação PIB-industrialização nos países mais desenvolvidos fez que o Banco Mundial deixasse de considerar o desenvolvimento industrial como instrumento para levar países em desenvolvimento a conseguirem os padrões de vida do mundo desenvolvido. Na verdade, os estudos de Wade concluem que países com produção de maior valor agregado crescem mais estavelmente. Por outro lado, os países mais ricos adotam políticas protecionistas contra os produtos de menor valor adicionado dos países pobres, aumentando a polarização entre ricos e pobres. É fundamental, pois, tomar medidas de regulação e intervenção nos mercados globais, uma governança global para amenizar essa situação e tornar o processo menos injusto. Para Wade, para reverter essa situação, alguém terá que perder. Ele sugere que seja a população no mundo rico a sofrer as conseqüências mais negativas de uma regulamentação da globalização em prol do restante da humanidade.

Os números relativamente otimistas do Bird sobre a evolução da pobreza no mundo precisam sempre ser lidos com extremo cuidado. Tentando justificar alguns dos fracassos resultantes da aplicação de suas políticas, as instituições internacionais fazem *piruetas* para provar que a miséria diminuiu por conta dos processos de liberalização por eles defendidos, no estilo "abram, privatizem e estabilizem que o céu virá por acréscimo". Para padronizar um critério, em meio ao caos metodológico, criou-se um novo padrão de pobreza: pessoas vivendo com menos de 1 dólar por dia são ditas miseráveis, e com menos de 2 dólares por dia são classificadas como pobres. As conclusões do dogmático Banco Mundial são taxativas: a pobreza reduziu-se no mundo de 1987 a 2001, coincidentemente o período em que a abertura global fez-se regra. O número de pobres caiu de 60% para 53% da população; quanto ao percentual de miseráveis, reduziu-se de 28% para 21%. Para além da discussão sobre se essa redução é verdadeira, os percentuais são por si só brutais e absolutamente incompatíveis com os padrões civilizacionais e avanços tecnológicos disponíveis, especialmente quando encontramos regiões imensas como o sul da Ásia e a África sub-sahariana com mais de 76% de pobres, tendo essa última 47% de miseráveis. No entanto, examinando com o mínimo de cuidado a versão otimista dos dados consolidados divulgados, encontramos um revelador disparate: é o caso excepcional da China, responsável por 20% da população mundial. Claro está que esse país passa por uma fase notável, crescendo a altas taxas há mais de dez anos; mas também é obvio que isso pouco tem a ver com a modelagem-padrão sugerida pelo FMI e pelo Banco Mundial. Muito pelo contrário.

A China, país que ainda se declara comunista, embora cortejada pelos grandes em razão de seu imenso mercado potencial e de sua mão-de-obra ainda muito barata e bem qualificada, nunca seguiu os cânones internacionais. É aberta no que lhe interessa, extremamente fechada em setores estratégicos (um bom exemplo é a sua tecnologia de lançamento de satélites, que a faz a preferida das multinacionais) e lidera produções piratas de vários produtos, mesmo agora em que entra com toda a força na OMC. Por isso tudo, além de termos de tirar o chapéu para a China, o bom senso manda que a excluamos da lista de "sucessos" do Banco Mundial, já que seu crescimento é por sua conta e risco; e contra o discurso dominante. No entanto, se assim o fizermos, a redução da pobreza mundial muda de figura: seu percentual de queda fica irrisório e, visto pelo ângulo do número de pessoas, ela cresce de 1.739 para 2.141 milhões (sempre de 1987 a 2001); e a população de miseráveis aumenta de 862 para 891 milhões.

O que se segue é um agravamento dos impasses e das desigualdades de todos os tipos, ou, como afirma Jean-Luc Nancy,

> uma dissipação das certezas, das imagens e das identidades daquele que foi o mundo com suas partes e a humanidade com suas características ... A civilização que representava o universal e a razão mergulha na relatividade de suas normas e na dúvida sobre suas próprias certezas. Perde-se a percepção de um futuro, onde a dialética conterá a razão mais à frente, com uma verdade ou um sentido de mundo. O progresso histórico é suspenso e a convergência do saber, da técnica e do bem-estar conjunto se desagrega, enquanto se afirma a dominação de um império conjunto do poderio técnico e da razão econômica pura. (2002, p.14-5)

A pobreza e a concentração progressiva de riqueza vão se acumulando especialmente nas grandes metrópoles globais, cujos tentáculos vão se espalhando por manchas cada vez mais espessas em todo o planeta, perdendo suas propriedades de cidades que se permitiam distinguir do campo. O que se amplia, ainda assim, não é o propriamente urbano, mas o megalopolítico, metropolitano ou a chamada rede urbana. Essa teia compreende, ainda segundo Nancy, "as multidões das cidades, acumulações hiperbólicas de construções, clivagens e exclusões". A palavra aglomeração vai se transformando em acumulação de miséria, esse tecido lançado sobre o planeta, ou em torno dele, que vai deformando "o *orbe* tanto quanto a *urbes*" (p.14).

Por fim, o FMI – que havia sido criado para financiar desequilíbrios temporários – e o Banco Mundial, para financiar projetos de longo prazo, em razão do fim dos acordos de

Bretton Woods – que, entre outras providências, levou a maioria dos países a adotar câmbio flutuante e elevado grau de abertura com o exterior – alteraram significativamente seu *modus operandi*. De indutores do desenvolvimento, atualmente essas instituições têm emitido "palavras de ordem" e "cantos da sereia". Em vez de auxiliarem os países em crise, muitas vezes os lançam mais rapidamente ao impasse. Nessa situação, a quantidade de exigências que o FMI progressivamente impõe aos países que precisam de ajuda tem crescido bastante, e os critérios adotados revelam tanto anomia quanto parcialidade. Martin Feldstein, presidente do National Bureau of Economic Research, afirma que a necessidade desesperada dos países de apoio financeiro do FMI não lhe outorga "direito moral de substituir por seus julgamentos técnicos os resultados do processo político da nação" (apud Aldrighi, 2004, p.12).

Hoje o FMI mantém-se como instrumento dos objetivos políticos e econômicos dos países que controlam. Jagdish Bhagwati (cf. ibidem), um dos mais importantes economistas da Universidade de Columbia (Estados Unidos), afirma que essa instituição está claramente capturada pelos interesses de Wall Street. Em 1998, por exemplo, o Congresso dos Estados Unidos condicionou a aprovação do aumento das cotas ao FMI a uma exigência de que empréstimos da instituição não financiassem indústrias coreanas que competissem com empresas americanas. Joseph Stiglitz (cf. ibidem) lembra que, para garantir que os credores externos fossem pagos, o FMI recomendou aumento de juros na Ásia oriental para estabilizar o câmbio; com isso, provocou o *default* das empresas domésticas que não tinham acesso a capital do exterior. Usando seus critérios e sua rigidez, o FMI negou pleito do Brasil de retirar do cálculo sobre o superávit fiscal o valor dos investimentos públicos. Seria uma forma de permitir mais flexibilidade ao governo para elevar o investimento em projetos essenciais. Com isso o país continuou obrigado a cumprir um superávit mínimo de 4,5%, manietando sua condição de alavancar seu crescimento. No caso da Argentina, após apoiar suas políticas radicais de estabilização e de câmbio fixo, abandonou o país à própria sorte quando essas medidas conduziram a uma crise de grandes proporções.

É interessante notar que o sistema financeiro internacional também vai se concentrando na maior parte do mundo. Na América Latina, o crescimento da concentração bancária é contínuo desde 1994 – tanto para Brasil como Argentina, México e Chile – e o aumento de participação se dá por qualquer critério em que se agrupem os vinte maiores bancos de cada um desses países. No México, os dez maiores já concentram 94% do mercado, enquanto no Chile ficam em 84%. Já no Brasil e na Argentina, o nível é apenas um pouquinho menor (79% e 80%). No caso do Brasil, é importante verificar que durante o período pós-estabilização do Plano Real (1996-2002) – quando o PIB do país cresceu acumuladamente apenas 12% –, enquanto o lucro[6] das empresas financeiras evoluiu 178%, o das empresas não-financeiras atingiu 20% e o dos pequenos negócios familiares apenas 3%, evidenciando o grau de conforto que os bancos gozaram no país naquele período, embora os de controle nacional ainda mantenham *importante* participação no ranking do sistema. Quanto ao México, quase uma década após a crise que abalou seu sistema financeiro, os bancos internacionais que compraram os nacionais em dificuldades já controlavam em 2003 cerca de 85% dos ativos financeiros do país, fenômeno que ocorreu também na Argentina. Eles têm obtido ótimos lucros, mas são cada vez maiores os pronunciamentos de executivos e funcionários do governo a acusá-los de não privilegia-

---

6 Excedente operacional bruto.

rem adequadamente empréstimos para tomadores individuais e pequenas e médias empresas.

O caso paradigmático da América Latina

Uma evidência do impasse a que chegou a América Latina é a síntese da abertura da reunião anual do Conselho Diretor do Banco Interamericano de Desenvolvimento (BID) em 2003, feita por seu presidente, Enrique Iglesias. Ele afirmou que a América Latina está ficando mais pobre; os governos da América Latina elevaram seus gastos sociais em 58% *per capita* na última década. No entanto, os resultados foram desoladores: há muito mais pobres agora, e 20 milhões deles caíram abaixo da linha de pobreza de 1997 para cá. A dívida está piorando. Apesar dos bilhões captados para as privatizações, a relação dívida-PIB cresceu de 37%, em 1997, para 51%, em 2002. O desemprego subiu de 10% para 15%. Quanto mais pobres os países, maior a percepção dos riscos, menores os investimentos. Cresce a imigração. Ele conclui alertando que, se tudo isso está acontecendo em tempos bons, o que ocorrerá com a subida das taxas de juros dos Estados Unidos?

Na realidade, os países latino-americanos haviam respondido com grande ímpeto ao discurso hegemônico da integração aos mercados globais que vigorou a partir da segunda metade dos anos 1980. O crescimento de suas importações sobre o PIB,[7] que saltou de um patamar de 11% para 19% durante as duas últimas décadas do século XX, evidencia com clareza esse esforço de integração (Quadro 5). O resultado dessa abertura em sua balança de bens e serviços, no entanto, foi de contí-

---

7 Os dados dos Quadros 5 a 8 e 10 a 12 do "Anexo" se referem aos sete maiores países da América Latina (México, Brasil, Argentina, Venezuela, Colômbia, Chile e Peru), responsáveis por 87% do PIB da região.

nuo aumento dos déficits (Quadro 6), tendência que só se reverteu a partir de 2000 por conta da forte recuperação das exportações do Brasil e da Argentina, a partir das fortes crises cambiais que obrigaram esses dois países a intensas desvalorizações cambiais. Esse déficit foi compensado, no entanto, com a expressiva entrada de FDI (investimento estrangeiro direto), como mostrado no Quadro 7, o que permitiu manter a dívida externa dos países da região em queda até 1997 (Quadro 8). A partir daí, no entanto, com a forte queda dos fluxos externos por conta do fim das privatizações e da crise internacional, a tendência se reverteu e a dívida externa sobre o PIB voltou a crescer.

Uma das conseqüências foi a reversão da transferência líquida de capitais da América Latina (Quadro 9). Durante os anos 1990 ela vinha se mantendo positiva na média anual de 20 bilhões de dólares. No entanto, a partir de 2000 tornou-se negativa, atingido uma perda de 40 bilhões em 2002. Quanto ao crescimento econômico, o PIB da região manteve um comportamento medíocre, num patamar ligeiramente declinante de 3% para 2% durante o período de 1989 a 2002, acentuando sua queda a partir de 1997 para atingir um valor negativo em 2002 (Quadro 10). Já o PIB *per capita* teve sua média reduzindo-se de 1% para próximo de zero em 2002. Por outro lado, o desemprego aberto não parou de crescer, tendo evoluído de pouco mais de 5% em 1989 para cerca de 9% em 2002 (Quadro 11). Enquanto isso, a formação bruta de capital fixo manteve constante tendência de queda, atingindo o reduzido valor de 18% em 2002 (Quadro 12). O cenário fica ainda mais complicado quando se observam os dados de queda no crescimento do PIB e de aumento percentual da dívida externa da América Latina, no período mais recente (1994-2002), como mostrado no Quadro 13. Não é exagero afirmar, pois, que a década de

1990 e o início dos anos 2000 foram mais um "período perdido" na economia latino-americana. Na realidade, o único aspecto claramente positivo dessa década foi o controle dos processos hiperinflacionários na região, especialmente nos casos do Brasil, da Argentina e do Peru.

Do lado social, a forte inserção da região na lógica global na década que passou acelerou a deterioração dos seus indicadores. Segundo o boletim *Panorama social da América Latina* (2002-2003), da Comissão Econômica para América Latina e Caribe (Cepal), a população latino-americana abaixo da linha de pobreza evoluiu sucessivamente de 41% do total em 1980 (136 milhões de pessoas) para 43% em 2000 (207 milhões de pessoas); e em 2003 ela já alcançava 44% (237 milhões de pessoas). Já o índice de população indigente crescia de 19% em 2001 para 20% em 2003. Esse número teve forte influência da Argentina, onde a taxa de pobreza quase duplicou de 1999 a 2003 (de 20% para 42%) e a indigência quase quadruplicou (de 5% para 19%). Por outro lado, o Programa Mundial de Alimentos (ONU), operando em parceria com a Cepal, apurou que quase 9% das crianças menores de cinco anos sofrem de desnutrição aguda e 19% delas de desnutrição crônica; combinadas, elas causam efeitos negativos irreversíveis.

Apesar da forte "modernização" das economias dos países latino-americanos, persiste, pois, na região, um quadro grave e crescente de miserabilidade das suas sociedades; isso incentiva indiretamente, a médio e longo prazos, parcelas crescentes da sociedade a utilizarem mecanismos alternativos de sociabilidade em atividades para além dos marcos legais do Estado, incrementando os índices de marginalidade. Robert Putnan (1996) constata que o peso dessa situação sobre a infância contribui tanto para o reforço dessa espiral negativa quanto para limitar as condições necessárias para a existência de capital social, um dos fundamentos básicos à ampliação da democracia. Segundo a Cepal, apenas para reduzir pela metade esse quadro de pobreza entre as crianças, seria necessário um crescimento médio anual das economias de 5% até 2015, índice totalmente fora de cogitação para a maioria dos países da região.

O aumento da pobreza, da indigência e da fome em muitas regiões da América Latina está atrelado a outro fator alarmante: a contínua elevação dos níveis de desemprego e informalidade no mercado de trabalho nas últimas décadas. A tendência ao aumento da precariedade do emprego "delineou-se com o aumento na proporção de pessoas ocupadas nos setores informais ou de baixa produtividade, que atingiu (1999) cerca de 50% da força de trabalho nas zonas urbanas e percentagens ainda mais elevadas nas zonas rurais", como mostra o *Panorama Social da América Latina* (1999-2000), da Cepal. Já em 2000, as estimativas são de que essa taxa atingiu quase 60% da força de trabalho. É especialmente preocupante a situação dos setores mais jovens, nos quais as taxas de desocupação cresceram muito, expondo-os a situações de sobrevivência que os tornam "exército industrial de reserva" do crime organizado. O crescimento da vulnerabilidade social se acentua com a situação das faixas etárias mais altas, já que somente Brasil, Argentina, Uruguai e Chile possuem benefício previdenciário abrangente para adultos com idade superior a 65 anos.

Com esse quadro, agrava-se a descrença na possibilidade de ascensão social e na melhora da situação pessoal e familiar por meio do próprio trabalho. Essa descrença generaliza-se em razão da redução progressiva do número de habitantes que se situam na classe média, assim como a dificuldade crescente de permanecer nesse *status*, aumentando a estratificação social. O exemplo da Argentina é dramático. Segundo Bernardo Kliksberg (2001), em 1960, 53% da sua população era da classe média. Durante os anos 1990, 20% dessa categoria foi transformada em "novos pobres". Após a crise de 2000-2002, os estratos da classe média que sobraram estão reduzidos a 25% da população. O caso recente do Brasil também merece atenção. O Plano Real (julho de 1994), com o fim da inflação crônica, havia conseguido uma importante valorização dos salários reais no país. No entanto, a partir do final de 1996 iniciou-se uma contínua deterioração dos salários, adicionada de aumento do desemprego e da informalidade, que retomou a rota da última década e meia.

Amplia-se, além disso, a sensação generalizada de insegurança na sociedade. O número de homicídios cresceu 40% na região durante a década de 1990, atingindo um índice seis vezes maior que o observado nos países da Europa ocidental (World Bank, 2004). Esse aumento contínuo tornou a América Latina a segunda região mundial de maior criminalidade, somente atrás do Saara africano. Na classificação geral mundial, três países latino-americanos ocupam posição entre os quatro mais violentos: Colômbia é o líder mundial (68 homicídios por 100 mil habitantes); em seguida vem El Salvador, com 30; Rússia e Brasil têm, respectivamente, 28 e 27. Esse contexto de "nova pobreza" tem criado uma onda de imigração – incluindo os indivíduos da classe média – sem precedentes nos países latino-americanos. A questão da imigração se tornará em breve, na agenda continental, um problema de graves proporções, caso não seja enfrentado o mais breve possível. E cristaliza-se a unanimidade entre as organizações internacionais de que a América Latina é a região mais desigual do globo.

A situação de aumento da desigualdade toma contornos muito graves. A Cepal reconhece a impossibilidade de melhoria da situação social em face das sérias "restrições econômicas" que não permitiram a geração de emprego e renda capaz de absorver a "pressão demográfica" representada pela incorporação de jovens à população em idade ativa (*Panorama Social da América Latina,* 2000-2001). Isso conduz a outra situação ainda mais grave: a desigualdade de renda tem avançado em setores importantes da vida dos cidadãos, como a dificuldade no acesso ao consumo, ao crédito, à educação, à saúde e à inclusão digital, entre outras. Assim, essa crescente espiral de miserabilidade possui impactos regressivos no desenvolvimento social que realimentam altas taxas de desigualdades. Por sua vez, essas altas taxas de desigualdade afetam toda a sociedade, ao reduzir a possibilidade de poupança nacional e o mercado doméstico, impossibilitando a produção em escala e contribuindo para a geração de intensas iniqüidades que têm efeitos perversos sobre a governabilidade democrática, o clima de confiança interpessoal e o capital social.

Nações como Brasil e Argentina estão tendo experiências amargas com a deterioração do seu mercado de trabalho. No entanto, também o México – que alimentou intensamente a idéia de que a Nafta e sua fronteira porosa com o gigante americano o fariam avançar na questão social – desilude-se agora ao ver parte expressiva dos empregos que suas *maquiladoras* geraram começar a rumar para a China. Muito já foi falado sobre as supostas vantagens do México ao se entregar ao comércio livre com Estados Unidos e Canadá. O discurso dominante dos anos 1990 exibia esse aparente caso de sucesso como uma prova irrefutável a favor das vantagens da Área de Livre Comércio das Américas (Alca). Após dez anos de Nafta, é importante fazer um balanço preliminar desse período.

Na verdade, embora a abertura comercial tenha propiciado o salto extraordinário no fluxo de comércio do país de 100 bilhões para 350 bilhões de dólares anuais, seu balanço social do pós-Nafta foi decepcionante. Até o Banco Mundial, defensor dessas políticas, pôs em dúvida se a integração comercial ajudou o país. Recente estudo de pesquisadores do Carnegie Endowment (Estados Unidos) (Audley et al., 2003) confirma plenamente as análises que temos conduzido no Instituto de Estudos Econômicos e Internacionais (IEEI).

Praticamente todos os indicadores sociais no período de 1994 a 2004 pioraram no México. O desemprego aumentou; foram acrescentados cerca de 500 mil postos de trabalho no setor manufatureiro, mas a agropecuária – a maior prejudicada com a abertura do comércio –, setor em que ainda trabalha quase um quinto da população mexicana, perdeu 1,3 milhão de empregos. A imigração ilegal para os Estados Unidos seguiu aumentando depois da Nafta: de 700 mil em 1994 para o pico de 1,3 milhão em 2001. O número de mexicanos clandestinos nos Estados Unidos cresceu de 2 milhões (1990) para quase 5 milhões (2000); somados aos legais, deve haver em torno de 15 milhões de mexicanos nos Estados Unidos. É da remessa de dólares desse enorme estoque de imigrantes de que dependem cada vez mais as famílias mexicanas para sobreviver. A teoria neoliberal gosta de garantir que um país com abundância de trabalho não-qualificado, e que se abra ao comércio, terá assegurado crescimento inevitável desses salários. No entanto, a remuneração real da maioria dos mexicanos é hoje mais baixa do que quando a Nafta iniciou, incluindo os salários nas *maquiladoras* e nas demais indústrias. Já a desigualdade de renda aumentou. Comparado com o período anterior, os 10% das famílias do estrato superior aumentaram sua proporção na renda nacional. E os mesmos 31% dos cidadãos continuam na pobreza extrema.

No que se refere aos danos ao meio ambiente, o estudo do Carnegie Endowment afirma que seu custo foi maior que os ganhos econômicos vindos do crescimento do comércio em seu conjunto. A integração acelerou práticas agrícolas comerciais que submeteram o ecossistema mexicano a uma maior contaminação por concentrações de nitrogênio e outros produtos químicos utilizados na agricultura atual. Os agricultores substituíram a renda perdida em razão da queda de preços dos seus produtos pelo cultivo de novas fronteiras, desmatando florestas nas regiões biologicamente ricas do sul do país em ritmo de mais de 630 mil hectares anuais desde 1993.

O surpreendente revés nos salários mexicanos costuma ser atribuído principalmente aos choques cambiais entre 1994 e 1995. Ao ter que desvalorizar o peso em decorrência de sucessivas crises, o país provocou um salto nos custos dos produtos importados e na taxa de inflação, enquanto os salários mantinham-se restritos pelas políticas monetárias do governo. Eles acabaram recuperando-se gradualmente, mas não o suficiente para regressar aos níveis anteriores. O fato é que, apesar de o país ter reduzido drasticamente a tarifa de importação para produtos agropecuários e para praticamente todas as manufaturas dos Estados Unidos, o aumento da produtividade obtido pós-Nafta não se traduziu em aumento salarial. A grande esperança eram as *maquiladoras*, atividades de montagem das grandes corporações dos Estados Unidos utilizando a mão-de-obra barata local. Elas tinham gerado cerca de 800 mil postos de trabalho entre 1994 e 2001; mas já perderam cerca de 250 mil deles desde maio de 2003, em razão da imbatível contra-ofensiva chinesa oferecendo trabalhadores mais qualificados e a custo muito inferior. Finalmente, a abertura comercial acarretou um déficit comercial líquido nos produtos agrícolas. O milho subsidiado norte-americano vendido no México teve, entre 1999 e 2001, preços 30% inferiores ao custo local de produção; seu volume aumentou 240% desde 1992, pondo em sério risco as variedades tradicionais de milho mexicano, essenciais aos hábitos alimentares daquele país.

As recomendações finais do instituto norte-americano – ainda que partindo de um diagnóstico correto – soam curiosamente utópicas. Segundo ele, o caso mexicano ensina aos países em desenvolvimento – que pensam em abrir seu comércio – a negociar redução longa e gradual da importação de produtos agrícolas dos países ricos e salvaguardas especiais para proteger-se contra a prática do *dumping* que inundou o mercado com produtos norte-americanos subsidiados. Os acordos comerciais deveriam permitir: adotar políticas que otimizem o aumento de emprego; negociar considerável assistência econômica para a transição e adaptação ao comércio, com fundos provenientes dos sócios comerciais e doadores internacionais; e distribuir os ganhos procedentes do comércio de forma mais eqüitativa, mediante melhores políticas tributárias e de salários mínimos, liberdade de associação e direitos de negociação coletiva. Finalmente, para reduzir os impactos ambientais do uso intensivo de produtos químicos, os acordos teriam que garantir espaço para os pobres na crescente demanda mundial de produtos alimentícios orgânicos.

São sugestões repletas de bom senso, mas infelizmente incompatíveis com a própria lógica da abertura e com a relação de forças que a preside: essa abertura é proposta, e muitas vezes imposta, para ser praticada sem restrições pelos países pobres – e apenas por eles – segundo um receituário padrão, sem precondições. Se consultadas a respeito, as instituições internacionais e os países centrais achariam essas exigências exóticas e inviáveis. Assim, aqueles grandes países da periferia que continuam acreditando ser a integração incondicional aos mercados globais a garantia consistente para crescer e resgatar seu déficit social devem meditar sobre a experiência mexicana e as recomendações do Carnegie Endowment. A situação do México, após dez anos de Nafta, parece continuar – na melhor das hipóteses – semelhante à anterior.

As conclusões do BID sobre México e Nafta não são muito diferentes das aqui descritas, embora representem melhor o pensamento hegemônico. O BID prefere apontar um dedo acusador para o próprio México: os resultados não foram bons porque deficiências das políticas domésticas, instituições fracas, sistema educacional inadequado e rigidez da legislação trabalhista o impediram. Recente relatório do BID[8] estima que, sem a Nafta, exportações e investimentos estrangeiros teriam sido 25% e 40% menores (embora seja difícil imaginar quais critérios e metodologias foram adotados para fazer tal estimativa). Ainda assim, em outras palavras, sem a integração com os Estados Unidos a situação do México estaria ainda pior, o que propriamente não ajuda muito nem aponta soluções.

O significado do trabalho e das migrações na nova lógica global

O trabalho foi o maior prejudicado na prevalência das novas dinâmicas globais. A abertura econômica permitiu a circulação livre de todos os fatores de produção, exceto a mão-de-obra, que permaneceu prisioneira formal de seus territórios originais. Os processos radicais de automação e das novas tecnologias da informação reduziram empregos e aumentaram a informalidade via intensa terceirização de processos de produção, espalhando-os pelo mundo afora em busca de mão-de-obra barata. E o novo capitalismo global, em vez de funcionar como um promotor dessa mão-de-obra, usa-a para chantagear os

---

8 *Valor Econômico*, 18.12.2003.

trabalhadores mais bem pagos e protegidos, induzindo a um contínuo processo de precarização.

Na verdade, o capitalismo havia lidado com a luta de classes por meio da implementação dos direitos do trabalho. Agora, o neoliberalismo inventa o trabalho sem direitos – condição para sua inserção internacional –, obviamente sem reabilitar a luta de classes. A acumulação passa a ser uma variável exógena, dela sendo alijada significativamente a burguesia nacional, que tende a se transformar em rentista. Com isso, erode-se a condição nacional de lidar com as crises. Nesse novo contexto, soluções precárias se tornam definitivas. Os mutirões de construção popular, por exemplo, se transformam em políticas públicas permanentes, perenizando trabalho precário e mantendo a acumulação basicamente na grande indústria de materiais de construção. As novas formas de acumulação de capital não apenas se suportam nas velhas – mediante o estoque infinito de mão-de-obra precária – mas utilizam-se mais intensamente delas. A informatização produz novas levas de trabalho desqualificado, liquidando a educação como instrumento eficaz de ascensão social e gerando exércitos de motoboys com curso superior.[9]

A Itália e seu vigoroso modelo de industrialização centrado em *clusters* regionais e empresas familiares, que vem sustentando seu crescimento nas últimas décadas, sente as mesmas tensões e contradições. Giuseppe De'Longhi,[10] fundador de um grupo industrial que fatura 1,3 bilhão de euros, diz que a China é a chave para o futuro de sua empresa tanto em termos de mercado como de produção; e que dois terços de sua

---

9 Esses conceitos foram baseados em reflexões de Francisco de Oliveira em sua conferência na USP em 23.8.2004, na semana "A obra de Roberto Schwarz".

10 *Valor Econômico*, 9-10.6.2004.

produção virá da China em dois anos. Milhares de pequenas e médias empresas italianas estão perdendo espaço. A desindustrialização da Itália poderá ser muito mais penosa que a dos Estados Unidos ou da Grã-Bretanha. A rigidez da moeda única agora impede que variações no câmbio resolvam problemas de competitividade. Tome-se como exemplo as 2 mil pequenas empresas de ourivesaria ao redor de Vicenza, no norte da Itália. Esses trabalhos tendem a ir para a China. Empresários familiares estão descontinuando ou vendendo seus negócios tentando poupar os filhos de um insucesso. Apenas uma parte de empregos industriais perdidos estão sendo substituídos pelo setor de serviços como design e marketing.

Um exemplo referencial da condição do trabalho na nova lógica global é o Wal-Mart. Em meados de abril de 2004, mais de 250 sociólogos, historiadores e economistas reuniram-se na Universidade da Califórnia (Estados Unidos) para tentar compreender por que o Wal-Mart se transformou no símbolo da cultura capitalista deste início de século XXI. Faturando cerca de 260 bilhões de dólares, portanto liderando uma cadeia de parceiros globais que produz o equivalente a mais da metade do PIB brasileiro, ela atende mais de 100 milhões de consumidores por semana. Nelson Lichtenstein,[11] coordenador do encontro, lembra que em cada época da história do capitalismo uma grande corporação assumiu o caráter prototípico – como a General Motors e a Microsoft o foram respectivamente em meados e no final do século passado – e passou a ser imitada como paradigma. Lichtenstein resumiu assim o poder de influência do Wal-Mart: "A direção da empresa legisla elementos essenciais da cultura social e política dos Estados Unidos".[12] Mas qual é seu milagre?

---

11 *O Estado de S. Paulo,* 18.4.2004.
12 Ibidem.

Ao contrário da General Motors, que ajudou a construir a classe média americana pagando salários acima da média e oferecendo planos generosos de aposentadoria e saúde, os empregados do Wal-Mart nos Estados Unidos ganham, em média, 18 mil dólares anuais, muito próximo da linha de pobreza naquele país; e a empresa já foi várias vezes acusada de permitir a utilização de trabalhadores clandestinos para baratear a manutenção de suas lojas. Para o pesquisador da Century Foundation, Simon Head, "o Wal-Mart é um modelo para o capitalismo do século XXI; combina o uso extremamente dinâmico da tecnologia com uma cultura dirigente muito autoritária e impiedosa".[13] O poder de compra do imenso grupo varejista é tão grande que ele substitui o fabricante na definição do que o consumidor quer comprar; e impõe condições tão duras aos fornecedores que, muitas vezes, só a China pode atender. Aliás, suas quase 5 mil lojas vendem 15 bilhões de dólares de produtos chineses por ano, provocando a ira dos produtores e dos trabalhadores norte-americanos que perdem o emprego.

Existem situações semelhantes em vários outros países, inclusive no Brasil. O dono de uma das maiores e mais eficientes redes de varejo no país, as Casas Bahia, explicava seu segredo: aprender a dar crédito aos pobres que trabalham no informal e compram até 500 reais; entregar os produtos em casa para checar o local da moradia e localizar lojas cada vez mais nas periferias. Outro caso impressionante, que segue o modelo Wal-Mart, é o das Lojas Americanas. O valor de mercado da empresa triplicou desde dezembro de 2002 até o início de 2004, vendendo principalmente produtos de baixo valor unitário, com fatura média de 15 reais a 20 reais. São os próprios funcionários que trabalham no caixa e em outros setores que fazem even-

---

13 *O Estado de S. Paulo*, 18.4.2004.

tualmente a faxina das lojas. São raros os telefones e permanente a pressão para redução de custos seguindo o lema corporativo "nós queremos sempre mais". Utilizar sofisticada tecnologia e logística de ponta – para vender em grande escala e a preços menores a uma população com renda cada vez mais baixa –, empregando pessoal muito mal remunerado, é um dos principais fatores da alta taxa de acumulação de muitos setores do capitalismo global. No caso do Brasil, por exemplo, o percentual de salários e ordenados – incluindo aposentadorias – em relação ao PIB caiu constantemente de 1996 a 2002. Como os impostos e os preços públicos subiram bem mais que os salários, o que sobrou para o consumo foi ainda menor.

O prefeito de Londrina (PR), importante cidade do sul do Brasil, vetou área pretendida pelo Wal-Mart para construir uma loja na cidade. Ele foi pressionado por comerciantes, trabalhadores e movimentos culturais. Argumenta-se que ela causaria a falência de pequenos comerciantes, corte de empregos, congestionamentos e queda de salários. O prefeito, pressionado por outdoors que o acusavam de ser a favor da redução de empregos – que receberam apoio da Associação Comercial e Industrial local e dos sindicatos de trabalhadores –, decidiu manter uma decisão inicial de construir um teatro no local. Embora não tenha poderes de evitar a instalação da loja da maior empresa global na cidade, a autoridade local está tentando resistir. Na avaliação feita, para 450 empregos que a rede gerará, ocasionará a perda de 1,5 mil postos de trabalho com o fechamento de pequenos negócios que não podem concorrer com ela.

A cidade de Inglewood, na Califórnia (Estados Unidos), é o exemplo mundial de resistência ao Wal-Mart. Uma lei aprovada pelos vereadores vetou a instalação de lojas de mais de 14 mil metros quadrados na cidade. Em seguida, a instalação da loja foi barrada por um plebiscito. Embora o prefeito apoiasse o Wal-Mart, a campanha vitoriosa contrária à instalação foi coordenada por líderes religiosos e comunitários e os sindicatos, além de uma rede local de supermercados. Eles contribuíram com 1 milhão de dólares para a campanha contra a instalação. No Brasil, após investimento inicial malsucedido, o Wal-Mart voltou à carga. Recentemente adquiriu a Bompreço e já tem 143 lojas, com faturamento equivalente à metade do Carrefour e pouco menos que a metade do Pão de Açúcar, que lideram juntos o setor com mais de 60% do mercado. Os cinco maiores grupos concentram 90% do setor. Como se vê, o caminho da liderança também no Brasil pode significar apenas mais uma aquisição de grande porte, que daria ao Wal-Mart cerca de 50% do mercado, impondo definitivamente seu padrão. Outro caso curioso e simbólico referente ao Wal-Mart foi a carta aberta ao presidente mexicano Vicente Fox, assinada em outubro de 2004 por 73 importantes intelectuais mexicanos, tentando impedir o final de construção de um supermercado Wal-Mart que seria visível do alto das pirâmides Teotihuacan. O escritor Homero Aridjis[14] deu uma dimensão simbólica ao manifesto dizendo tratar-se de "enfiar a estaca da globalização no coração do México".

Por fim, há que ressaltar o crescente problema dos fluxos migratórios de populações pobres em direção a países ricos, decorrência da contínua concentração de riqueza e oportunidades. Um caso paradigmático dessa questão mais uma vez é o México. Dono da fronteira mais extensa de um país periférico com outro central e de um verdadeiro abismo entre as rendas dos dois países, o fluxo migratório legal e, principalmente, clandestino de mexicanos para os Estados Unidos está se transformando em celeuma conceitual de envergadura, como se constatou com o recente ensaio de Samuel Huntington (2004),

---

14 *Le Monde*, 10.10.2004.

presidente da Academia de Estudos Internacionais e Regionais de Harvard, que observou nessa migração uma ameaça à cultura e ao estilo de vida norte-americano. Diz Huntington que "o contínuo fluxo de imigrantes hispânicos ameaça dividir os Estados Unidos em dois povos, duas culturas e duas línguas ... formando seus próprios enclaves ... e rejeitando os valores anglo-protestantes que construíram o sonho americano" (p.98). Ele argumenta que a maior parte dos americanos vê seu credo como elemento crucial à sua identidade nacional e que foi sobre os valores da ética protestante que construíram sua grande nação. Esse credo estaria ameaçado pelo multiculturalismo e pela diversidade, que desafiam a identidade nacional do país.

São cerca de 10 milhões de imigrantes ilegais nos Estados Unidos, dos quais 5 milhões de mexicanos. Contando os imigrantes legais, cerca de 30 milhões de pessoas residentes naquele país falam espanhol em casa. Huntington aproveita para citar as diferenças ferozes entre os valores mexicanos e americanos como causadores de traumas e cisões profundas na futura cultura do país. Claro está que tais afirmações provocaram indignações no mundo latino-americano, a mais forte vinda de Carlos Fuentes (2004), classificando-o de *racista mascarado* e lembrando que os mexicanos contribuem para a riqueza dos Estados Unidos, e dão mais do que recebem quando atenuam o isolamento cultural daquele país, responsável segundo ele "pelos desastres internacionais conduzidos pelos governos de Washington". E conclui, com grande determinismo, que "o mundo do século XXI será migratório, ou não será; será mestiço, ou não será".

As novas tecnologias e seus riscos

No capitalismo global é basicamente a liderança tecnológica que determina a condição hegemônica dos capitais e dos Estados que a detêm. É por meio dela que são impostos os padrões gerais de acumulação. Com o final da guerra fria e da corrida espacial, tornou-se marginal o papel dos Estados nacionais na definição dos vetores tecnológicos. Estes, ao serem determinados principalmente pelo setor privado, adquiriram autonomia com relação a preocupações de natureza social ou de políticas públicas, submetendo-se fundamentalmente à lógica do capital. As conseqüências dessa autonomização da técnica com relação a valores éticos e normas morais utilizados ou definidos pela sociedade constituem-se num dos mais graves problemas com os quais tem que se confrontar o pujante capitalismo global. Eles vão do aumento da concentração de renda e da exclusão social ao desequilíbrio ecológico e ao risco de manipulação genética; e podem implicar o esgotamento da própria dinâmica de acumulação capitalista, por conta de uma eventual crise de demanda.

O capitalismo global caracteriza-se por ter na inovação tecnológica um instrumento de acumulação em nível e qualidade infinitamente superiores aos experimentados em suas fases anteriores; e por utilizar-se intensamente da fragmentação das cadeias produtivas propiciada pelos avanços das tecnologias da informação. Na sociedade da informação, a hegemonia ocorre mediante a liderança na morfologia das redes, em torno das quais as funções e os processos dominantes estão cada vez mais organizados. São redes, entre outras, os fluxos financeiros globais; a teia de relações políticas e institucionais que governa os blocos regionais; a rede global das novas mídias que define a essência da expressão cultural e da opinião pública. Elas constituem a nova morfologia social de nossas sociedades, e a difusão de sua lógica altera radicalmente a operação e os resultados dos processos produtivos, bem como o estoque de experiência, cultura e poder.

A ciência atual tem enorme capacidade de gerar inovações e saltos tecnológicos, adquirindo uma auréola mágica e determinista que a coloca acima da moral e da razão. A razão técnica parece ter lógica própria e poder ilimitado, legitimando-se por si mesma. Os riscos envolvidos são camuflados pelas mídias globais, que deificam as conquistas científicas como libertadoras do destino da humanidade, impedindo julgamentos e – principalmente – escolhas e opções. O deslumbramento diante da novidade tecnológica e a ausência total de valores éticos que definam limites e rumos poderão ameaçar a própria sobrevivência da humanidade. As novas tecnologias na área do átomo, da informação, da genética e agora da nanotecnologia causam um crescimento brutal dos poderes do homem, agora sujeito e objeto de suas próprias técnicas. Isso ocorre num estado de *vazio ético* no qual as referências tradicionais desaparecem e os fundamentos ontológicos, metafísicos e religiosos da ética se perderam.

Dessa forma, essas tecnologias, desenvolvidas sem nenhum controle público e utilizadas como mero maximizador do retorno do capital, continuam a gerar impasses com o crescimento inequívoco dos indícios de riscos sistêmicos por elas provocados.

A poluição do ar nas cidades está cada vez mais associada a riscos de câncer no pulmão e ao dano genético em vários tecidos do corpo humano. Agora uma equipe da Universidade McMaster (Canadá) comprovou que camundongos expostos à atmosfera de áreas industriais desenvolvem mutações genéticas – que afetam o código genético das gerações vindouras duas vezes mais rápido do que os que vivem em atmosfera rural. As experiências preliminares indicam que os homens são ainda mais sensíveis a essas partículas em suspensão do que os roedores. Outra pesquisa, conduzida por investigadores bri-

Atores e poderes na nova ordem global

tânicos da Universidade de Oxford e do Instituto de Investigação Oncológica (Grã-Bretanha) e realizada em quinze países, comprova que as radiografias e técnicas computadorizadas de imagem são a maior fonte artificial de exposição da população mundial a radiações (14% do total). Se, por um lado, esses exames causam benefícios, por outro eles são responsáveis por um entre cada cem casos de câncer, chegando a três para cem no Japão. Esses pesquisadores calcularam que cerca de 30% desses exames foram indicados incorreta ou desnecessariamente. Mais um exemplo corriqueiro, entre milhares de suspeitas que se acumulam dia a dia: cientistas britânicos da Universidade de Southampton descobriram evidências da associação entre corantes e conservantes de amplo uso na indústria de alimentos e o agravamento da hiperatividade em crianças.

No caso da nanotecnologia – a nova onda tecnológica que vem por aí – biólogos, químicos, físicos, fabricantes de chips e especialistas em computação estão trabalhando nos laboratórios das grandes corporações ou naqueles por elas contratados para formar novas moléculas que não existem na natureza. Os objetivos vão de novos medicamentos a metais leves ultra-resistentes e supercondutores. Mas cientistas alertam que, antes que as grandes empresas mergulhem em suas aplicações, seria vital mapear os riscos que a nanotecnologia vai acarretar à saúde pública e ao meio ambiente. Kriesten Kulinowski, diretora de educação e política pública da Universidade Rice (Estados Unidos), adverte: "Há duas grandes categorias de riscos: os efeitos sobre sistemas biológicos e como as nanopartículas afetam bactérias ou se acumulam nas células".[15]

Na realidade, o dilema das tecnologias duais ganha nova força, diz Woo Suk Hwang, cientista sul-coreano que liderou

---

15 *Valor Econômico*, 24.5.2004.

a obtenção dos embriões humanos clonados. A tecnologia que permite os lançadores de satélites carrega os mísseis nucleares; mas ele lamenta que a fusão nuclear possa ser usada de maneiras tão diferentes, ainda que pareça inevitável correr o risco. E sua estratégia é a de criar apenas células-tronco clonadas que podem ser usadas sem rejeição na reconstrução de órgãos defeituosos e transplantes. A questão, pois, é de regulação e controle, submetidas a determinações éticas e de segurança. Hwang conclui, na contramão das tendências comerciais: "Eu me oponho definitivamente à clonagem reprodutiva. Ela devia ser banida do mundo todo".[16] Quanto à utilização da mão-de-obra barata e dos enclaves de pobreza global, não deixa de ser curioso o tom "perverso" dado pelo *The Wall Street Journal* quando anunciou que grandes indústrias farmacêuticas mundiais estão testando novas drogas na Índia. O diretor de uma dessas empresas, entrevistado pelo jornal, afirma que os custos são muito mais baratos e os testes podem ser feitos com mais rapidez. "O problema é que no Ocidente não há número suficiente de doentes e os custos são altíssimos", conclui.[17]

Assim, como se vê, a questão central a enfrentar é como regular o uso das técnicas decorrentes do conhecimento científico, que avança para novas e espetaculares áreas envolvendo a própria natureza do ser, a condição de alterar a vida e o poder de mudar radicalmente as condições de produção e o meio ambiente. As novas competências que essas tecnologias permitem ao homem exercer contêm, simultaneamente, possibilidades de redenção e de destruição. Se bem exercidas, submetidas aos interesses gerais das sociedades, poderão vir a ser um importante instrumento para o desenvolvimento da humani-

---

16 *Folha de S. Paulo*, 14.2.2004.
17 *O Estado de S. Paulo*, 16.2.2004.

Atores e poderes na nova ordem global

dade. Por outro lado, submetidas unicamente ao interesse do capital e de sua acumulação, essas mesmas tecnologias podem levar a efeitos sinistros e devastadores. O desafio é saber como a humanidade pode se preparar para arbitrar esses caminhos, de modo a evitar riscos que não esteja disposta a enfrentar e estabelecer um controle social sobre as decisões tomadas pelo setor privado no campo das técnicas.

O problema maior em recuperar o controle sobre a ciência – a partir de novos referenciais éticos – é que o Estado nas sociedades pós-modernas continua em fase de desmonte. Seus antigos papéis já não são mais possíveis, seus novos papéis ainda não estão claros. Suas estruturas anacrônicas e sua clássica ineficiência levaram a uma imensa onda de privatizações – na maioria dos casos plenamente justificadas pela lógica da eficácia econômica –, que deveria ter correspondido a um enorme avanço do seu aparato regulatório e fiscalizador. Isso nem sempre ocorreu. Os partidos políticos e as lideranças mundiais, por seu lado, estão envolvidos em clara crise de legitimidade, seja pela dissonância crescente entre discurso e práxis, seja pela crescente influência do poder econômico nos processos democráticos, tornada pública pelas amplas denúncias de corrupção e suborno. Além do mais, esta é uma época em que os grandes *lobbies*, ainda que institucionalizados, agigantam-se a serviço de interesses privados em função do poder crescente das corporações transnacionais, submetidas a um contínuo processo de concentração. Como conseqüência, os Estados nacionais e suas representações políticas enfraquecem sua condição de legítimos representantes das sociedades civis. O que nos remete à questão da representatividade das democracias nas sociedades pós-modernas.

Em síntese, a natureza do impasse envolvendo o atual momento da lógica capitalista global parece caracterizar-se por tensões interdependentes e crescentes. De um lado, faz-se uma apropriação mais eficaz e radical da mais-valia da mão-de-obra barata, incorporada à produção global por processos de fragmentação e terceirização, mantendo-se essa força de trabalho nos seus países de origem. De outro, ocorre uma queda geral do nível de emprego mundial que força populações à imigração clandestina, dispondo-se a correr para tanto todos os riscos, até mesmo o de vida. Essa situação acaba gerando disputa e depressão nos empregos e salários de trabalhadores locais de países centrais, com as corporações cada vez mais concentradas e dependentes da ampliação global de seus mercados para gerar caixa suficiente ao investimento tecnológico progressivamente indispensável e oneroso. Observemos que essa é uma condição para a manutenção de uma posição de liderança nas cadeias produtivas. Finalmente, tal estratégia de agressividade mercadológica crescente e de assunção de riscos torna essas corporações cada vez mais expostas a críticas sociais e dependentes de crescente legitimação.

A tendência desse modelo realmente enfatiza o impasse, aumentando o isolacionismo dos países centrais, fazendo crescer a tensão social e exacerbando fundamentalismos e tratamentos agressivos com minorias e diferentes. Por outro lado, as novas tecnologias e sua "socialização compulsória" por meio da transparência de certas ferramentas – como a internet – têm possibilitado a emergência de novos atores no mundo global. Em muitas ocasiões eles têm se firmado como forças de contrapoder importantes e podem significar alternativas para os impasses contemporâneos, como veremos nos capítulos seguintes.

2
O amplo domínio do capital e o imperativo da legitimação democrática

À época medieval as cidades-mercado eram uma concessão regulada e operada pelo príncipe ou senhor. Esses mercados de certa forma faziam convergir os interesses políticos e econômicos do príncipe e dos cidadãos. A atividade econômica e suas regras – tarifas, impostos, lucro do artesão, empregos – distribuíam benefícios aos atores daquelas pequenas sociedades. Mas o príncipe controlava com mãos fortes os poderes militar e político, fazendo concessões ao interesse econômico de atores de dentro e de fora de seu território. Já no mundo global do século XXI, a concorrência entre Estados nacionais e poder econômico se coloca em situação muito diferente. Os conceitos de dominação são agora metaterritoriais. O poder estatal origina-se do controle que este exerce sobre o território, incluindo população e recursos naturais. No entanto, o poder da economia global não tem *locus* territorial, ele pode deslocar-se pelos espaços globais, o que lhe permite maximizar a dominação diante dos Estados simplesmente exercendo a *opção-saída* e estimulando continuamente a competição entre Estados ávidos de seus investimentos.

Não foram só as fronteiras nacionais que ficaram mais porosas. As novas tecnologias de rede abriram espaços virtuais para um comércio internacional que os Estados não conseguem mais controlar. É o caso das compras por internet e cartão de crédito dos objetos de pequeno porte, os mais variados – livros, CDs, softwares, equipamentos eletrônicos etc. –, que circulam "livremente" por sistemas de entrega privados (Fedex e dhl) e até públicos (como o Sedex dos Correios), tornando muito difícil o controle estatal dessa modalidade de "contrabando formal". O conceito tradicional de dominação sempre esteve ligado à idéia de um espaço geográfico. Como no caso das relações sociais em geral, ele pressupunha proximidade espacial e física. Agora, importa apenas o acesso livre ao mercado e à sua mão-de-obra barata, que deve ser contida no seu território de origem a fim de evitar que ela se desloque aos países centrais e lá demande o padrão de *welfare state* que esses países ainda garantem a suas populações. É importante relembrar o que já é lugar-comum: no mundo global todos os fatores de produção transitam livremente, e disso tiram seu benefício, exceto a mão-de-obra, prisioneira eterna dos seus contornos territoriais. O comércio eletrônico eliminou distâncias e introduziu uma nova forma de mobilidade: o *outsourcing* e as *maquiladoras*. E a transnacionalização da produção deixou de ser uma decisão política voluntária, passando a ser uma obrigação imposta pela lógica global. Ficar fora dela é ainda pior.

A nova era digital abre um espaço para se instaurar contatos e influências cujo sucesso não depende de distâncias e localizações. Isso é particularmente importante nas relações de poder entre Estados nacionais e a economia mundial. A entrada e a saída livre dos investimentos privados passam a poder gerar ou suprimir diretamente empregos e impostos, atributo até então exclusivo dos Estados no uso do seu território. O novo poder econômico é, portanto, desterritorializado. Concordamos com Beck (2003a, p.119-54) quando ele afirma que isso subverte a lógica tradicional de análise do poder, da violência e da dominação. Nessas condições resta pouco do fundamento territorial e nacional da autoridade econômica. O teletrabalho e a terceirização global aproveitam até fusos horários. Os salários reais se reduzem em razão do aumento da oferta global, agora intensamente ampliada com os imensos estoques de mão-de-obra razoavelmente bem qualificada da Índia e da China, países que totalizam 38% da população mundial.

A Índia beneficia-se intensamente de sua "vocação cultural" para lógica e matemática; do privilégio de ter no inglês a sua "segunda" língua[1] e, em decorrência, da facilidade de integrar-se em intensos sistemas de terceirização de serviços a longa distância. Já a China está muito ansiosa por absorver seus imensos contingentes de população rural e gerar empregos não agrícolas. A ação dominante dos atores econômicos globais não pode ser classificada nem como ilegal nem como ilegítima. Ela opera nos interstícios de um sistema não regulado que permite situar aquela ação num âmbito *metalegal*, tomando o espaço digital e exercendo crescente influência sobre as decisões e reformas do Estado de modo a fazê-las coincidir com as prioridades do mercado global. Usando a *opção-saída*, essa ação vai estreitando os Estados aos interesses do regime neoliberal. Mas que tipo de crença na legitimidade conduz os dominados a aceitar constantemente a dominação dos dominantes? A sedução retórica dos discursos hegemônicos – em que se alterna o *não há outro caminho* com o *este é o bom*

---

1 Cabe registrar que o inglês ainda é a língua "oficial" da Índia.

Gilberto Dupas

caminho, basta persistir nele –, a ameaça de represália aos mal comportados e o marketing dos valores dominantes são suficientes para construir essa legitimidade?

O poder do capital se amplia sem enfrentar diretamente as leis nacionais e sem o consentimento explícito de parlamentos ou governos, graças às novas tecnologias da informação que oferecem a possibilidade de encolher os horizontes temporais e abolir as distâncias. O agente econômico global, por ser transnacional, estende seu poder explorando sistematicamente as brechas e os nichos de diferentes sistemas jurídicos nacionais. Operando nesses interstícios legais, os grandes grupos vão construindo seu próprio arcabouço legal, incluindo os padrões e as normas em relação ao trabalho, os contratos e os processos de arbitragem internacional. As antigas soberanias do Estado-nação passam agora a ser compartilhadas entre Estados e atores econômicos. O poder vai deixando de ser público e acaba, de fato, ocupando vazios criados pela lógica global e editando as novas normas de direito internacional. Assim, as empresas transnacionais passam a tomar decisões quase políticas. Governos e opinião pública vão se transformando em espectadores das tomadas de decisão corporativas maximizantes do lucro, sem nenhuma legitimação democrática. E questões vitais vão ficando suspensas.

Sob quais condições se pode manipular material genético animal ou humano e manter controles sobre seu acesso, ou patenteá-lo? Quem legitima as decisões das corporações sobre inovações e vetores tecnológicos, que definem condições de empregabilidade mundial – via automação e terceirização – que podem suprimir empregos e baixar salários? Quem se responsabiliza pelos eventuais riscos dos produtos transgênicos, dos processos das cadeias alimentares que geram distúrbios como o da "vaca louca", dos eventuais efeitos das ondas eletro-

Atores e poderes na nova ordem global

magnéticas dos telefones celulares sobre os mecanismos cerebrais ou da poluição ambiental sobre inúmeras doenças? São conseqüências difusas, algumas com efeitos de médio e longo prazos, que podem causar efeitos sociais devastadores. Sobre essas ações de responsabilidade direta dos atores globais não há clara definição de responsabilidades nem sistema legal, político ou social que as aprove ou legitime.

Um dos casos mais polêmicos e rumorosos de uso do poder econômico por meio da utilização abusiva de inovações patenteadas foi o da Microsoft, que causou enorme comoção e turbulência jurídica mesmo nos Estados Unidos. Ao praticamente obrigar um uso cativo dos seus softwares para um instrumento de trabalho tornado essencial (redes de computadores) e para um gênero de comunicação vital (internet), a empresa líder do setor tornou-se um fabricante de imensos lucros ao aliar grande competência tecnológica com obsolescência rápida dos seus programas, "obrigando" continuamente os seus usuários a novas aquisições. Dados os altos valores envolvidos e a impossibilidade de controlar duplicações piratas – estabelecendo uma relação custo-benefício quase infinita – essa situação favoreceu o mercado clandestino a ponto de mais sofisticados e recentes softwares serem vendidos por camelôs literalmente a preço de banana. Claro está que esse esquema paralelo não só viabilizou que amplas faixas da população, especialmente dos países pobres, se tornassem usuários de sistemas, mas também incentivou fortemente o desenvolvimento de softwares alternativos ditos "livres".

A reação da Microsoft evidencia o poder e os instrumentos que essas corporações gigantes utilizam para defender seus interesses no âmbito metalegal. No âmbito da mídia, o domínio de seu discurso hegemônico é tão grande que, recentemente, um dos maiores jornais brasileiros – em texto publicado utilizan-

Gilberto Dupas

do estatísticas da Business Software Alliance, ONG financiada pelo setor – colocou a seguinte manchete de página inteira: "Brasil perde R$ 1,5 bi com software pirata".[2] O texto que se segue, lido com atenção, esclarece e corrige esse título incompreensível e exótico. Na verdade, o 1,5 bilhão de reais (519 milhão de dólares) é o valor que a indústria internacional de software – entenda-se, basicamente, a Microsoft – teria perdido no Brasil com a venda de produtos piratas. O que, obviamente, quer dizer coisa muito diferente. O líder mundial no uso irregular de software é a China (segundo a mesma ONG, 92% dos softwares lá utilizados em 2003 eram piratas, contra 61% no Brasil). Nem por isso pode-se afirmar – ressalvadas as imperativas questões jurídicas e legais – que esses países e suas pequenas atividades econômicas não se tenham beneficiado desse uso irregular.

Quase ao mesmo tempo em que esse estudo foi divulgado, a Microsoft do Brasil acionava judicialmente o presidente do Instituto Nacional de Tecnologia da Informação, Sérgio Amadeu, por declarações consideradas ofensivas sobre as técnicas mercadológicas que a empresa utiliza. Amadeu reagiu: "Trata-se de uma clara tentativa de intimidação. Estou sendo atacado por defender o software livre, por tentar garantir maior autonomia tecnológica ao país",[3] numa referência ao esforço do governo brasileiro por criar espaços ao sistema Linux de código aberto nos órgãos públicos brasileiros. Ele lembrou que o sistema livre é hoje utilizado na Bolsa de Nova York, no Pentágono, no FBI, na Nasa e na Receita Federal dos Estados Unidos.

Na mesma oposição às pressões das corporações gigantes multinacionais, o Nobel de Medicina britânico, John Sulston,

---

2 *Folha de S.Paulo*, 8.7.2004.
3 *Valor Econômico*, 17.6.2004.

reagiu às tentativas dessas corporações para patentear os genomas. Um dos criadores do Projeto Genoma, Sulston lembra que esse é o maior empreendimento da história da ciência, enfatizando que "a maioria das pesquisas são feitas por instituições públicas, que colocam sob domínio público suas contribuições".[4] Sulston propõe um acordo mundial para que um pequeno percentual do PIB de cada país seja destinado a pesquisas no campo da saúde, com resultados abertos a todos: "Temos que *globalizar* os bens comuns da humanidade", diz ele, dando aqui a *globalizar* o sentido de *socializar*. Afirma, ainda, que só agora vê com clareza as manobras que ocorrem no comércio internacional e alertou os países da periferia que não fiquem a reboque das grandes corporações. Acha que os acordos comerciais dos anos 1990 no âmbito da OMC foram uma imposição dos países ricos e que, se o Brasil aceitar as propostas norte-americanas sobre patentes, permitirá às multinacionais o controle dos mercados latino-americanos. E recomenda: "Quando se trata de enfrentar as grandes potências, o importante para as economias em desenvolvimento é defender sua posição em conjunto", dada a relação de forças profundamente desigual. Finalmente, Sulston conclui: "Não podemos continuar a depender da caridade de organizações não-governamentais. Mas, ao mesmo tempo, as Nações Unidas não podem existir apenas para servir ao G-8". Para um Nobel de ciência, convenhamos que são declarações de uma lucidez sociopolítica incomum, dignas do velho Einstein.

As políticas e instituições utilizadas pelos países centrais nos seus estágios iniciais de desenvolvimento diferem significativamente das diretrizes que hoje eles recomendam – e freqüentemente exigem – aos atuais países em desenvolvimento. Aliás,

---

4 *O Estado de S. Paulo,* 21.6.2004.

Gilberto Dupas

isso não é nenhuma novidade. O poder do mais forte sempre foi o vetor impositivo dominante nas relações internacionais. Embalado em vistosas encenações e eventuais retóricas humanistas, a força a serviço dos interesses dominou os ciclos imperiais e hegemônicos ao longo da história. E as grandes corporações, expressão dominante dos interesses privados, sempre souberam induzir a ação de seus governos à proteção desses seus interesses, fazendo-os coincidir com questões de Estado ou *interesse nacional*. Sem deixar de mencionar os estreitos vínculos entre interesses públicos e privados que edificaram as grandes construções comerciais da *primeira* globalização – as Companhias das Índias Orientais e Ocidentais, já denunciadas por Martinho Lutero, citado por Weber como engajado na luta "contra os privilégios de fato ou de direito de algumas grandes companhias mercantis nos séculos XVI e XVII" (2004, p.74).

Lembremo-nos de um fato interessante ocorrido em pleno ciclo hegemônico inglês (1853): a invasão da baía de Tóquio pelo comodoro norte-americano Perry e por navios de guerra ingleses, franceses e russos, todos respaldados por seus governos, com a missão de exigir abertura dos portos, privilégios comerciais, relações diplomáticas e livre ingresso de cidadãos de seus países ao então fechado e esquivo império do Japão. Margareth MacMillan (2004) observa que, durante a Conferência de Paz de Paris de 1919 – que tentou definir a nova partilha do mundo pós-Primeira Guerra – e firmando-se os Estados Unidos como nova potência hegemônica mundial, o presidente Woodrow Wilson já julgava falar pela humanidade. Diz ela, a partir de testemunhos da época: "Os americanos tendiam a encarar seus valores como universais, e seu governo e sociedade um modelo para todos" (p.23). Aliás, essa conferência fez a transição das velhas e explícitas práticas coloniais para os novos ânimos ligeiramente mais sutis de dominação cultural e territorial, quando então os antigos regimes coloniais foram substituídos por mandatos territoriais exercidos pelas potências vencedoras. Wilson, intelectual teoricamente engajado com a autonomia dos povos, acabou capturado pelas velhas formas de dominação, agora em formato mais sutil. Em sua declaração ao Congresso dos Estados Unidos em fevereiro de 1918, ele dizia que "cada arranjo territorial dessa guerra terá que ser feito no interesse e no benefício das populações" (apud ibidem, p.479). Mas, enquanto isso, Gaston Domergue, vice-presidente do comitê oficial francês para as metas coloniais, pontificava: "Precisamos de um império colonial para exercitar a vocação civilizadora da França, no interesse maior da comunidade" (apud ibidem, p.431).

Os ingleses praticavam o mesmo discurso, também em roupagem nova. No caso do controle da Mesopotâmia – as antigas províncias otomanas de Mosul, Bagdá e Basta (hoje Iraque) –, ingleses e franceses se enfrentaram em dura disputa que visava ao controle do combustível do futuro, o petróleo. Os dois lados apenas concordavam que não queriam os norte-americanos na região. Só na Conferência de San Remo, em 1920, a questão foi resolvida com mandato a favor da Inglaterra, que ficou com a Palestina e a Mesopotâmia, enquanto a França controlou a Síria. Argumentos da mesma natureza foram usados para impedir que a Itália controlasse parte da Ásia Menor (Turquia). Foi o próprio Wilson quem disse: "A Itália carece de experiência para a administração de colônias", sendo contraditado por Lloyd George: "Mas os romanos foram muito bons governadores de colônias" (apud ibidem, p.479). Na distribuição final dos territórios e divisão dos mandatos, com o beneplácito norte-americano, predominou obviamente o interesse das grandes nações vencedoras, em detrimento da autonomia das pequenas nações ou povos envolvidos nas partilhas e acomodações territoriais.

Na verdade, desde a Inglaterra do século XIV até os New Industrialized Countries (NICs) asiáticos do fim do século XX, os países em saltos de desenvolvimento utilizaram insistentemente políticas industrial, comercial e tecnológica ativas – muito além da mera proteção tarifária – para promover o crescimento de suas atividades econômicas públicas e privadas. Ha-Joon Chang (2004), após fazer uma minuciosa análise das políticas e resultados alcançados nas últimas décadas por países que "deram certo", lembra que "o problema comum enfrentado por todas as economias em *catch-up* é que a passagem para atividades de maior valor agregado, que constitui a chave do processo de desenvolvimento, não se dá espontaneamente" (p.208). A razão é que há discrepâncias entre o retorno social e individual de investimentos nas atividades de alto valor agregado – ou indústrias nascentes – nessa fase e tornam-se necessários mecanismos para socializar o risco envolvido desses investimentos. Uma grande multiplicidade de instrumentos de política pública foi e pode ser usada. Os países bem-sucedidos são, tipicamente, os que se mostraram capazes de adaptar o foco de suas políticas às diferentes situações.

É importante salientar que todos os atuais países centrais recorreram ativamente a políticas industrial, comercial e tecnológica intervencionistas a fim de promover as indústrias nascentes, muitos deles com mais vigor do que os atuais países em desenvolvimento. Assim, o pacote de "boas políticas" atualmente recomendado, que enfatiza os benefícios do livre-comércio e de outras políticas do *laissez-faire*, conflita com a experiência histórica. Para Chang, os acordos da OMC – que restringem a capacidade dos países em desenvolvimento de pôr em práticas políticas industriais ativas – não passam de uma versão contemporânea e multilateral dos "tratados desiguais" que a Inglaterra e outros países centrais costumavam impor aos países dependentes da época. Seus dados mostram claramente o ínfimo crescimento econômico verificado nos países em desenvolvimento, nas últimas duas décadas, justamente quando a maioria deles passou por "reformas políticas" neoliberais que se mostraram incapazes de cumprir a sua grande promessa de crescimento econômico.

A desigualdade da renda aumentou e a prometida aceleração do crescimento não se verificou, ao contrário do período entre 1960 e 1980, no qual predominaram as políticas "ruins" e o crescimento desses países ocorreu. Assim, no período mencionado, o PIB *per capita* de 116 países de seu universo cresceu num ritmo de 3,1% anuais, ao passo que, entre 1980 e 2000, a taxa de crescimento reduziu-se para apenas 1,4% ao ano. Os países em desenvolvimento cresceram muito mais rapidamente no período em que aplicaram políticas chamadas "ruins" do que nas duas décadas seguintes, quando passaram a adotar as "boas". A resposta óbvia para tal paradoxo é reconhecer que as políticas supostamente "boas" eram de fato "ruins"; e, pelo contrário, que as políticas "ruins" é que deviam ser aplicadas. O mais interessante é que essas políticas "ruins" são basicamente as que os hoje países ricos aplicaram quando estavam em desenvolvimento, o que é mais um argumento a favor da idéia de que os países centrais estariam, ainda que não obrigatoriamente de forma intencional, "chutando a escada" pela qual subiram ao topo.

Outra constatação importante é que a maioria das medidas institucionais atualmente recomendadas aos países em desenvolvimento como parte do pacote de "boa governança" foi, na verdade, resultado – e não causa – do desenvolvimento econômico dos países centrais. As regras consideradas "boas" para o desenvolvimento, incluindo regimes de direitos de propriedade, banco central independente e outras recomendações "da melhor prática" (o que geralmente significam padrões das instituições anglo-americanas) são de fato úteis? Na verdade, a conclusão é que as instituições "boas" só produzem crescimento quando associadas a políticas igualmente "boas", justamente aquelas que a maioria dos países hoje ricos aplicaram quando estavam em processo de desenvolvimento, não as que atualmente recomendam aos países periféricos.

Chang conclui que "ao exigir dos países em desenvolvimento padrões institucionais que eles mesmos não tinham quando estavam em estágios comparáveis de desenvolvimento, os países ricos estão usando, efetivamente, dois pesos e duas medidas e lesando-os com a imposição de muitas instituições de que eles não precisam e as quais não podem sustentar" (p.223). E dá um exemplo:

> Para manter um *padrão global* de direitos de prioridade e instituições de governança empresarial, os países em desenvolvimento serão obrigados a formar (ou, o que é pior, a contratar no exterior) um gigantesco exército de advogados e contadores de nível internacional. Isso significa que terão, inevitavelmente, menos dinheiro para gastar em coisas como a formação de professores ou engenheiros industriais, que podem ser muito mais necessários em seu estágio de desenvolvimento. (ibidem)

Finalmente, ele antecipa objeções principais contra suas teses. A primeira é acaciana: o mundo é assim mesmo; os fortes mandam e os fracos obedecem. A segunda é que essa é a vontade dos investidores internacionais. É irrelevante que os países em desenvolvimento gostem ou não dessas "novas regras". Os países que não adotarem as políticas e as instituições serão marginalizados e amargarão as conseqüências. Isso não parece

Atores e poderes na nova ordem global

tão evidente. A China tem conseguido atrair uma quantidade enorme de investimentos estrangeiros apesar da predominância do que se consideram ser "políticas ruins" e "instituições precárias". Ela se aproveita com inteligência do fato de que, em seu processo contínuo de globalização, o capital premia ações que lhe garantam a maximização de sua lucratividade, independentemente de qualquer outra consideração.

O fato é que políticas e instituições supostamente "boas" não conseguiram gerar o prometido dinamismo do crescimento nos países em desenvolvimento, nas últimas duas décadas em que foram tão vigorosamente promovidas, e em muitos desses países o crescimento simplesmente desapareceu. Embora seja verdade que políticas industriais ativas possam gerar burocracia, isso não significa, como os países centrais bem sabem, que tais políticas não devam ser usadas. Muitas políticas consideradas "ruins" não o são na verdade. Seria necessária uma mudança radical nas condicionantes que vinculam a ajuda financeira do FMI, do Banco Mundial e dos governos dos países centrais; reescrever as regras da OMC e de outros acordos multilaterais de comércio de modo a permitir um uso mais ativo dos instrumentos de produção da indústria nascente como as hoje amaldiçoadas tarifas e os subsídios. Exigir apenas que se proíba uniformemente a todos o uso desses instrumentos pode prejudicar ainda mais os países da periferia, incapazes de competir na maioria dos produtos que agregam valor.

Precisamos permitir que os países em desenvolvimento adotem políticas e instituições mais apropriadas ao seu estágio de desenvolvimento e que cresçam mais rapidamente, como deveras aconteceu nas décadas de 1960 e 1970. Isso há de beneficiar não só os países em desenvolvimento mas, em longo prazo, também os desenvolvidos, à medida que aumentar o comércio e as oportunidades de investimento. Para Chang, "a

Estratégias e poderes do capital e as questões da legitimidade

Os atores da economia global podem ser divididos entre dois grupos principais, fortemente entrelaçados por interesses comuns. De um lado estão as corporações financeiras e os grandes detentores de estoque de capital, incluindo pessoas físicas; de outro, as empresas industriais e de serviços. Claro está que as zonas de interesse comum são intensas. Em várias situações e países, grandes corporações industriais investem fortemente em serviços financeiros; e, em determinadas situações, tiram lucro relevante ou predominante dessa atividade. Por outro lado, o caixa líquido das grandes empresas industriais ou de serviços é aplicado no mercado financeiro, cujos agentes também a suprem de empréstimos ou dão suporte a suas operações em bolsas de valores. Ainda assim, embora agentes e interesses muitas vezes se confundam, há que distinguir entre a lógica financeira e a lógica industrial, mesmo que dentro do ciclo clássico marxista do DMD,[5] ou seja, ainda que dinheiro se transforme em mercadoria – que produz mais dinheiro – a preferência pela liquidez que separa o rentista do empresário industrial, ainda que determinada pela lógica da rentabilidade de longo prazo do capital, define agentes econômicos e fluxos basicamente diferentes no mundo global. Assim é que aos fluxos de capital especulativo se pode atribuir natureza e motiva-

---

5 O capital-dinheiro (D) investe numa determinada combinação de insumos e os transforma em uma mercadoria (M) visando ao lucro. A realização de M resulta em um D' que é o capital-dinheiro acrescido do valor criado pela mais-valia, sendo esta última a diferença entre o valor produzido pela força de trabalho e o custo de sua manutenção.

Atores e poderes na nova ordem global

ção diferente dos fluxos de investimento produtivo. Esses últimos estão diretamente atrelados a atividades produtivas, enquanto os primeiros visam ao lucro especulativo; assim, quando um país deixa livre a sua entrada e a eles expõe seu nível de reservas internacionais, está se arriscando a ser vítima fácil das grandes oscilações de humor desse tipo de fluxo, exposto à enorme volatilidade e comportamentos de "manada".

As corporações transnacionais são cada vez maiores, sendo cada vez mais concentrado seu poder nas cadeias produtivas em que elas lideram um certo tipo de produto mundial. Apenas para dar uma idéia desse fenômeno, se observarmos alguns setores importantes da produção global, verificaremos que as três empresas líderes dessas cadeias produtivas chegam freqüentemente a concentrar mais de 50% do faturamento entre as quinhentas maiores empresas do mundo. No setor de varejo, por exemplo, o Wal-Mart detém sozinho 47% das vendas gerais das doze maiores empresas varejistas mundiais. No caso de computadores e equipamentos de escritório, IBM, Hewlett-Packard e Fujitsu controlam 61% do faturamento das nove maiores (Quadro 14 do "Anexo"). Por outro lado, a capacidade de recuperação das grandes corporações diante das crises cíclicas do capitalismo tem sido extremamente vigorosa. Um bom exemplo é o desempenho dos lucros das quinhentas maiores corporações mundiais nos últimos anos, entremeados pela grave crise da bolsa tecnológica. Em 2000, o total do lucro dessas empresas foi de 667 bilhões de dólares. Esse número caiu respectivamente para 306 bilhões de dólares e 134 bilhões de dólares durante os anos críticos de 2001 e 2002. No entanto, esse valor já tinha se recuperado totalmente e alcançado 731 bilhões de dólares em 2003 (Quadro 15).

O tamanho das corporações privadas é o maior já alcançado na história documentada da economia mundial. Uma maneira usual de atribuir poder a essas grandes empresas globais é compará-las ao PIB dos países. Assim o fazendo pode-se concluir, por exemplo, que apenas a soma do faturamento das duas maiores corporações mundiais em 2003 (Wal-Mart Stores e British Petroleum) já equivaleria ao tamanho do PIB brasileiro. Se acrescentássemos as oito seguintes (Exxon Mobil, Royal Dutch/Shell Group, General Motors, Ford Motors, Daimler-Chrysler, Toyota Motor, General Electric, Total), o valor dos seus faturamentos já seria equivalente a todo o PIB da América Latina (Quadro 16). No entanto, é preciso tomar certos cuidados ao utilizar essas comparações e encarar o faturamento das corporações, base usual de comparação para com os países, no seu devido conceito. Ele mede as vendas totais das empresas incluindo o valor de todos os insumos "externos" a ela. Quer dizer, sua base de medição não é o valor que ela adiciona, mas sim o valor total adicionado pela cadeia produtiva que ela alimenta, incluindo partes do faturamento de peças, componentes e serviços dessas outras corporações.

Paul De Grauwe & Filip Camerman (2000) demonstraram que, quando examinados os balanços de um grupo selecionado das maiores corporações mundiais, os dados sobre valor adicionado com relação às vendas significam cerca de 25% do total. Os outros 75% correspondem a partes, componentes ou serviços supridos por fornecedores externos (Quadro 17). Para a área de serviços, o número cresce para algo como 35%. Ainda assim, o próprio Quadro 18 nos permite concluir que as empresas Wal-Mart Stores, Exxon, General Motors, Ford Motor, Mitsubishi, Mitsui, Citigroup, Itochu, DaimlerChrysler, Royal Dutch/Shell, British Petroleum e Nippon T&T adicionam diretamente à sua produção um valor equivalente ao PIB brasileiro, o que não parece nada trivial. Por outro lado, se levarmos em conta a lógica das cadeias produtivas, quer dizer, o faturamento que elas induzem seus fornecedores e parceiros a gerar, a comparação dos faturamentos com os PIBs nacionais volta a ser uma estimativa grosseira válida para "comparações de poder econômico relativo".

Para aumentar seu poder, cada um dos grandes grupos corporativos estabelece estratégias tendentes a provocar a situação ideal: o monopólio temporário de um produto, processo ou tecnologia em seu segmento de mercado mundial. No limite, a estratégia corporativa maximizante é, obviamente, o afastamento da concorrência. Para aproximar-se o máximo possível dessa situação ideal de retorno do capital, a minimização da concorrência dentro do seu setor deve ser concomitante à maximização da concorrência entre os Estados dispostos a conceder ao capital. Na tentativa de formar monopólios mundiais os caminhos são: supremacia tecnológica; controle dos mercados e fluxos financeiros; acesso privilegiado a certos recursos naturais; e domínio das mídias e das telecomunicações. Os monopólios sobre o mercado mundial, que são estratégias de redução de concorrência, pervertem as lógicas de poder e a própria eficácia econômica. Por exemplo, as estratégias de privatização sugeridas por essas empresas têm como objetivo a maximização dos seus lucros, enquanto defendem que os prejuízos sejam mantidos pelos Estados.

Há inúmeros exemplos globais e regionais de como essa estratégia opera. No caso da indústria farmacêutica, um dos casos mais extremados na busca de concentração global, quando do recente anúncio de mais uma gigantesca fusão no setor entre a Sanofi e a Aventis, o presidente da maior delas declarou com enorme entusiasmo: "Seremos a número 1 da Europa e a número 3 do mundo",[6] o que bem evidencia a per-

---

6 *O Estado de S. Paulo*, 27.4.2004.

cepção dos próprios empresários de que liderança em tamanho é cada vez mais fundamental. Em nível local, todos os instrumentos para manter situações de privilégio e liderança são utilizados. A Roche, por exemplo, a atual segunda do mundo, tendo recebido a negativa da Agência Nacional de Vigilância Sanitária do Brasil no pedido de anuência para futura concessão de patente no país de seu novo remédio para Aids, reagiu histrionicamente com a típica ameaça da opção-saída: "Faltava isso para matar (*sic*) a indústria farmacêutica multinacional. Essa decisão criará um efeito negativo no mundo inteiro".[7]

Essa empresa tinha sido um dos principais grupos atingidos pela ameaça de quebra de patentes do coquetel anti-HIV no Brasil, ela que tem 30% de suas vendas no país endereçadas aos três níveis de governo e que acabou, sob pressão, mantendo-se no mercado e concedendo elevados descontos nos preços. O grupo está investindo 70 milhões de dólares em nova fábrica no país, mas adverte: "Hoje seria muito difícil justificar aos acionistas um investimento dessa natureza".[8] No setor de alimentos, outro de altíssima concentração global, a Nestlé (uma das líderes mundiais), ao ver recusada pelo Conselho Administrativo de Defesa Econômica (Cade) do Brasil autorização para a compra de empresa concorrente – o que a permitiria concentrar mais de 50% do mercado nacional de chocolates e cerca de 85% de cobertura de chocolate –, reagiu indignada falando em cancelar investimentos e empregos no país.

Outra situação interessante ocorre quando grandes grupos locais utilizam o pretexto da globalização necessária e inevitável para obter vantagens ou exceções estatais. Na época da aquisição da Antarctica, provocando uma enorme concentração

---

7 *Valor Econômico*, 23-25.4.2004.
8 *Valor Econômico*, 23-25.4.2004.

no mercado brasileiro de cervejas, a Brahma justificou-se com o forte argumento de que esse era o único caminho para constituir um grupo transnacional de capital brasileiro no setor de bebidas. Para conseguir autorização de fusão, comprometeu-se então com o Cade que os ativos do novo grupo não seriam vendidos ao exterior pelo prazo de dez anos. Pouco depois a AmBev – resultante da fusão – negociou parte relevante do controle à Interbrew, grande grupo cervejeiro belga, mascarada por uma troca de ações e criando problema com acionistas minoritários que se sentiram desfavorecidos pela operação. Na guerra mercadológica por amansar a opinião pública, fez publicar anúncios de página na grande mídia do país anunciando: "Globalização. Agora a favor do Brasil. Uma conquista que enche de orgulho ... todos os brasileiros".[9]

Nessa altura, parece fundamental acompanhar os conceitos mais recentes que as grandes corporações utilizam para adequar suas estratégias ao mundo global e maximizar seu poder. Yves Doz, José Santos e Peter Williamson (2001), professores do Institut Européen d'Administration des Affaires (Insead), trataram muito adequadamente o que observam ser a transição das grandes corporações de *multinacionais* para *metanacionais*, operada a partir de meados da década de 1990:

> O jogo global mudou. Antes, ser uma companhia global significava construir uma rede eficiente de produção, vendas e subsidiárias capaz de penetrar nos mercados do mundo. Mas a nova *economia do conhecimento* mudou esta estratégia. Hoje o desafio é inovar aprendendo com o mundo. Os vencedores de amanhã serão as companhias que criarem valor prospectando e mobilizando inteligência tecnológica e de mercados espalhados pelo mundo.

---

9 *Folha de S. Paulo*, 5.3.2004.

O novo desafio estratégico será construir novos tipos de vantagens competitivas conectando conhecimento disperso num mundo onde o custo da distância está desaparecendo rapidamente em razão da mobilidade das *commodities* como capital, bens e informação. Com isso, as grandes corporações estarão abolindo suas dependências de rotas geográficas e tentarão não mais serem "acusadas de serem os novos imperialistas do século XXI, impondo a exploração de seu país de origem aos mercados maleáveis do mundo". À capacidade competitiva de acessar, conectar e alavancar conhecimento de fontes dispersas e não tradicionais Doz, Santos & Williamson chamam de *vantagem metanacional*.

As corporações globais são agora capazes de construir novas vantagens competitivas conectando e alavancando pedaços dispersos de conhecimento, cruzando as fronteiras dos Estados-nação. As grandes corporações metanacionais estarão "*fishing uniqueness*" no oceano global, operando em três níveis: *sensing, mobilizing and operating*. No primeiro nível, elas identificarão novas competências, inovações tecnológicas e conhecimento em liderança de mercado (por exemplo, qual a nova vantagem biotecnológica descoberta, ou onde os consumidores estão inovando nos novos usos para o telefone celular). No segundo nível, estarão integrando capacidades e oportunidades em mercados emergentes para serem as pioneiras em produtos e serviços. Finalmente, no terceiro nível estarão otimizando escala e configuração operacional para eficiência, flexibilidade e eficiência financeira. As corporações metanacionais não querem mais só mão-de-obra e matéria-prima baratas. Irão explorar o alto potencial de construir novas estruturas, equipes e processos em torno de clientes globais, plataformas globais e atividades globais. Uma rede operacional flexível, alavancada por fornecedores, subcontratados e parceiros irá transformar essas inovações metanacionais em lucro global e valor para os acionistas. Vencer no jogo global é, pois, ganhar três diferentes corridas: identificar e acessar novas tecnologias; transformar esse conhecimento disperso em produtos e serviços originais; e operá-los em escala e exploração adequada nos mercados globais.

Como se vê, as estratégias maximizantes de poder das grandes corporações estão definidas e postas em marcha. Elas envolvem contínua concentração apoiada em alianças, parcerias e exploração de vantagens da especialização que os países, em sua miopia competitiva, deixaram que fossem feitas. A arma principal continuará a ser a opção-saída. Essas estratégias obviamente não pressupõem confrontos globais de legitimidade; e estarão baseadas na idéia de que haverá Estados nacionais ávidos em ceder mais para não perder ainda mais, no clássico caminho minimizante do "antes ceder mais um pouco do que perder tudo" em matéria de recepção de investimentos externos.

Um dos segmentos mais vitais para o controle da lógica capitalista é o setor de mídia eletrônica e impressa. Assiste-se nessa área, além de uma tendência radical à privatização, a uma intensa concentração mundial em poucos grandes atores que controlam o setor de notícias e informações, pondo progressivamente em risco a democracia. Isso se dá não apenas com o fenômeno de grandes corporações industriais ou comerciais comprarem redes de televisão ou de notícias, como também com a extremada redução das empresas médias do setor. Frank A. Blethen (2004), em artigo ao *The Washington Post*, acha que a democracia norte-americana está em crise, atacada de dentro pelo colapso da imprensa livre. Ele lembra que dos milhares de veículos independentes de mídia existentes em meados do século passado, sobraram menos de cinqüenta empresas no final do século; e que a maior parte delas é controlada por apenas cinco grupos. Por outro lado, cerca de um terço da população americana ouve estações de rádio pertencentes a um único grupo. Na Europa, ocorre um processo semelhante. O exemplo mais radical foi a venda do tradicional *Le Figaro*, diário conservador francês, notável pela sua independência, ao gigante grupo aeroespacial e militar Marcel Dassault, que comprou 82% do seu capital. Outro conglomerado de equipamentos militares francês, o Lagardère, tem participações no *Paris Match* e na *Elle*.

Como vemos, no exercício desse enorme poder, o choque das estratégias e das ações das corporações metanacionais com os interesses e valores da sociedade civil é intenso e inevitável. Alguns poucos episódios recentes escolhidos ao acaso deixam isso claro. A Monsanto decidiu suspender suas pesquisas para um trigo geneticamente modificado depois de forte reação e rejeição de fazendeiros e consumidores, que pediram ao governo americano para suspendê-las pois poderiam perder mercados no exterior caso essa nova variedade cruzasse acidentalmente com outras tradicionais. O Center for Food Safety reagiu com "ninguém quer essa coisa". Já para a Associação Nacional dos Plantadores de Trigo, "esse não é o fim da biotecnologia no trigo", só um sinal de que o mercado ainda não está maduro. O Greenpeace ironizou a Monsanto argumentando que ela falhou em convencer "até o mais fanático defensor dos transgênicos".[10] Esse parecia ser o próximo grande negócio da empresa após a polêmica, mas aparentemente bem-sucedida, modificação da soja.

Como em toda parte do mundo, também no Brasil ideologias, conceitos e interesses alimentam a polêmica dos transgênicos. No momento em que o Senado analisava o projeto da

---

10 *O Estado de S. Paulo,* 11.5.2004.

nova Lei de Biossegurança, aumentava a pressão de empresas, ONGs, cientistas, agricultores e políticos interessados na liberação – ou proibição – desses transgênicos. Na frente de batalha, estavam a Monsanto e o Greenpeace, respectivamente a empresa multinacional que inventou e domina o mercado mundial de transgênicos e a ONG multinacional que se opõe a eles em todas as instâncias. Ambas dizem ter a ciência a seu lado. As ONGs, entretanto, levam vantagem na opinião pública. Segundo pesquisa de opinião, 37% das pessoas confiam mais em organizações ambientalistas para falar sobre biotecnologia e somente 33% delas acreditam mais nos cientistas.[11] Enquanto os ambientalistas agitam a sociedade e as instâncias públicas, as empresas mostram os lucros garantidos para os produtores no curto prazo, investem quantias gigantescas em marketing e aguardam por liberação para explorar o lucrativo mercado brasileiro.

Os interesses econômicos articulam e manipulam com grande competência, inclusive inúmeras ONGs que eles mesmos financiam. Dick Taverne (2004) – presidente da ONG Sense About Science – gosta de afirmar que a agricultura orgânica, promovida por defensores do meio ambiente e, segundo ele, subsidiada por governos como sinônimo de vida saudável, é um engodo. Ele ridiculariza e desqualifica o movimento orgânico dizendo-o inspirado "pelo misticismo de Rudolf Steiner ... que acreditava em fases da lua ... e ensinava que fertilizantes químicos danificavam o cérebro". Argumenta com o exótico refrão: "Não se tem notícias de mortes atribuídas a resíduos de pesticidas ou alimentos transgênicos". E completa: "Mesmo que a maioria das alegações feitas em favor da agricultura orgânica fosse verdadeira, sua maior desvantagem é a ineficiência. Os

---

11 *O Estado de S. Paulo*, 7.3.2004.

Gilberto Dupas

orgânicos custam mais caro. Precisamos triplicar a produção de alimentos nos próximos cinqüenta anos para alimentar um adicional de 3 bilhões de pessoas. Assim, toda a tecnologia que aumente a eficiência da agricultura é necessária". E encerra dizendo que a única contribuição da agricultura orgânica é "manter a pobreza e a desnutrição". Como se a agricultura química e automatizada tivesse ajudado a diminuir a fome e a pobreza no mundo!

O poder e a força dos *lobbies* das grandes corporações também podem ser exemplificados na decisão da Merck Sharp & Dohme, uma das maiores empresas farmacêuticas globais, de retirar do mercado seu principal produto, o Vioxx, depois de inúmeras evidências de que seu uso poderia causar surgimento de problemas cardíacos graves. Ele era o terceiro produto que dava mais lucro às farmácias brasileiras e um dos remédios mais vendidos no mundo. Os primeiros sinais de risco surgiram logo após seu lançamento, em 1999. A acumulação de evidências levou a corporação, após cinco anos de hesitações e larga propaganda, a retirar o produto temendo ações de indenização que poderiam quebrar a empresa. Jerry Avorn, diretor de pesquisas do Brigham & Women's Hospital de Boston declarou: "É um terrível testemunho do poder do marketing".[12] Com a decisão, as ações da empresa despencaram mais de 20%.

Já na área da tecnologia microeletrônica, a Microsoft está divulgando um novo produto (*sensecam*): uma câmara ultra-miniaturizada, que pode ser embutida num broche ou crachá, e que registra e armazena eletronicamente – com imagem e som – todas as atividades diárias de uma pessoa, constituindo um diário digital contínuo. Foi batizado de a "caixa preta humana" e anunciado como o próximo estouro de vendas da com-

---

12 *Folha de S.Paulo*, 2.10.2004.

panhia. Para seus críticos, será uma ameaça a mais à privacidade e à intimidade. Parece bastante útil ao entendimento do poder que as grandes corporações têm de induzir o exemplo da marcha da privatização do espaço público. Dois casos referenciais ingleses que tiveram início no governo Thatcher são elucidativos. Trata-se da enorme transformação sociopolítica decorrente da privatização dos serviços de concessão televisiva e dos serviços de saúde. Collins Leys (2004) analisou em detalhes esse processo no qual, como ele diz, a política foi colocada totalmente a serviço do mercado.

Embora a televisão ainda seja essencialmente uma concessão pública e um instrumento vital para a propagação de valores e definição de condutas, ela tem sido transformada em todo o mundo num puro negócio regido pelo lucro. Leys lembra que a vida moderna é condicionada e moldada pelo fato de que gastamos um determinado número de nossas horas ativas – 25 horas por semana na Grã-Bretanha e mais do que isso em várias partes do mundo – ouvindo e assistindo a um encadeamento de sons e imagens que foram cuidadosamente construídos para atender aos objetivos da emissora e de seus anunciantes: elevar os índices de audiência e o faturamento de anúncios e merchandising. No Brasil, onde as novelas são líderes de audiência, a inserção de propaganda dentro do enredo condiciona comportamentos e perfis dos seus personagens principais, transformados em vendedores subliminares de refrigerante e sabonete. Para Jay Blumler, "o processo moderno de publicidade [é como] a força quase irresistível de um ímã, que obriga os que penetram em seu campo a adequar-se à sua atração" (apud Leys, 2004, p.138) e molda não só a política partidária, como também a maneira como todos pensam e vivem.

Na Inglaterra, durante as décadas de 1960, 1970 e 1980 exigia-se da BBC – reconhecida mundialmente pela qualidade de sua televisão –, com seus dois canais, que fornecesse gratuitamente "programas informativos, educativos e de entretenimento". Ela fornecia noticiários abrangentes, competentes e imparciais e programas de alta qualidade numa imensa gama de gêneros; como reciprocidade do bom exercício de uma concessão pública, o Tesouro lhe repassava o que era apurado com a taxa de licenciamento paga por todos os proprietários de televisores. A partir de 1995, algumas empresas de televisão independente com fins lucrativos foram autorizadas a operar com licenças regionais separadas, mas partilhando um único canal. A Independent Broadcasting Authority (IBA) regulava o volume de anúncios que podiam ser exibidos por hora e por dia e tentava garantir que os anunciantes não tivessem influência sobre o conteúdo da programação. Para Leys, como conseqüência, "o *ethos* de serviço público foi fortemente internalizado com o passar dos anos por todos os profissionais das emissoras que, em sua maioria, haviam sido treinados na BBC" (p.140-1).

Nesses dias gloriosos da televisão britânica ela representou um fórum fundamental para as "principais conversas formadoras" da sociedade britânica e adquiriu seu prestígio e fama mundial de excelência. Com Margaret Thatcher esse processo chegou ao fim e a televisão foi considerada "área industrial da qual se pode extrair lucros num longo período" (p.142). A BBC foi forçada a terceirizar e perdeu um terço de sua equipe. Cerca de 60% de todos os empregos em TV e rádio se transformaram em temporários e, enquanto a remuneração das grandes "estrelas" – apresentadores e animadores de auditório – subia de forma radical, os demais salários reais no setor caíram violentamente. Uma comissão criada por Margaret Thatcher e liderada por Alan Peacock, famoso economista neoliberal, concluiu em 1986 que "o sistema britânico de rádio e TV deveria encaminhar-se para um sistema sofisticado de mercado com base na soberania do consumidor" (p.145), o que quer dizer, do anunciante e da empresa proprietária da concessão. Em 1988, Rupert Murdoch inaugurou seu serviço Sky e, em 1994, possuía quase 3 milhões de assinantes e obtivera seu primeiro lucro anual de 94 milhões de libras. A digitalização fez o resto do estrago, pois exigiu enormes investimentos que o setor privado estava pronto a fazer. A BBC passou a ter que se dedicar crescentemente a esportes, filmes e até *soft-porn*, para competir com as empresas de TV a cabo e a BSkyB.

O surgimento de empresas de comunicação gigantescas e dos mercados complexos e instáveis transformou de vez o setor e liquidou-o como veículo comprometido com a cultura e a formação de opinião. Leys ressalta que

a visão neoliberal da televisão considera a atual proliferação de canais como recapitulação dos primeiros dias da imprensa, garantindo a liberdade de expressão e de escolha por meio da multiplicidade de canais de propriedade privada. Raramente aborda o fato que a multiplicação de canais foi acompanhada de uma concentração drástica da propriedade de canais, de forma que a liberdade de expressão torna-se a liberdade de expressão de algumas empresas. (p.185)

A racionalização é de que o proprietário de um canal de TV sempre estará disposto a oferecer o que o telespectador queira e, portanto, a democracia estará garantida. Com isso os seriados já são dois terços do que se oferece no horário nobre – com predomínio de temas de detetives e séries policiais – e o tempo para novelas multiplicou-se por cinco nos últimos vinte anos.

Com as novelas perdeu-se no conteúdo e na inovação, dando-se preferência a "estrelas conhecidas" em vez de novos atores e a temas "reconfortantes" ou finais "felizes" em vez de perturbadores, buscando atrair platéias estrangeiras e co-produções. Os neoliberais se defendem dizendo que foi a opinião pública que mudou e a TV só fez acompanhá-la. Assim, quando o thatcherismo e o novo trabalhismo de Tony Blair individualizaram e privatizaram a vida na Inglaterra, estariam em sintonia com os novos ventos do consumidor, que agora prefere negócios a política e programas de auditório a Shakespeare. Afinal, como diz Leys, "a idéia de um projeto coletivo para mudar a sociedade foi declarada desnecessária; portanto, por que alguém assistiria a programas políticos?" (p.198). Na década de 1980 os programas eram, como afirma um produtor inglês, configurados para uma agenda humanista.

> Havia a suposição de que estávamos do lado dos pobres, dos inferiorizados e dos sem-voz contra os ricos e com voz ... até certo ponto há a sensação de que os telespectadores não estão interessados nisso, não estão interessados em gente pobre, não estão interessados em fracassos, não é o que querem ver na televisão e, no final, você tem que apresentar os números da audiência, é isso o que conta. (ibidem)

De fato, a prestação de serviços ao público foi considerada inerentemente paternalista e antiquada. Murdoch, que sabe muito dessas coisas, resolveu a questão. Chega de dar ao público o que nós achamos que ele *deveria ver;* "interesse público é oferecer ao público o que lhe interessa" (Leys, 2004, p.201), diz ele, apoiando a "ditadura do Ibope". A velha BBC propunha-se a fazer "as coisas que o setor comercial não pode", fornecer algo de qualidade para todos os que pagam impostos. Isso está absolutamente fora de moda. As forças de mercado não querem uma televisão prestadora de serviços, querem-na como lanchonetes de fast-food. A produção de TV também foi industrializada e os espectadores ensinados a aceitar um pro-

Atores e poderes na nova ordem global

duto barato e padronizado, agora sim sem nenhuma escolha a não ser entre qualidades uniformemente baixas. Basta andar pelo mundo, ligar as TVs e observar os programas sem som. São todos praticamente iguais, assim como os hotéis e aeroportos. A grande corporação privada e o lucro tomaram o espaço público e o utilizam sem pudor. A idéia da televisão como meio de comunicação da esfera pública, fórum para as "principais conversas formadoras da sociedade" parece coisa do passado; mas a verdadeira democracia continua precisando disso mais do que nunca.

Outra área importante em que a estratégia do capital avançou pesadamente nas décadas finais do século passado foi o setor de saúde, até então fortemente concentrado em sistemas públicos razoavelmente eficientes nos países centrais. Mais uma vez, o exemplo da Inglaterra é uma referência útil. O caso do National Health Service ou Serviço Nacional de Saúde (NHS), da Inglaterra, até 1990 era muito bem-sucedido. Empregava 1,2 milhão de trabalhadores, cerca de 5% da mão-de-obra nacional e dois terços de todos os funcionários públicos do país, e era responsável por 7% do PIB. Seu padrão estava na média da Organização para Cooperação e Desenvolvimento Econômico (OCDE), e os índices de expectativa de vida e de mortalidade infantil eram melhores na Grã-Bretanha do que nos Estados Unidos. O sistema também parecia muito econômico, custando por habitante dois terços do que custava no Canadá e um terço do que custava nos Estados Unidos. Os interesses privados no setor, até meados de 1980, eram relativamente fracos. A maioria dos médicos, segundo Leys, achava que podia ganhar mais e fazer um trabalho satisfatório; os especialistas eram cativados por salários mais generosos e pela liberdade de também manter seu consultório particular. Os fornecedores principais estavam abrigados no NHS e não existia nada compa-

109

rável aos *lobbies* dos anunciantes e empresas privadas de TV.

No entanto, o NHS era um espinho na carne do projeto neoliberal, uma espécie de herança socialista ou socialdemocrata de então, ocupando uma área importante de acumulação potencial de capital para o setor privado; e um único comprador de remédios, equipamentos e outros suprimentos médicos podia impor negociações duras aos fornecedores.

Thatcher declarara que "não havia alternativa" ao capitalismo de mercado, mas o NHS ficava mostrando que havia, diz Leys. Ela decidiu enfrentar o problema logo em 1982, terceiro ano de sua primeira administração. Serviços hospitalares básicos, como limpeza, alimentação, lavanderia, exames de patologia começaram a ser "terceirizados" e, seguindo a recomendação de Roy Griffiths, diretor administrativo da rede de supermercados Sainsbury's, o governo criou uma nova hierarquia de administradores gerais para quebrar o poder dos médicos especialistas. Com os gastos cortados abaixo do crescimento das necessidades, o NHS começou a reduzir os serviços. Os enfermeiros não tinham mais tempo, o pessoal de apoio viu-se transferido para empresas externas com salários mais baixos. Pelos números de Leys, entre 1981 e 1991 o número de funcionários diretos do NHS caiu em mais de 40% e a abrangência e igualdade de acesso foram reduzidas, adicionando limitações ao tratamento dentário, as taxas pagas pelos próprios usuários chegando a cobrir até 80% do custo. Exames de vista regulares não eram mais realizados pelo NHS e os óculos para crianças passaram a ser pagos.

A deterioração dos serviços acabou estimulando o interesse pela assistência médica privada e levou à rápida expansão do seguro médico privado. Entre 1981 e 1990, enquanto o número de leitos do NHS caía 21%, a capacidade dos hospitais privados expandiu-se 53%, criando revolta dentro do NHS. Um comitê

Atores e poderes na nova ordem global

criado por Thatcher para enfrentar a crise, com a assessoria de Alain Enthoven, consultor norte-americano, criou um serviço em três classes: serviço imediato de luxo para pacientes particulares em hospitais do NHS; serviço rápido para os pacientes de alguns clínicos investidores; esperas maiores e serviço pior para o restante.

Com o "novo" trabalhismo, em vez da reversão do processo, introduziram-se novas mudanças na mesma direção rumo à assistência médica baseada no mercado. Em 1997, empresas farmacêuticas com sede britânica, inclusive a líder mundial Glaxo Wellcome, respondiam por 7% do total da produção mundial de remédios. Havia aí claramente interesses em conflito. Sessenta e três por cento de sua produção total era vendida no Reino Unido, da qual o NHS comprava 80%, tendo o poder de impor duras negociações e de restringir a adoção de remédios novos e caros até que seu custo-benefício estivesse provado. Em 1999 o governo criou o Instituto Nacional para a Excelência Clínica (Nice, em inglês), encarregado de fazer restrições a produtos farmacêuticos para o Departamento de Saúde.

As empresas farmacêuticas reagiram e as pressões tiveram início. Leys cita como exemplo o caso do remédio contra a gripe Relenza. Em outubro de 1999, o Nice recomendou provisoriamente que o medicamento da Glaxo Wellcome não fosse adotado pelo NHS, já que a experiência clínica não demonstrava que fosse eficaz. O presidente da Glaxo escreveu ao secretário da Saúde ameaçando levar a empresa para outro país, leia-se, exercer a opção-saída. O Nice acabou concordando em recomendar o produto para uma gama limitada de casos, numa manifesta concessão. As empresas passaram a oferecer serviços gratuitos e eventuais contribuições para capacitar esses compradores ou fornecedores do NHS a desenvolver planos de tratamento padronizado para doenças crônicas específicas, usando

111

seus produtos. E assim foi se estabelecendo um novo padrão de relação entre mercado e serviço público na saúde.

O marketing corporativo de um dos setores mais rentáveis do mundo trabalha pesado para utilizar a imagem da ciência. Um arsenal de armas mágicas, a cura definitiva, o prolongamento da vida, são conceitos reforçados por programas de TV que apresentam tratamentos hospitalares, com bem diz Leys, "como um conjunto de episódios frenéticos de assistência de alta tecnologia prestada rapidamente por equipes de médicos e enfermeiras cuja atividade, quando não estão vivendo romances, apresenta clara semelhança com a de uma equipe de cozinha do McDonald's" (p.240). *Paciente* virou *cliente*, listas de *direitos do consumidor* de serviços médicos foram publicadas, equalizando esses serviços a quaisquer mercadorias. Essa transformação dos serviços públicos em mercadorias foi um resultado lógico da atitude de deferência cada vez maior dos governos perante as forças do mercado na era da economia globalizada. Leys sintetiza suas conclusões apontando linhas de coerência. Afinal, agora também é impossível vencer eleições e manter-se no cargo sem apoios empresariais.

Protecionismo: o Estado a serviço da corporação

Não é própria da lógica do capital a assunção do liberalismo. A concorrência livre exigida pelo regime liberal inibe barreiras a concorrentes, formação de cartéis e outros instrumentos muito úteis à elevação do retorno dos investimentos das corporações. Ele é aceito e pregado, especialmente para os países da periferia, especialmente em fases de busca de concentração ou compra de empresas menores ou mais fracas, ou ainda visando buscar aberturas permanentes de mercado para seus produtos mais competitivos.

Por essa razão, as estratégias dos atores econômicos globais tentam empurrar os Estados nacionais para a situação de Estado mínimo, uma espécie de Estado de fachada, empregando todos os meios para tentar legitimar politicamente as suas prioridades. Enquanto isso, esses Estados se batem entre si para atrair os investimentos das corporações internacionais; esses últimos, por sua vez, jogam uns Estados contra os outros buscando melhores condições de maximizar seu retorno. A estratégia geral do capital é de pressão para o abandono de qualquer protecionismo; claro está que seus atores econômicos – que muitas vezes agem em parceria ou com o apoio de seus Estados-sede – não podem oferecer qualquer reciprocidade a esses Estados, já que esses países mantêm seus mercados estritamente protegidos de concorrências externas que os prejudiquem. Foram típicas desse quadro as reações tanto de um grupo de deputados norte-americanos quanto de Pierre Lamy – então comissário do comércio da União Européia – quando da visita de ambos ao Brasil.

Os congressistas tentavam justificar as taxações de mais de 70% sobre o valor do aço brasileiro exportado aos Estados Unidos. Explicavam que seu país é uma democracia muito sensível aos apelos de seus cidadãos e empresários contra a concorrência externa; e que era dever do Congresso *defender seus trabalhadores contra os riscos da globalização*. Lamy, por nós informalmente estimulado a justificar – após conferência na USP – os enormes subsídios que a França concedia a seus produtos agrícolas, reagiu de maneira semelhante, dizendo tratar-se de obrigação do seus país *proteger seus* "camponeses" *dos efeitos perversos da mundialização*. Na mesma época, também a respeito da questão do aço, Peter Drucker, acadêmico totalmente insuspeito do *establishment* norte-americano, produziu ensaio preciso (cf. Drucker, "The manufacturing paradox") em que lembra ser sempre esperada uma reação protecionista dos Estados Unidos para cada situação de risco de alguns setores produtivos envolvidos em perda de competitividade relativa. E comparou historicamente essa situação ao setor agrícola do país, exibindo série econométrica – que parte do final da Primeira Guerra Mundial – e evidencia terem os subsídios agrícolas norte-americanos aumentado em média 2% para cada 2% de redução do trabalho agrícola local.

Outro exemplo interessante de ação ativa de um Estado hegemônico para proteção de suas empresas pode ser encontrado na então tenaz ação norte-americana para implantação da Alca no final do governo Clinton. Era secretária de Estado Madelaine Albright, a famosa autora da idéia de que os Estados Unidos voam mais alto e, por isso, enxergam de maneira mais clara o que é melhor para o mundo. À época circulava em Washington um desses relatórios ao estilo dos *think tanks* norte-americanos que detectava um enorme potencial de crescimento do mercado latino-americano, afirmando que ele poderia superar o asiático em algo como uma década e meia. Diante desse quadro, o entusiasmo por tornar a América Latina uma espécie de reserva de mercado das grandes corporações norte-americanas pareceu ser razão importante para a ofensiva governamental a favor da Alca. Ela só não foi determinante porque as evidências de crise ressurgiram nos países latino-americanos e o Onze de Setembro fez os Estados Unidos modificaram radicalmente suas prioridades.

Questão de fundo muito importante, aliás, sobre as chamadas *teses hegemônicas* – ou seja, discursos que, embora vendidos como de interesse de todos, beneficiam claramente os países centrais ou hegemônicos – é a tese da abertura geral para o comércio, da qual a OMC é o agente principal. Muito se fala – e se batalha – sobre a necessidade de que os países abram

Atores e poderes na nova ordem global

seus mercados irrestritamente. As nações periféricas centram suas lutas nas ações para que as grandes nações – Estados Unidos e União Européia – retirem seus subsídios. Com isso, elas abrem espaço para que aqueles países ou blocos exijam abertura geral dos mercados mais pobres para produtos industriais e serviços, até mesmo financeiros. Trata-se de uma armadilha perigosa. No curto prazo, é claro que os países mais pobres podem ganhar com alguns acessos a mercados agrícolas restritos, embora nessa matéria as concessões sejam mínimas. Mas, no longo prazo, uma abertura geral dos mercados mundiais evidentemente propiciará muito mais ganhos aos países grandes que aos pobres, já que os primeiros serão sempre muito mais competitivos justamente nos produtos mais sofisticados e de valor adicionado maior.

Uma tese que avançaria na linha contrária, ou seja, desmascararia a hipocrisia que encobre as verdadeiras intenções hegemônicas, seria os Estados da periferia se articularem para exigir mobilidade total da mão-de-obra internacional de qualquer origem em contrapartida a uma eventual liberalização geral dos mercados, isto é, uma política de igualdade em matéria de mobilidade entre o capital e o trabalho. Se todos os países do mundo abrissem seus mercados para especialistas em informática de qualquer parte, o jogo começaria a ficar mais equilibrado. Claro está que os primeiros a reagir violentamente serão os sindicatos dos países ricos.

Em matéria de tributos, direitos e normas do trabalho, não é a igualdade – mas sim a desigualdade – entre os Estados que otimiza as estratégias competitivas de substituição na economia mundial. Com isso pode-se jogar os Estados uns contra os outros, substituí-los e maximizar a estratégia opção-saída. Quanto mais desregulada a economia de um país, mais fácil utilizá-la. Corre paralelamente uma estratégia geral de *mcdonaldização*.

115

O mercado mundial impõe uma prática de brutal normalização. Proliferam os *não-lugares globais*: cadeias de lanchonetes, aeroportos, hotéis internacionais, auto-estradas e shopping centers que parecem os mesmos no mundo todo. Da Coca-Cola à Benetton, as mesmas mensagens a africanos, esquimós e bávaros. Mas essa estratégia vive um paradoxo: quanto mais as fronteiras psíquicas declinam, mais os atores globais mostram sensibilidade a seus velhos hábitos locais, e mais os Estados devem desenvolver intensa imaginação para manter e transformar em valor sua especificidade cultural. Isso obriga a lógica global às *adaptações regionalizadas*. É o *sabor taco mexicano* ou o *churrasquinho brasileiro* introduzidos no amplo cardápio-padrão.

Globalização, capital e legitimação

De onde os atores da economia global tiram legitimidade social e política para suas decisões estratégicas? Qual a natureza de seu mandato? Para justificar suas ações eles alegam racionalidade econômica e sucesso comercial. Beck (2003a, p.160-1) lembra que, afinal, o mandato da economia global se baseia no voto econômico dos acionistas, que se manifesta pelas altas e baixas de ações nos mercados financeiros mundiais. Ao consumidor só sobraria uma forma organizada de poder expressar seu direito de voto, a saber, *comprar ou não comprar*.

Assim, o velho jogo vai sendo cada vez mais difícil de jogar, mas o novo ainda não negociou suas regras. Os diferentes grupos de atores não têm o mesmo poder. A assimetria que caracteriza suas capacidades estratégicas favorece notadamente o capital. Para equilibrar esse jogo os atores da sociedade civil mundial devem começar por se constituir politicamente em sujeitos de ação. O capital terá sempre dificuldades de *fundar partidos políticos* para jogar diante dos Estados. Um bom exemplo foi o recente confronto venezuelano entre um governo democraticamente eleito – mas com tendências populistas – e uma oposição golpista fortemente articulada pelo poder econômico de grandes corporações. No entanto, os grandes atores do jogo global sabem que só conseguem estar presentes em todos os mercados do mundo ao preço de turbulências permanentes. Mas a globalização econômica permite também aos atores econômicos novos recursos de legitimação. Para maximizar seu poder eles necessitam reforçar as conexões entre capital e direito – "privatização" do direito e da autoridade, novas regras e instrumentos legais que garantam a execução dos contratos e assegurem a regulamentação dos conflitos – e entre capital e Estado, o que lhes tem sido bem suprido pelo *neoliberalismo de Estado*. A importância crescente dos processos de arbitragem internacional faz supor o surgimento de um direito transnacional que vai se constituindo independente das legislações nacionais ou internacionais, uma espécie de *lei global sem os Estados*. Os acordos fazem os contratos dependerem de instâncias de arbitragem independentes dos Estados nacionais, uma zona autônoma de direito que convive com a legislação política. A desestatização da legitimidade passa pela criação de um direito autônomo, transnacional, cuja função é permitir a legitimação – legal e não, social ou política – do capital.

A respeito dessas questões, Beck (p.236) coloca várias importantes questões. Em que medida ONU, FMI, Bird, OMC contribuem para o surgimento de uma nova ordem de legitimidade e poder? Não transformam os Estados nacionais em simples instrumentos a serviço do fluxo de capitais e das cadeias produtivas e de consumo? Como fica a alternativa jurídica da mobilidade de fronteiras que define possibilidades unilaterais do tipo *um lado pode e outro não*? De onde o direito e a lei extraem seu poder de legitimação se eles não são mais pensados a partir do horizonte de soberania nacional? O que efetivamente legitima o direito se não existe a autoridade do Estado democrático? Sobre que meios coercitivos pode se apoiar um direito extra-estatal servindo de autolegitimação da economia mundial? A necessidade de pluralização dos recursos de legitimação do direito não pode parecer uma regressão se não a sustenta nenhum Estado de direito suportado por uma constituição democrática?

Afinal, lembremos sempre que a "autoridade da economia privada" não dispõe da força nem dos meios de coerção próprios do Estado. Os processos de autolegitimação repousam, pois, no fator de *inclusividade universal*, quer dizer, a idéia de que todos podem se beneficiar com determinada ação ou medida.

Filantropia e "responsabilidade social" das corporações

A filantropia, como a entendemos atualmente, nasceu nos Estados Unidos ao final do século XIX, como um conjunto de obras de caridade emanadas de uma cultura social plena de motivações religiosas. Como lembra Nicolas Guilhot (2004), essas iniciativas surgiram como resposta ao tumulto causado pela industrialização e urbanização rápidas sobre a capacidade das instituições existentes em atender aos pobres. A filantropia foi uma resposta a essa crise, tentando aplicar na gestão dos problemas sociais os métodos racionais que começavam a ser utilizados na organização industrial do trabalho, inspirados em ideólogos da época como Andrew Carnegie e Hebert Spencer. O formato de "fundações", uma espécie de "burocracia da virtude cívica", foi estruturado com base na lógica empresa-

Atores e poderes na nova ordem global

rial, normalmente incluindo um conselho de administração e um presidente. As novas grandes fortunas da época – como John. D. Rockfeller, Andrew Mellon e, posteriormente, Henry Ford – tiveram de lidar com fortes críticas e revoltas, especialmente entre 1880 e 1890, contexto no qual a filantropia exerceu um papel fundamental como uma espécie de "alternativa privada ao socialismo".

Não nos esqueçamos também de que alguns desses novos grandes capitalistas tiveram de lidar, no seio de sua própria família, com o conflito entre a fortuna acumulada num fervor quase religioso – alicerçado pela "ética protestante" descrita por Max Weber – e a sensação de que seus sucessores não só não a mereciam como poderiam colocá-la a perder.

Essa situação, associada a eventuais "sentimentos de culpa" diante do quadro social vigente, são fatores adicionais que podem ter levado a que uma parte dessas fortunas colossais se destinasse a fundações. O dom da filantropia pode ser visto como uma categoria do capital, ligado ao seu próprio processo de reprodução. Aquelas fundações acabaram por se autonomizar relativamente durante o século XX, até mesmo para melhor cumprir seu papel "legitimador" com a imagem daqueles que – com competência e oportunismo – se beneficiaram de intensos processos de acumulação e que, em vários casos, deram seus nomes às suas próprias fundações. É curioso constatar opiniões radicais importantes, à época, sobre o tema. Theodore Roosevelt, por exemplo, aquecido pelo clima de campanha presidencial nos Estados Unidos, em 1912, investiu contra os detentores dessa riqueza vigorosamente acumulada, declarando que "algum grau de caridade no gasto dessas fortunas não compensará de nenhuma forma o que foi a conduta delituosa que permitiu adquiri-las" (Guilhot, 2004, p.10).

A crise de 1929 acentuou a pressão na direção de um enquadramento jurídico da filantropia rumo a uma independência maior das fundações *vis-à-vis* seus criadores, o que de fato ocorreu. Atualmente, os "novos filantropos" diversificam suas atuações. Com a profissionalização e a autonomia progressiva, surgiram casos emblemáticos como a Fundação Ford, financiando relevantes pesquisas do pensamento de esquerda latino-americano dos anos 1970. Mais recentemente, George Soros funda uma vasta rede de ONGs que combatem certas modalidades de capitalismo financeiro, Ted Turner (AOL-Time Warner) financia iniciativas da ONU a favor do meio ambiente e Bill Gates envolve-se em alfabetização, medicina social e informatização para o continente africano.

Para concluir, é útil lembrar duas sólidas menções conceituais sobre o tema. Joseph Schumpeter, numa frase lapidar, colocou a filantropia na lógica da prática do investimento e no lugar subordinado que ela de fato ocupa na maximização do seu retorno. Disse ele: "O homem cujo espírito está todo absorvido na luta pelo sucesso dos negócios tem, como regra geral, muito pouca energia para consagrar-se seriamente a qualquer outra atividade. Para ele, um pouco de filantropia e um pouco de colecionismo mais ou menos explícitos fazem geralmente parte do negócio" (apud Guilhot, 2004, p.47). Mais recentemente, nos anos 1950, Marcel Mauss (cf. ibidem, p.24) dá um sentido ritual à filantropia. Para ele, um chefe não conserva sua autoridade sobre sua tribo e sobre sua família – e não mantém seu *status* entre os outros chefes – se não prova que ele é favorecido pelos espíritos e pela fortuna, que é possuído por ela e a possui; e não pode desfrutar dessa fortuna senão distribuindo-a, "humilhando os outros" e lhes colocando "à sombra de seu nome".

A renovação mais recente da face da filantropia veio por um novo discurso cívico que pretende dar respostas às graves questões sociais surgidas com a globalização, uma espécie de "regulação moral" do capitalismo global. Trata-se, mais uma vez, de parte das estratégias de legitimação do capital, num contexto em que ele é muitas vezes apontado como responsável por vários distúrbios sociais. Ela se auto-intitulou "responsabilidade social das empresas", uma espécie de "marketing defensivo" em busca de eficácia. O recuo das políticas públicas, o desejo dos governos de empurrar para o âmbito privado as responsabilidades e os destinos da desigualdade, e a admissão de esgotamento dos Estados nacionais em sua missão de mediar – pelo exercício da política – as crescentes tensões sociais fruto dos efeitos negativos do capitalismo global, levaram as grandes corporações a descobrir que esse novo espaço pode render altos dividendos de imagem pública e social. Além do mais, essa *filantropia* se adapta com vantagens às formas de lucro empresarial: promove a imagem da empresa, agregando valor à sua marca.

É preciso ressalvar que, embora mereça apoio e aplauso qualquer iniciativa tomada para combater a fome ou aumentar as chances de retirar, ainda que provisoriamente, um ser humano da exclusão, a questão é avaliar – independentemente do valor moral de cada ação – se esse caminho é estruturalmente consistente e eficaz. Não há dúvida de que, para as empresas, o envolvimento social – para além dos eventuais benefícios à comunidade – é um excelente recurso de marketing. É natural que seja atribuída às corporações uma parcela crescente da responsabilidade pelos efeitos negativos da globalização. Elas concentram hoje um grande poder: apenas as cinqüenta maiores empresas mundiais geram um valor adicionado equivalente a quase metade do PIB conjunto dos treze maiores países da periferia mundial; suas decisões sobre novas tecnologias – ao lado de gerarem produtos cada vez mais sofisticados e eventualmente úteis – são uma das grandes responsáveis pela redução dos empregos formais. Os consumidores estão inquietos e muito sensíveis às questões sociais e ambientais, exigindo dos produtos que consomem mais do que promoções ou novos sabores, e criando maior lealdade a marcas que anunciam serem responsáveis por ações sociais, não importa quão verdadeiras ou consistentes essas ações sejam.

Grandes empresas, efetiva ou potencialmente poluidoras, têm contratado assistência especializada em imagem corporativa para transformá-las, aos olhos do consumidor, em "empresas verdes". Pequenas ações e apoios moderados a entidades adequadas, embalados em milhões de dólares de propaganda global – valor às vezes bem maior que o destinado às próprias ações anunciadas como de objetivo social –, podem ter importantes efeitos mercadológicos. Muitas entidades sérias do terceiro setor acabam se sujeitando a esquemas dessa natureza porque precisam de recursos para suprir carências sociais imensas deixadas por um Estado incompetente para gerar empregos, crescimento econômico e redes de proteção social.

David Herderson (cf. Dupas, 2003, p.79) – que já foi o principal economista da OCDE – ataca a questão por outro ângulo. Afirma que esse novo compromisso com a responsabilidade social é um mero expediente para encobrir o legítimo e crescente interesse pelo lucro. Ele não só duvida que a chamada "responsabilidade social" *corporativa* esteja trazendo algum benefício social, como acha que ela pode estar causando danos reais ao sistema capitalista. Acusa os partidários da responsabilidade social, que agem de boa-fé, de não entenderem como o capitalismo funciona. Lembra que a "boa cidadania empresarial" não é gratuita, e que seu custo adicional acaba sendo pago por toda a sociedade via aumento de preços. Adverte, ainda, que essas "boas cidadãs globais" estarão em seguida encobertas por um "legítimo interesse social", exigindo padrões internacionais trabalhistas e ambientais para seus concorrentes de países pobres, limitando com isso ainda mais sua concorrência e piorando o desempenho da economia global como um todo. Herderson afirma ainda que não ocorre nenhum avanço para a democracia quando as políticas públicas são *privatizadas* e os conselhos de administração das empresas assumem para si metas sociais, ambientais e econômicas conflitantes; essas tarefas cabem aos governos, que devem permanecer competentes para desempenhá-las.

Assim, o sentido da *responsabilidade social das empresas* liga-se, ainda que indiretamente, à substituição da idéia de deliberação participativa sobre os bens públicos pela noção de gestão eficaz de recursos sociais, cuja distribuição é decidida aleatória e privadamente. Nesse sentido, essas práticas privadas diluem as referências públicas e políticas na tentativa de redução das injustiças sociais. De fato, embora a nova tendência de *responsabilidade social das empresas* tenha a pretensão de aparecer como solução para as questões de exclusão social, ela é – além de inócua diante da escala do problema – basicamente despolitizadora da questão social, pois pressupõe a desqualificação do poder público; e, portanto, desconhece a possibilidade aberta pelo conflito interno no terreno das próprias políticas públicas para criar compromisso e qualidade diante dos cidadãos.

3
O futuro dos Estados nacionais

Especular sobre o futuro dos Estados nacionais exige, antes de tudo, uma análise do percurso que a humanidade fez do pensamento mítico até o Estado moderno, o que significou a superação de um longo e histórico desafio intelectual. Lembremos que para os filósofos e os poetas do Romantismo não existia diferença nítida entre o mito e a realidade: o universo era espiritual.[1] Em seu clássico ensaio sobre o Estado, Ernst Cassirer (2003) observou a relação de um povo com seus deuses como uma pista segura para saber o que esse povo pensa. O mito é o elemento épico na vida religiosa primitiva e está profundamente enraizado no inconsciente e nos arquétipos; o rito é o elemento *dramático* ou teatral. Hegel (cf. Cassirer, 2003, p.51) descreve o processo histórico como sendo fundamentalmente racional e consciente. Em seguida, Arthur Schopenhauer (cf.

---

1 Em Goethe, ao olhar seu espelho encantado Fausto sente-se enlevado com a visão maravilhosa e sobrenatural de uma linda mulher. Mefistófeles zomba dele, pois Fausto viu no espelho uma criatura de sua própria imaginação.

ibidem, p.53) ridicularizaria essa concepção hegeliana, afirmando que o mundo, irracional em sua essência e princípio, não é produto da razão. Resumimos a seguir algumas das idéias centrais de Cassirer que refazem esse percurso.

Enquanto a arte nos dá uma unidade de intuição, a ciência fornece uma unidade de pensamento; a religião e o mito, por sua vez, uma unidade de sentimento. A religião grega representava uma luta contínua entre duas forças opostas, expressada nas *Bacantes*, de Eurípedes. No culto dionisíaco aparece um sentimento fundamental da humanidade, que é comum aos ritos mais primitivos: o profundo desejo da libertação da individualidade, o mergulho na corrente da vida universal, a perda da identidade, a absorção pela natureza. O mito se afirma como *expressão* de uma emoção, a emoção tornada imagem, permitindo ao homem descobrir a expressão simbólica. Ela passa a ser o denominador comum em todas as atividades culturais: no mito e na poesia, na linguagem, na arte, na religião e na ciência. Por meio da linguagem, objetivamos as nossas percepções sensoriais, deixamos de ser dados isolados, abandonamos o caráter individual. Na linguagem, no mito, na arte e na religião, as nossas emoções são transformadas em "obras", persistentes e duradouras.

Tucídides (cf. Cassirer, 2003, p.75), filósofo grego, foi o primeiro a abordar uma teoria nacional de Estado a partir da concepção mítica da história. Nas preliminares do pensamento grego, os limites não se encontravam ainda claramente determinados e a natureza era descrita como uma grande luta entre duas forças opostas: o amor e a discórdia. Os poetas e os fazedores de mitos faziam os deuses à sua própria imagem. Cassirer lembra que os pensadores gregos tinham criado uma nova "fisiologia" e uma nova "teologia", mas todas essas vitórias do pensamento racional eram precárias enquanto o mito permanecesse. A tensão maior surgiu entre o pensamento socrático em relação ao pensamento sofístico. Os sofistas e Sócrates estavam de acordo que, com a teoria racional acerca da natureza humana, o homem deixou de ser considerado uma mera parte do universo: tornou-se o seu centro. Para o método socrático, superar o mito exigia desenvolver o novo poder do "conhecimento de si mesmo". O mito pode ensinar muitas coisas ao homem, mas não possui resposta para o único problema realmente relevante: o do bem e o do mal. Só o *logos* socrático poderia conduzir à solução desse problema essencial e fundamental.

Platão (cf. ibidem, passim), o mais fiel discípulo de Sócrates, partilhava com ele a idéia central de que a filosofia começa com o problema do homem; mas ele achava ser impossível prosseguir sem alargar o campo da investigação filosófica para além dos limites da sua vida individual. As "letras pequenas" escritas na alma individual, segundo Cassirer, tornam-se claras e compreensíveis somente quando lemos nas letras maiores da vida política e social do homem. Esse é o ponto de partida de *A República* de Platão. A partir de então, a ciência política passava a ser o passo para o desenvolvimento do pensamento grego rumo às normas racionais, modelos de vida ética e, finalmente, uma teoria racional do Estado.

Em Platão, a alma do indivíduo está ligada à natureza social; vida pública e privada são interdependentes. Se a última é má e corrupta, a primeira não pode alcançar o seu fim. A tríade *razão-legalidade-ordem* é o primeiro princípio tanto do mundo físico como do mundo ético. Platão começou seu estudo da ordem social com o conceito de justiça e definiu como a finalidade mais alta do Estado a administração da justiça. A partir daí cada vez mais a "sabedoria" (*sophia*) torna-se uma sabedoria política, que significa estar dotado para bem executar os negócios públicos. Platão não queria reformar o Estado, queria *compreendê-lo*. A fim de criar a teoria racional do Estado, ele tinha de quebrar o poder do mito. No Estado legal, o Estado de justiça, não há lugar para as concepções da mitologia e para os deuses. Em todas as sociedades primitivas a tradição é a lei suprema: o que sempre foi, sempre se repete; terá valor amanhã o que tinha valor hoje. Cassirer diz que quebrar o poder do "eterno ontem" tornou-se a principal tarefa da teoria política de Platão. Para ele, construir a moral e a vida política sobre tradições seria o mesmo que construir sobre areias movediças. A tradição é cega, enquanto aqueles que seguem os métodos da ciência têm um princípio-guia dos seus pensamentos e das suas ações.

A "justiça" e o "desejo do poder" são os pólos opostos da filosofia ética e política de Platão. A justiça é a virtude cardeal, o poder não pode ser nunca um fim em si mesmo; algo só pode ser considerado um bem se conduzir a uma satisfação definitiva, à concórdia e à harmonia. Platão insistia, com Sócrates, que a "busca da felicidade" não se confunde com a busca do prazer. No pensamento mítico o homem é possuído por um demônio; já em Platão, o homem *escolhe* o seu demônio, como um ser livre que assume responsabilidades. O Estado está sujeito à mesma obrigação. A prosperidade não vem da força; o Estado próspero não é o da força física. Se o Estado – bem como o indivíduo – cede ao desejo de ter "mais e mais", aí começa seu fim e nada mais, nem mesmo o poder militar e econômico, pode evitar sua ruína. A teoria platônica do Estado sobreviveu à derrocada grega e tornou-se um patrimônio eterno da cultura. Sete séculos depois, Agostinho (cf. Cassirer, 2003, p.103-5, 108) retomou a questão no ponto em que Platão a deixara, apropriou-se dela e transformou-a em pensamentos de Deus. Em Platão, para alcançar a idéia do bem e para compreender sua natureza, o homem tinha de escolher o longo caminho que passa da aritmética à geometria, da geometria à astronomia, da harmonia à dialética. Em Agostinho o caminho é definido pela revelação.

Para Cassirer, o que separou Agostinho de Platão não foi uma diferença de concepção filosófica, mas uma diferença de ponto de vista sobre a vida. A concepção grega de uma lei eterna e impessoal era inaceitável e incompreensível para os pensadores cristãos da Idade Média. Como filósofo religioso, Agostinho declarava sem valor todo conhecimento e toda especulação filosófica que não visassem ao conhecimento de Deus. Apesar de encontrarmos semelhanças entre o monoteísmo *filosófico* dos pensadores gregos e o monoteísmo *religioso* dos profetas judeus, é impossível colocar a concepção mosaica e platônica da lei no mesmo nível. A lei mosaica pressupõe um *legislador*, que revela e autentica a lei. Já os sistemas éticos dos pensadores gregos são expressão de um *intelectualismo* fundamental, o do pensamento racional que lhe confere imperatividade, em contraste com a religião profética com seu profundo *voluntarismo*. Esse conflito entre "teólogos" e "dialéticos" atravessa toda a filosofia escolástica, de Agostinho a Tomás de Aquino. Na realidade, o pensamento cristão não pode invocar qualquer originalidade filosófica; a própria fórmula do dogma cristão mostra a marca profunda do pensamento grego.

A República, de Platão, tem sido sempre descrita como uma utopia política. Contudo, a idéia platônica do Estado legal provou ser um verdadeiro e ativo poder. Cassirer lembra que a tese de ser a primeira tarefa do Estado a manutenção da justiça tornou-se aceita por todos os pensadores medievais e abriu caminho para as novas formas de civilização. Numa passagem da sua *República*, Cícero (cf. Cassirer, 2003, p.125) havia dito que a justiça é o alicerce do direito e da sociedade organizada;

onde não existe justiça não existe sociedade, não há verdadeira *res-publica*. Os primeiros papas da Igreja, seus teólogos, filósofos e juristas foram unânimes em concordar com esse conceito. No entanto, o Estado platônico dava a todos e a todas as classes sociais a parte correspondente no trabalho comum; mas os seus deveres e direitos eram largamente diferentes. Para Aristóteles (cf. ibidem, p.127, 131), os homens são desiguais não só pelo físico como pelo caráter.

Os estóicos revelaram uma nova força intelectual e moral, a da *igualdade fundamental dos homens*. Esse novo princípio foi decisivo na história do pensamento ético, político e religioso. Nenhum pensador estóico pôde aceitar a afirmação de Aristóteles de que existem escravos "por natureza". "Natureza" significa liberdade ética, incompatível com servidão. A concepção estóica do homem tornou-se um dos mais firmes laços entre o pensamento antigo e o medieval, e Cícero e Sêneca mantiveram-se ao longo de toda a Idade Média como as grandes autoridades do pensamento ético. Os escritores cristãos ficaram muito surpreendidos ao encontrar nesses escritores pagãos suas próprias opiniões religiosas. A máxima estóica de igualdade fundamental dos homens foi geral e facilmente aceita e tornou-se um dos pontos capitais da teoria medieval; não era somente ensinada pelos papas da Igreja; era também estabelecida e confirmada pelos juristas romanos.

Ao afirmar que todos os homens são iguais porque todos são dotados com a mesma razão, tal concepção encontrou sua interpretação e justificação teológica na afirmação de que a razão é a imagem de Deus. Como decorrência, nenhuma autoridade do poder político pode ser absoluta e estará sempre limitada pelas leis da justiça. Na filosofia medieval, se o príncipe recebe diretamente de Deus a sua autoridade, qualquer resistência torna-se uma aberta revolta contra a Sua vontade e,

Atores e poderes na nova ordem global

portanto, um pecado mortal. Até o governante injusto precisa ser obedecido como representante de Deus. Tomás de Aquino não podia negar esse argumento, mas deu-lhe um tratamento original: declarou que os homens são obrigados a obedecer às autoridades seculares, mas dentro da lei. Resistir a uma autoridade usurpadora ou injusta é, pois, um ato legítimo. Assim, apesar dos incessantes conflitos entre a Igreja e o Estado, entre a ordem espiritual e a ordem secular, ambas se encontravam unidas por um princípio comum, o poder do rei. A ordem secular baseava-se na eternidade do direito; portanto, tinha valor espiritual.

A teoria medieval de Estado estruturou-se, assim, como um sistema fundamentado simultaneamente no conteúdo da revelação cristã e na concepção estóica da igualdade natural do homem. Os pensadores medievais estavam convencidos de que a ordem espiritual e a ordem secular, não obstante suas diferenças, constituíam um todo orgânico. Havia, no entanto, um problema fundamental, resultado do pecado original e da queda do homem: o Estado era bom em sua finalidade, mas mau em sua origem. Aí estava o conflito radical com o ideal político dos gregos, que elogiavam não só a bondade do seu Estado ideal como admiravam a sua beleza.

Muitos pensadores religiosos continuaram a falar da sociedade humana como o produto do vício e do pecado. Mas Gregório VII teve de fazer certas concessões ao Estado terreno e admitiu que a ordem política possui, pelo menos, um valor: não conduz ao verdadeiro fim, mas salva os homens da anarquia e do caos; num mundo corrompido e desorganizado, o Estado terreno é a única força capaz de manter certo equilíbrio. O próprio Tomás de Aquino estava convencido de que o direito divino não revoga o direito humano originado na razão, o Estado terreno e a Cidade de Deus completam-se um ao outro.

Quando, em 1776, pediram a Thomas Jefferson um projeto de Constituição, ele iniciou por:

> Consideramos como verdades evidentes que todos os homens foram criados iguais; que pelo seu Criador lhes foram dados certos direitos inalienáveis; que entre estes se encontra o direito à vida, à liberdade e à busca da felicidade. Que para assegurar esses direitos se instituíram os governos, derivando os seus justos poderes do consenso dos governados. (apud Cassirer, 2003, p.200-21)

Na realidade Jefferson estava, sem o saber, usando a linguagem da filosofia estóica, a declaração de independência intelectual dos teóricos do século XVII, emancipando-se da tutela do pensamento teológico. A influência do pensamento estóico fora contínua e permanente. Quando ela se firmou definitivamente, a partir do século XVIII, a teoria do direito natural deixa de ser uma teoria ética abstrata para se tornar o vetor da ação política.

O cisma da Igreja pôs em perigo alicerces do dogma cristão. O mundo religioso e ético perdeu o centro de referência. Durante o século XVII, teólogos e filósofos tentaram reencontrá-lo. Somente o estoicismo foi capaz dessa proeza e tornou-se o alicerce de uma religião "natural" e de um sistema de direito natural. Cassirer lembra que a filosofia estóica não podia auxiliar o homem a resolver os problemas metafísicos do universo, mas a promessa de restaurar o homem na sua dignidade ética, já que ela se assentava exclusivamente na vontade moral, no valor que o homem atribui a si próprio.

Os pensadores do século XVII eram racionalistas, tinham fé no poder da razão. Thomas Hobbes e Hugo Grotius são dois opostos no pensamento político do século XVII, mas ambos derivavam os seus princípios políticos da natureza do homem e do Estado, seguindo o exemplo de Galileu. Esse princípio tornou-se a pedra angular de todos os sistemas de direito natural. Hugo Grotius (cf. Cassirer, 2003, p.206), na introdução da sua obra *De jure belli et pacis*, diz que mesmo a vontade de um ser onipotente não pode alterar os princípios morais nem revogar aqueles direitos fundamentais que são garantidos pelo direito natural. Esse direito seria válido mesmo que Deus não existisse ou não se ocupasse dos negócios humanos.

A doutrina do Estado-contrato tornou-se a partir daí um axioma do pensamento político. Um contrato deve ser feito com perfeito conhecimento do sentido que envolve e das conseqüências que postula; pressupõe um livre consentimento das partes contratantes. Embora não se possa, obviamente, assinalar o momento exato da história em que pela primeira vez apareceu o Estado, os teóricos do Estado-contrato compreendem o termo "origem" num sentido lógico, e não cronológico; procuram não o seu começo, mas a sua *raison d'être*. Isso se torna claro com Hobbes (cf. ibidem, p.207-9), paradigma do espírito geral que conduziu às várias teorias do contrato social. O valor filosófico das obras políticas de Hobbes consiste principalmente na sua forma de argumentar. O que interessa não é a história, e sim a base legal do Estado, a *validade* da ordem social e política, que a teoria do contrato social sustenta. O contrato é a base legal de todo o poder civil e tem, por conseqüência, os seus limites. Não é um *pactum subjectionis*, não é um ato de submissão por via do qual um homem possa escravizar-se, porque por tal ato de renúncia ocasionaria a perda da sua humanidade, ferindo a essência do próprio caráter que constitui sua natureza.

O Estado já secular existia pelo menos três séculos antes de Maquiavel escrever *O príncipe*. Um exemplo de uma completa secularização da vida política é o Estado fundado no sul da Itália por Frederico II, que foi sempre considerado um herege e, como tal, excomungado três vezes. Seus funcionários não eram clérigos, e sim leigos. Mas é com Maquiavel (cf. Cassirer, 2003, p.152, 155, 167-70) que a teoria do Estado opera um salto definitivo. Desde o começo do século XIX, o nacionalismo tinha começado a ser o impulso mais forte da vida política e social. Os patriotas italianos sempre louvaram com entusiasmo a exortação de Maquiavel para que libertassem a Itália dos bárbaros. Mas Maquiavel tinha uma concepção universalista; para ele a história se repete continuamente: "Quem comparar o presente com o passado perceberá imediatamente que em todas as cidades e em todas as nações prevalecem os mesmos desejos e paixões que prevaleceram em todos os tempos", disse ele. A interpretação da política como a esfera das ações instrumentais, que devem ser julgadas a partir de sua eficácia em atingir um fim – a razão do Estado – e não por padrões éticos e morais tradicionais, libertou-a de seu antigo jugo. Como um político realista, Maquiavel abandonou definitivamente a base do sistema político medieval e a tese da origem divina do direito dos reis, resíduo mítico da imaginação humana.

Para Maquiavel, "a nossa religião, em lugar de heróis, canoniza somente aqueles que são brandos e humildes". Ainda assim parecia a ele ser a religião indispensável como ferramenta na mão dos dirigentes políticos. Ela podia ajudar a produzir a ordem, necessária à boa fortuna. No entanto, despida a religião de seus valores transcendentes, o processo de secularização do Estado atingiu a fase final. Maquiavel abriu as portas do Estado moderno, agora independente, tendo que carregar solitariamente o fardo do exercício do poder. Mas a quem caberá o direito do exercício da soberania do Estado moderno?

No decorrer da história, o uso dos direitos de soberania do Estado concentrou-se nas mãos dos monarcas, já que – como dizia Hobbes – "os pactos sem a espada não passam de palavras, sem força para dar a menor segurança a ninguém" (1997, p.151). Para ele, "... na monarquia o interesse pessoal é o mesmo que o interesse público. A riqueza, o poder e a honra de um monarca provêm unicamente da riqueza, da força e da reputação de seus súditos" (ibidem, p.155). Foi assim que o monarca passou a encarnar a "razão do Estado", já que ele era o modelo de governante ideal para ser o agente executor do Estado sem contaminar-se pelos arranjos democráticos.

No entanto, na ausência de um poder central, as relações internacionais fundadas nessa lógica acabaram por fazer preponderar um clima de "guerra de todos contra todos" em que "o Estado é o lobo do Estado" e todos os parceiros, interlocutores e vizinhos são considerados inimigos potenciais. Em decorrência, a desconfiança mútua é crescente, na medida em que há bens cobiçados pelos Estados que não são suficientes a todos e que, quando dois o desejam, viram necessariamente inimigos. Nesse padrão de comportamento, na política internacional o Estado passa a ser o principal e único ator racional que busca satisfazer os interesses nacionais, sendo o principal deles a segurança nacional, por meio do exercício da política externa.

O eixo do Estado na política internacional contemporânea consolidou-se a partir da concretização do Tratado de Westphalia, que vigorou de 1648 até o início do século XX. Por ele, o exercício da soberania passou ao Estado com exclusividade. Já durante a Revolução Industrial germinou a teoria econômica e política do liberalismo, que contrapunha ao Estado absolutista a liberdade de ação racional do indivíduo; por meio do seu trabalho, o cidadão poderia, legitimamente, apropriar parcelas da natureza como sua propriedade privada. Reivindicava-se ainda a igualdade jurídica a todos os indivíduos proprietários para o desempenho de atividades econômicas. O Estado liberal forte era capaz de criar um clima econômico favorável ao crescimento do investimento privado, regular as trocas de propriedade e atuar como árbitro na solução dos conflitos entre particulares, e entre eles e o próprio Estado. O governo representativo deu à função de legislar a dimensão política dessa *constituency* econômica; deslocava-se o direito do exercício do poder das mãos do monarca para o parlamento.

Em seguida, Montesquieu ensaia a teoria de separação dos poderes, estabelecendo que o poder legislativo fosse bicameral e totalmente separado do executivo, sendo a tarefa de ambos frear um ao outro. Finalmente, o conceito de vontade geral de Rousseau completa a dimensão política do Estado liberal ao propor que seria o parlamento o seu *locus* natural, detentor da soberania popular e dos interesses da coletividade. Para ele, o corpo moral e coletivo do parlamento faz de cada cidadão parte constituinte da vontade geral, que detém o poder soberano. Essa vontade geral é aquela que traduz o que há de comum em todas as vontades individuais, sendo seu interesse comum o próprio bem comum. Mesmo um interesse, por generalizado que seja, quando se mostra menos geral do que o da sociedade inteira, deixará de ser um interesse comum. Isso significa que o interesse de todos é aquele pertencente ao corpo coletivo e exclusivamente nessa qualidade. É a partir desse momento que o conceito de nação passa a ser pensado na perspectiva da soberania.

As implicações internacionais das revoluções liberais – econômica e política – foram sistematizadas por Immanuel Kant (1997). Segundo ele, a paz perpétua pode ser alcançada após a incorporação e a aceitação por parte de todos os Estados de um sistema internacional com três artigos definitivos: a constituição civil do Estado deve ser republicana; o estabelecimento de uma federação ou união pacífica entre eles para a garantia de liberdade e segurança com manutenção de direitos particulares; e, por fim, o estabelecimento de um direito cosmopolita operando em conjunção com a união pacífica. Assim, quanto mais Estados republicanos (democracias) houvesse no mundo menor a probabilidade de guerra e maior a possibilidade da paz. Fundou ele, assim, a teoria da paz perpétua democrática na política internacional. Kant estabeleceu claramente uma conexão causal entre política doméstica e política internacional, transformando essa última em matéria de apreciação pública por parte dos componentes da comunidade política nacional e internacional. Como a interdependência entre Estados e sociedades civis tende a ampliar crescentemente o interesse e as demandas desses atores na política internacional, a agenda internacional se torna mais complexa e extensa e passa a abranger interesses amplamente diversificados.

Com Kant, o argumento da razão de Estado e o uso do poder soberano para concretizá-la vai perdendo espaço, e é intensificada a idéia do "direito das gentes" por meio do Estado-nação democrático em prol dos interesses do povo. São essas mudanças, como se explicita adiante, que irão amadurecer durante o século XIX em torno do conceito de nação e de soberania popular.

Nação e soberania

O Estado-nação é, pois, uma obra histórica. Claude Lefort (2003) lembra que, ao final do século XIX, *nação* já era para os intelectuais europeus um conceito tão natural quanto a *cidade* o era para os pensadores gregos. No entanto, quando a Primeira Guerra Mundial explodiu, os Estados-nação concretamente ainda eram amplamente minoritários. E, quando ela terminou, a exigência de uma só nacionalidade na constituição dos novos

Estados – recosturados a partir da complexa divisão do grande butim da Conferência de Paz de Paris em 1919 – não foi possível nem considerada racional. Tornou-se inviável, para acomodar os múltiplos interesses, colocar todos os poloneses na Polônia, todos os alemães na Alemanha, todos os armênios na Armênia, e assim por diante. Somente na Europa, cerca de 30 milhões de pessoas foram deixadas em novas fronteiras ou Estados nacionais, constituindo-se minorias étnicas, muitas vezes consideradas indesejadas e suspeitas, querendo voltar para espaços nacionais que não eram mais legalmente seus. Consolidados que foram a partir daí durante o século XX, acabaram novamente fragmentados com a eclosão das reivindicações étnicas após a derrocada do império soviético. Durante todo esse período, os Estados-nação carregaram as marcas dos nacionalismos mas, principalmente, das diferentes ideologias que guiaram suas políticas. Com o fim da guerra fria e a plenitude das forças de ação da globalização, há um aparente redespertar dos nacionalismos reagindo à diluição das fronteiras e à implementação de um "reino universal do mercado". Esse processo de constituição de uma imensa rede de inter-relações de indivíduos parece exigir agora o preço do enfraquecimento dos Estados-nação e da perda da identidade e da soberania de cada um.

No entanto, o que havia diferenciado o longo caminho de constituição dos diferentes Estados europeus desde o fim do Império Romano e das invasões germânicas, segundo Ernest Renan (apud Lefort, 2003, p.59-61), foi justamente a fusão das diferentes etnias que acabaram por compô-los. O que tornou isso possível foi o sucesso da mestiçagem, com os grupamentos pouco a pouco adquirindo memória de uma vida comum, mas aceitando diluir sua origem étnica e a língua falada outrora. Para Renan, o conceito de raça foi inventado por motivos belicistas. A língua incitou à reunião dos homens, mas nunca foi a condição necessária à constituição de um Estado, como demonstram as várias nações diferentes do mundo hispânico, a Índia, ou ainda a pequena Suíça, essa última uma nação de três línguas. A religião também não é suficiente para definir uma nacionalidade, pois não há mais religião de Estado. Interesses também criam laços poderosos, mas não bastam para o sentimento de uma identidade comum. Muito menos a geografia: fronteiras naturais constituídas por rios e montanhas foram sucessivamente ultrapassadas nas divisões arbitrárias dos pós-conflitos ou guerras.

Se não é a terra nem a raça que fazem a origem de uma nação, Renan buscou-a num princípio quase espiritual, resultante das raízes profundas da história. Sua tese é que a nação se nutre – e é nutrida – pela posse em comum de um rico legado de lembranças; e, por um consentimento atual, o desejo de viver junto, de continuar a preservar a herança comum, um consentimento coletivo sempre renovado que, como lembra Lefort, emocionou recentemente a comissão francesa de reforma do código de nacionalidade: "A existência de uma nação é, perdoem-me a metáfora, um plebiscito de todos os dias, como a existência do indivíduo é uma afirmação perpétua da vida" (2003, p.60). Esse processo contínuo, no caso da França, liga o Antigo Regime à França moderna, incluindo o evento decisivo da Revolução Francesa, quando se rompeu o princípio dinástico e se adotou a norma da nacionalidade que se difundiu pela Europa.

A nação é, pois, um produto da História que só merece essa designação quando se afirma como soberana a partir de um território definido, sobre o qual se exerce sua autoridade. Assim, as idéias de soberania e de nação parecem associadas, embora a primeira tenha nascido na Europa no conflito entre o papa e o imperador, bem antes da existência de nação. A distinção

Gilberto Dupas

cristã entre o espiritual e o temporal pôs em xeque tanto a separação dos dois poderes quanto a confusão desses dois poderes sob uma só autoridade. Lefort diz que "qualquer que tenha sido o esforço dos papas para estender suas prerrogativas, a via da teocracia lhes foi barrada, da mesma forma que o foi a via de uma dominação absoluta para o imperador" (p.63). A unidade política que se afirmou no final da Idade Média foi o reino, com o monarca proclamando ser o supremo poder temporal e o fiador da união do seu povo em torno de valores comuns. Dessa forma, a França inventa a fórmula paradoxal do monarca "imperador em seu reino", que "combina a idéia do *imperium* reservada ao soberano do mundo com a idéia de um poder que se exerce nos limites de um país" (ibidem).

O reino assume assim uma missão espiritual, surgindo daí o conceito messiânico de *povo eleito*, escolhido para executar uma missão divina. Uma bula papal declarou que Deus escolhera o reino da França, povo eleito como o de Israel, para executar uma missão celeste. Para tanto Felipe, o Belo, se dispôs ao assumir a tripla condição de "terra sagrada, povo eleito e rei muito cristão". Essa crença de *povo eleito* persistiu também na Inglaterra. James Harrington (apud Lefort, 2003, p.67) descreveu a Commonwealth como uma nação escolhida por Deus, uma nova Israel. Já os sonhos imperiais estiveram sempre vivos na Europa de Napoleão, nos impérios coloniais e no brutal Terceiro Reich hitleriano. O tema da missão, presente permanentemente nas retóricas do poder, é uma prova da remanescência arquetípica da mitologia na formação da nação, questão já tratada neste capítulo.

Lefort chama a atenção para a distinção entre soberania da nação e soberania do povo:

> Povo e nação parecem confundir-se. Todavia, o conceito de povo, como o de vontade geral, presta-se à dúvida e à disputa.

Eu me arrisco, portanto, a dizer que povo, pelo menos a partir da Revolução, é um conceito político, enquanto nação é um conceito pré-político ou metapolítico. Pré-político no sentido de que definição de povo pressupõe o fato da nação. Metapolítico no sentido de que a comunidade política institui-se sob um nome próprio que confere identidade comum a indivíduos independentemente de seu sexo, de sua idade ou de seu estatuto. (p.71)

O contraponto da soberania, entretanto, é a garantia do exercício das liberdades políticas. Quando examinamos o conceito de soberania olhando para dentro do Estado, no contexto de uma sociedade política, temos grandes problemas. Qual é a fonte da autoridade política, suas prerrogativas e competências? Lefort diz que os teóricos neoliberais da globalização não se preocupam com isso, tão certos estão da supressão progressiva das fronteiras entre os Estados sob a tirania dos mercados. No entanto, os Estados ainda mantêm-se em primeiro plano na competição internacional. É neles que se colocam os problemas da gestão de recursos, do emprego, do direito do trabalho, da proteção social, da integração das diferentes camadas da população, todas essas questões que evocam legitimidade política e governabilidade.

Estado e cidadania são dois conceitos que nasceram unidos. No entanto, não se deve confundir ou equiparar Estado com o exercício da cidadania, ou seja, a governabilidade. Há inúmeras formas de governo e os Estados experimentaram várias delas, da monarquia à democracia, passando pelos Estados totalitários. Gerd Bornheim (2003) lembra que o individualismo é o ponto de partida das modernas revoluções. O exercício do individualismo gera a soberania do indivíduo. Na tensão dialética entre o *individual* e o *universal*, a família constitui a expressão originária desse *universal*. Mas "se a auto-afirmação do indivíduo se torna tão soberana quanto autônoma, cabe perguntar pelos limites dessa nova situação. Como consegue o indivíduo, finalmente alçado à sua própria excelência, fazer de si mesmo uma realidade social?" (p.213). Surge aí a nação, centrada – segundo Hegel (apud Bornheim, 2003, p.217) – na figura do herói. Ele sabe encarnar as virtudes com as quais o povo passa a se identificar como elemento comum para a criação do sentimento da nacionalidade. Finalmente, com o Estado, essa idéia se transforma em um conceito dinâmico, em permanente renovação, exigindo um contrato social que gera o próprio Estado.

O soberano traz na linguagem e no pensamento um tipo de gêmeo: o suserano. O suserano ocupa uma certa altura no interior de um edifício ordenado. Há abaixo de si o vassalo. Vassalo e suserano são ligados entre si por um juramento recíproco de consolo e assistência. O regime feudal repousou na fidelidade jurada entre vassalos e suseranos, fidelidade esta que deve estar presente para permitir a existência e o reconhecimento da soberania. A soberania é entendida aqui no seu sentido de atributo interno ao Estado, reflexo da vontade daqueles que nele habitam e manto protetor do seu território e da autonomia de suas ações políticas, sendo exercida classicamente pela figura do monarca com poderes absolutos. No limite, como lembrou Carl Schmidt,[2] o soberano é "aquele que decide o estado de exceção, franja ambígua e incerta na interseção do jurídico e do político ..., ponto de desequilíbrio entre o direito público e o fato político". Diferentemente da monarquia, que pode tentar se justificar numa referência divina, um

---

2 Citado por Giorgio Agamben em "A zona morta da lei", conferência proferida no centro Roland Barthes (Paris, Universidade de Paris), em dezembro de 2002.

povo soberano é o povo dos homens que se fazem mutuamente sujeitos em todos os sentidos. A questão política contemporânea pode, de certa forma, se resumir na discussão dos limites da soberania. Mas ainda é possível pensar uma soberania objetiva ou devemos pensar numa política não-soberana, já que na soberania não se depende de nada ou de ninguém? O que funda a soberania é o que é soberanamente fundado. A ambigüidade da violência soberana expressa essa ambigüidade. Hoje não temos mais condições de classificar de guerra justa uma violência fundadora para fundar uma soberania. A violência é unilateral. Ela aparece, e a soberania também, como violência pura, definitivamente desprovida de legitimidade, instalando abertamente sua legitimidade pela força do poder. O capital não tem mais – ou quase não tem – necessidade do Estado, e o Estado não sabe mais sobre o que se fundar ou o que fundar. O capital também não tem mais necessidade de fronteiras. Assim, trata-se de separar a política da soberania. Política não designa mais a assunção de um sujeito, mas a ordem da regulação do ganho entre os sujeitos. Pode-se denominar a forma apolítica da política contemporânea como imperial, já que ela não tem a ver nem com hegemonia nem com soberania, mas com dominação? No entanto, é preciso lembrar que a força não faz o direito, acabando por destruir a sua base.

É apropriado remeter ao conceito de hegemonia, usado no contexto amplo da comunidade dos Estados. Definimos o Estado hegemônico como aquele que é capaz de fazer um discurso – e exercer ações coerentes – que, embora beneficie principalmente a ele, possa ser reconhecido pela comunidade de Estados como de interesse de todos. Quando isso ocorre, esse Estado propicia a governabilidade geral em torno de sua liderança de forma razoavelmente reconhecida. Quando, porém, aqueles discursos e ações passam a ser entendidos como beneficiadores apenas do Estado dito hegemônico, o exercício desse atributo vai necessitar crescentemente da imposição e do uso da força; tal Estado estará, então, se transformando em imperial ou tirânico. Há uma distinção fundamental entre soberania e autonomia. O nacionalismo metodológico repousa na equivalência da soberania e da autonomia. Por esse ângulo, a dependência econômica, a diversificação cultural, a cooperação militar, jurídica e tecnológica entre Estados pode ser entendida como algo que conduz a uma perda de autonomia e, em decorrência, de soberania.

Soberania é a condição, justificada e fundada nela mesma, de impor decisões que lhe convenha e aos demais parceiros do jogo. O Estado nacional não dispõe mais, de fato, do monopólio da soberania jurídica; tem de conviver com a intervenção de uma nova série de atores como escritórios jurídicos, ONGs, instituições internacionais e nações hegemônicas. Como os espaços jurídicos nacionais são mais e mais transnacionalizados, esses novos "regimes jurídicos" são progressivamente introduzidos na cena. Direitos do homem, direitos de propriedade, direitos de diplomas e de meio ambiente são alguns exemplos dos domínios nos quais os contextos internacionais e nacionais esfumaçam as fronteiras e definem novos traçados, transformando-se em instrumentos de poder e objeto de barganha. Seria o expansionismo imanente dos Estados? Heinrich von Treitschke (apud Fonseca Jr., 1998) dizia que "a grandeza da História reside no conflito perpétuo entre nações e é simplesmente insensato o desejo de supressão da rivalidade" (p.44). Caso ele esteja certo, expansionismo mais soberania dariam origem a um sistema em perpétuo conflito.

Fonseca lembra que há que atribuir, como fizeram os contratualistas – especialmente Hobbes – determinadas características para que se entenda por que os indivíduos ou grupos teriam encontros necessariamente conflitivos. Já os grotianos questionam a inevitabilidade dos conflitos e das guerras, e procuram descobrir pontos de convergência entre os Estados. Superar o estado de natureza hobbesiano, sem que a soberania seja diminuída, seria a grande utopia. O antagonismo não é traço exclusivo da convivência internacional já que, historicamente, coexiste com momentos "reais" de cooperação e comportamento referido a marcos institucionais. Para os grotianos, a natureza humana não é movida exclusivamente por instintos de dominação; ao contrário, os instintos "originais" seriam bons, positivos, caminhariam na linha da sociabilidade e, se fosse permitido que prevalecessem, haveria condições de paz entre as nações. No entanto, suas hipóteses sobre fatores contribuintes para a situação de paz – democracia e comércio – estão longe de terem mostrado seus efeitos positivos no século que passou. Na realidade, tanto as premissas grotianas como hobbesianas parecem cada vez mais inadequadas e pouco abrangentes para lidar com a crescente complexidade de uma sociedade internacional globalizada e cada vez mais desigual.

Celso Lafer (2001), por sua vez, aposta numa dialética entre a subjetividade das soberanias e o aumento das interdependências que explicariam o potencial de sociabilidade embutido nas relações entre Estados e permitiriam legitimar a existência de uma comunidade mundial. Se a legitimidade pudesse autonomizar-se do interesse de Estados específicos e referir-se a valores que são da comunidade internacional, seria mais fácil sustentar formas imparciais de solução de disputas entre soberanos e, portanto, mais difícil argumentar com a exceção nacional. Numa época de globalização da cultura, de pluralidade ética e nacional, um Estado transnacional teria de buscar um conceito de soberania cosmopolita que levasse em conta a rápida aceleração das interdependências mundiais; que testas-

Gilberto Dupas

se e desenvolvesse uma soberania cooperativa dos Estados para resolver os problemas globais e nacionais; e que harmonizasse a diversidade e as rivalidades das etnias e das nações. Ser cosmopolita seria ser responsável pelo planeta como um todo. São hipóteses que iremos explorar nos capítulos finais deste livro.

Por permanecerem questões importantes na articulação entre os conceitos de soberania e legitimidade no plano global, Beck (2003b, p.5) lembra que os norte-americanos podem considerar legítima a invasão do Iraque por achar Saddam Hussein um ditador, assassino e torturador, e com isso tomarem a decisão à revelia do direito internacional. Também o Greenpeace pode alegar "situação de emergência máxima" para legitimar o bloqueio ilegal do transporte de resíduos radioativos. Ambos alegam estar protegendo a humanidade. Ambos estão justificando com isso uma infração ao direito internacional ou nacional. No entanto, diante da opinião pública, há fortes diferenças na legitimidade desses dois atos, especialmente após as revelações das mentiras e manipulações – e depois das torturas praticadas pelos soldados invasores – no episódio do Iraque. Na verdade, em matéria de legitimidade, realidade e percepção se confundem o tempo todo. Tudo depende da avaliação cultural. O tamanho dos perigos é medido pelo olhar de quem os vê. Para Beck,

> a objetividade de um perigo consiste em acreditar em sua existência; ela nasce dessa crença. Tanto no caso da ameaça nuclear como no da ameaça terrorista, essa objetividade tem que ser gravada mediante informações e símbolos globais nas cabeças e nos corações das pessoas. Quem crê numa ameaça concreta vive num mundo diferente daquele que não compartilha essa crença e a considera produto da histeria. (ibidem)

Atores e poderes na nova ordem global

São complexos, pois, os caminhos e as condições para a obtenção da legitimidade, ela mesma muito sensível aos humores da opinião pública.

As transformações ocorridas no âmbito do direito internacional apontam para o desenvolvimento de estruturas complementares nos níveis nacional, regional e global. Essas transformações, em último grau, buscam a globalização de padrões de conduta para a humanidade e, ao privilegiar o ser humano sobre o Estado, põem em xeque o princípio da soberania como organizador básico do sistema internacional. A partir da criação da ONU, soberania é definida como autoridade legítima, baseada na manutenção dos direitos humanos e da democracia. Antes disso, era definida como a capacidade efetiva de exercer poder num território. A mudança na acepção do termo refere-se, segundo David Held (2003), justamente à mudança de concepção que vem ocorrendo com velocidade acentuada nas últimas cinco décadas.

O Direito da Guerra, por exemplo, ao considerar que a guerra ainda não pôde ser banida, procurou desenvolver um padrão mínimo de conduta que busca preservar civis e militares de determinadas atrocidades. Certas prescrições tocam na soberania estatal, ao limitar a ação que o Estado pode ter sobre indivíduos nacionais e estrangeiros, mesmo inimigos, quando em seu território. A mesma limitação à soberania pode ser notada quando se trata do papel dos indivíduos nos crimes de guerra. As regras que tratam desse tipo de infração partem do princípio de que os indivíduos, mesmo sob ordens, possuem a consciência do que estão fazendo. E, ao menos que sejam coagidos, não devem se subordinar a ordens de genocídio e outros crimes de guerra. Assim, perante um tribunal internacional, os indivíduos não podem livrar-se de condenações alegando estar "seguindo ordens". O Estado pelo qual lutam não é capaz de imunizá-los perante o direito internacional. A evolução dos direitos humanos é o centro dessa mudança de perspectiva. Composto por diversos tratados e organizações em vários níveis, os direitos humanos formam hoje uma estrutura global preocupada com a proteção, a disseminação e a promoção desses direitos. Essa estrutura, em linhas gerais, admite como legítimo o Estado que promove e zela pelos direitos humanos e pela democracia em seu território. Além disso, o respeito à autonomia de grupos minoritários também é considerado uma necessidade, colocando mais um freio à ação soberana do Estado.

O Direito Ambiental possui uma peculiaridade. Não trata dos seres humanos diretamente, mas sim do ecossistema, que é global e compartilhado. Esse é um direito menos desenvolvido, mas afirma que certos problemas ambientais escapam às jurisdições nacionais, questionando o princípio básico da soberania. O que Held pretende mostrar é que, apesar das constantes violações desses direitos, sua simples existência mostra uma mudança na perspectiva internacional a respeito do conceito de soberania. Isso não significa que a soberania esteja em erosão, conduzindo o Estado rumo ao desaparecimento. De fato, o Estado ainda é apontado como ator primário e fundamental para a proteção dos direitos humanos. Porém, a estrutura jurídica internacional articula-se cada vez mais em princípios tidos como comuns à humanidade, dando primazia ao ser humano perante o Estado e, desse modo, modificando a delimitação e a definição de soberania estatal.

Considerando, pois, que o regime clássico vem sofrendo alterações em razão de mudanças regionais e globais, parece surgir um novo regime de soberania. Seria o que Held chama de "soberania internacional liberal", isto é, extensão à esfera internacional das preocupações liberais com a delimitação do poder político e governo limitado. Os avanços referem-se à interferência de padrões jurídicos e morais internacionais na autonomia e na legitimidade dos Estados, atingindo até mesmo indivíduos, tornando-os entes do direito internacional, propiciando assim a possibilidade jurídica do exercício de uma cidadania global. As limitações partem dos diferentes graus de integração de cada Estado às estruturas regionais e globais. Isso porque, em tese, é necessário que o Estado assine tratados para que seja submetido a monitoramento e jugo internacional.

Esse processo positivo de globalização do direito enfrenta um grande problema: o aumento do número de Estados democráticos. O problema é que, uma vez que os representantes são democraticamente eleitos, estes possuem maior legitimidade para promover suas políticas, e muitas dessas políticas produzem impactos negativos regionais e globais. Ao atingir "comunidades de destino",[3] tais políticas deixam de ser democráticas, estabelecendo déficit de *accountability*.[4] As organizações intergovernamentais, tal como são atualmente, não são suficientes para resolver essa questão. Conforme já discutido, mecanismos precisam ser criados para dar às comunidades de destino maior participação nos processos decisórios. Outra grave limitação é a desigualdade de poder. Tanto para o Estado quanto para indivíduos, grupos de interesse ou corporações multinacionais, o direito internacional tem impactos assimétricos. Desse modo, o poder de cada ator pode determinar em que casos a soberania internacional liberal se aplica. O problema

---

3 As "comunidades de destino" reúnem indivíduos que se sentem parte constitutiva de um grupo e/ou sociedade que possui valores comuns.

4 O conceito de *accountability* refere-se aos mecanismos de controle à disposição do cidadão para exigir prestação de contas, responsabilização e transparência na gerência de recursos públicos pelos agentes governamentais aos quais delegaram poder nas eleições.

maior é que essa soberania de cunho mais liberal que vem sendo desenvolvida visa, em maior grau, impor limitações ao poder político, deixando em desvantagem as limitações ao poder econômico. Como já explorado, as desigualdades econômicas constituem a gênese dos mais graves problemas regionais e globais.

Pós-modernidade, Estado contemporâneo e seus dilemas

A crise da educação pública, o desemprego estrutural e a crescente pressão do mercado de trabalho por uma mão-de-obra com alto grau de formação e especialização levam à erosão e à crescente proletarização da classe média que sustentava a democracia por meio do ideal de igualdade de oportunidades, e à manutenção de enormes bolsões de miséria e pobreza em meio a uma crescente concentração de riqueza.

A mobilidade do capital e a emergência de um mercado global favoreceram a criação de uma nova elite que controla os fluxos do capital e das informações. Mais cosmopolita, ela é altamente móvel através das fronteiras nacionais e atua predominantemente em *redes* e não nas comunidades, que pretendem liderar à distância. Christopher Lasch (1995), em antagonismo à rebelião das massas de José Ortega y Gasset, identifica uma verdadeira rebelião dessas novas elites contra os limites do espaço e do tempo, por meio da unificação do mercado internacional, do enfraquecimento da autoridade estatal, da fragmentação, do renascimento do *tribalismo* e da perda do monopólio da violência pelo Estado. Lasch fala da nova aristocracia do intelecto, os *solucionadores de problemas e produtores de insights* que investem na sua própria educação e informação. A elite *meritocrática*, que passou por uma formação acadêmica prolongada – de padrão internacional – e considera que se fez por si própria, sente uma segurança sem igual quanto a seus privilégios adquiridos, uma espécie de recompensa justa para o esforço e a capacidade intelectual por meio de suas credenciais educacionais.

O novo poder e seus agentes principais encontram-se fora do espaço público; as instituições políticas tradicionais estão progressivamente incapacitadas de fornecer qualquer tipo de segurança ou garantia a seus cidadãos. A conseqüência desse processo é a *privatização dos meios*, na ilusão de assegurar a liberdade individual. Isso leva à crescente polarização social e a um ambiente de medo difuso e de insegurança geral que não favorece a articulação de uma ação coletiva. Os serviços públicos básicos se deterioram, os serviços privados (educação, saúde, segurança e mídia eletrônica) se impõem e esvai-se o espaço de igualdade dos cidadãos em torno das instituições públicas. E a obrigação de contribuir para o bem público – por intermédio do Estado – passa a recair desproporcionalmente, então, sobre a classe média e os trabalhadores, inclusive quanto à carga de tributos para sustentar aquelas estruturas públicas.

A modernidade havia refletido a emergência de conflitos estruturais na sociedade que não podiam mais ser regulados diretamente pelas normas culturais ou pelo peso da tradição. A necessidade das regras impostas e sancionadas externamente aos indivíduos impunha ao Estado, e ao seu sistema jurídico, instituições que enquadrassem e orientassem as práticas e as relações sociais, e que fossem suportadas por uma ideologia da legitimação do poder, fundamentada em uma idéia de justiça. O poder tornou-se submetido a regras – cristalizadas numa Constituição –, não mais decorrendo de uma ordem divina ou da tradição, mas da vontade dos indivíduos que compõem a sociedade. Esse processo sinalizou a emergência de uma nova utopia, a soberania popular, com uma nova ideologia de legitimação suportada na razão e fundada numa teoria da justiça. Essa grandiosa construção ergueu-se em contraposição ao agir não-racional da tradição. Uma vez consolidada, essa lógica iluminista encontrou-se num impasse, incapaz que foi de elaborar orientações coletivas significativas apenas a partir da liberdade individual e da razão abstrata. As referências universais que fundamentavam o Estado e a democracia política, observa Michel Freitag (2002), acabaram em seguida entrando em contradição com o particularismo das formas de dominação social – sobretudo a partir do século XIX, com o capitalismo industrial – e evoluindo para a democracia das massas e para a regulação dos direitos dos trabalhadores.

Os pensamentos liberal e democrata começaram, então, a diferenciar-se mais claramente. Na doutrina liberal clássica, ser livre é gozar de uma esfera de ação relativamente ampla protegida do controle estatal; na doutrina democrática, que emergiu da modernidade, ser livre significa criar leis para si mesmo. Liberal é aquele que tenta ampliar cada vez mais a esfera de ações não impedidas; já o democrata tende a aumentar o número de ações reguladas mediante processos de auto-regulação. No Estado liberal o poder público é o mais restrito possível; no democrático, são numerosos os órgãos de autogoverno. Os Estados modernos tentaram uma gradual integração entre essas duas doutrinas: de um lado, que fosse deixada à livre determinação aquilo que o indivíduo estava em condições de decidir sozinho; de outro, onde era necessária uma decisão coletiva, que o indivíduo participasse de modo que esta fosse – ou parecesse ser – uma livre determinação do seu querer mediante uma norma coletiva autodeterminada.

Ao Estado cabe inevitavelmente o monopólio da força e da coerção legítimas. Norberto Bobbio (2000) lembra que o Estado pode renunciar ao monopólio do poder ideológico, como ocorreu na separação entre Estado e Igreja; pode renunciar ao monopólio do poder econômico, como aconteceu com a liberdade do empreendimento econômico que caracterizou a formação do Estado liberal do *laissez-faire*; mas ele não pode renunciar ao monopólio da força sem deixar de ser Estado. Seria o retorno ao estado de natureza hobbesiano, a guerra de todos contra todos. O pressuposto, no entanto, é que o poder coercitivo seja usado por delegação da sociedade para preservar a paz e proteger os indivíduos que nele confiam.

O sentido da esfera pública ampliou-se somente a partir desse início do século XVIII – com o Iluminismo – e consolidou-se com as revoluções americana e francesa, juntamente com a institucionalização de certos direitos políticos e civis, e a constituição do sistema judiciário para mediar conflitos. A decadência do chamado Antigo Regime foi acompanhada pela formação de uma nova cultura urbana burguesa. Durante esse período, o espaço público significou os vínculos de associação e compromisso que existem entre pessoas que não são unidas por laços familiares; é o caso da multidão, do povo ou das sociedades organizadas; ele adquiriu uma característica libertadora da opressão familiar e social por meio do anonimato propiciado pelas grandes cidades. Assim, as condições necessárias para a existência de uma democracia real passaram a ser essencialmente a manutenção tanto de uma esfera pública – como espaço de debate político – quanto dos fundamentos da "democracia formal" herdados da sociedade burguesa, tais como o princípio da soberania popular e o Estado de direito.

O dinamismo da vida pública do século XVIII foi substituído, no início do século XX, pela emergência da sociedade do espetáculo e do consumo. A contrapartida surgiu com o espectador *voyeur* e passivo, que se retira do espaço público, preferindo observar a participar. Visão semelhante tem Jürgen Habermas (2003), apontando para a "refeudalização" da esfera pública ocorrida durante o século XX. Interesses privados – especialmente de grandes corporações – começaram a assumir funções políticas nas mídias e no Estado, ao mesmo tempo em que as funções do Estado se expandiram no domínio privado e na vida cotidiana com a erosão das fronteiras entre as esferas do Estado e da sociedade civil, e entre os espaços públicos e privados. Essa transformação estrutural ocorreu durante a transição do capitalismo liberal burguês ao capitalismo de Estado e ao monopólio das indústrias culturais do século XX, quando formas mais privatizadas de participação política emergiram. O cidadão foi empurrado para a posição de espectador e consumidor passivo, e a esfera pública passou a ser dominada pela manipulação midiática feita pelas elites. Essa situação se consolida com o declínio da democracia no Estado de *bem-estar social* que emerge no pós-guerra, em que a transformação da função das mídias teve um papel central: de *facilitadora* do debate e da discussão racional na esfera pública, ela se transforma em *construtora* da opinião pública pela centralização do discurso público.

Na visão de Freitag (2002), enquanto na modernidade vigoravam o *poder* e as *instituições*, na *pós*-modernidade passaram a predominar o *controle* e as *organizações*. O espaço público universalista de deliberação deu lugar ao campo midiático ou publicitário particularizado e direcionado segundo estratégias de influência. Já o político como debate sobre as normas fundamentais cedeu às políticas orientadas para a resolução de problemas particulares. Questões de fato passaram a predominar sobre questões de direito. A *legalidade* e a *legitimidade*, características da modernidade, deram espaço à *operatividade* e à *eficácia*. Finalmente, a burocracia segundo Weber

Atores e poderes na nova ordem global

foi trocada pela tecnocracia. Em suma, na pós-modernidade os indivíduos que substituíram os povos exigem eficácia e defendem interesses que intitulam de legítimos, abandonando a razão como referência última de legitimação. E o indivíduo *other-directed* – que navega por *radar* – sucateou o cidadão *inner-directed*, que se equilibrava pelo *giroscópio interior*.[5]

O Estado contemporâneo enfrenta crises internas de várias naturezas, entre as quais sua própria reforma, a garantia de crescimento econômico auto-sustentado e a questão do desemprego. As grandes corporações, apesar de manterem sedes nacionais, perderam em parte a identificação com seu país de origem. A lógica das transnacionais transcende a das fronteiras nacionais. Isso faz com que, em parte, elas possam adotar atitudes que ferem os Estados-nação nos quais desenvolvem suas atividades. Ao terem poder de deslocar indústrias inteiras para outras localidades – ou adotar um sistema de subcontratação internacional –, elas ganharam um poder de barganha desigual na hora de negociar impostos ou benefícios, leis ambientais e regimes de trabalho com os governos-sede e com os governos que pleiteiam sua presença.

A livre movimentação do fluxo internacional de capitais voláteis e especulativos tem causado enormes danos aos grandes países da periferia do capitalismo, repercutindo severamente no nível de produção e emprego. Radicalizou-se a dissonância entre o discurso oficial sobre a necessidade do aprofundamento dos ajustes neoliberais e a percepção das populações sobre se, ao final de outros sacrifícios adicionais, poderia surgir de fato um processo de crescimento acelerado e auto-sustentado que melhorasse sua renda e a empregabilidade. O Estado contemporâneo não se sente mais responsável pelo pleno empre-

---

5 Para uma reflexão mais aprofundada sobre o tema ver Dupas (2003).

go. As corporações transnacionais também não. Agora sem a proteção do Estado, o homem volta a sentir com toda a força sua dimensão de desamparo. Por outro lado, os grandes países da periferia do capitalismo estão acuados com o atual nível de violência de suas sociedades. A principal causa parece estar nas tensões geradas pela crescente concentração de renda e exclusão social das massas populacionais urbanas, convivendo com mídias globais que valorizam o comportamento anti-social e estimulam padrões de consumo que poucos podem ter.

Na esfera do capital e do trabalho é que a lógica global estabeleceu uma esquizofrenia institucionalizada, causando uma assimetria fundamental. Os detentores do capital gozam de uma mobilidade mundial para seus fluxos financeiros, tecnológicos e de mercadorias, enquanto uma aliança internacional de protecionismos nacionais – inspirada pelos países centrais – impede os trabalhadores de ter o mesmo direito, considerando essa situação muito natural. Enquanto todas as fronteiras são abertas ao capital, os trabalhadores são considerados demandantes de asilo, refugiados econômicos e impedidos por meios policiais e militares de valorizar seu capital humano através de fronteiras. Beck (2003a, p.352) lembra que se um país precisa de trabalhadores de certa qualificação concede-lhes um *green card*. Ninguém fala em refugiado do capital. "Nenhuma lei obriga a deter os investidores em aeroportos e interrogá-los para saber os motivos de sua presença. Falamos de globalização e referimo-nos à movimentação livre do trabalho como ato criminoso. A reivindicação de abolição de fronteiras tem que valer também para o trabalho e isso muda a face do mundo". Seria essa conquista o fim dos Estados nacionais? Não parece uma excelente troca para parte esmagadora da população mundial a condição de cidadania universal pela surrada soberania nacional?

Atores e poderes na nova ordem global

Os Estados nacionais e os partidos políticos perdem legitimidade e capacidade de mediação dessas tensões utilizando os controles tradicionais. A violência passa a ser a regra de conduta. Em tese, o conflito social atual – pressão dos excluídos (desempregados, pobres, crianças de rua, jovens carentes ou infratores) sobre os incluídos – pode ser controlado. O Estado, no entanto, pode perder essa capacidade de mediação se se perceber que está se envolvendo simplesmente numa "conspiração dos ricos em seu próprio interesse". O discurso hegemônico neoliberal – que acompanhou o fim da guerra fria e pregava a abertura econômica como solução para os problemas econômicos e políticos dessas nações – mostrou-se causador de mais concentração de renda, exclusão social e redução do emprego. O endividamento externo daquelas nações cresceu fortemente nas duas últimas décadas do século XX, e parte crescente do seu PIB foi apropriada pelo capital financeiro e por investidores e credores estrangeiros, aumentando a polarização social.

Lógica global, fragilização dos Estados e desintegração social

O século XX, o da primazia dos Estados-nação, foi selvagem e destruidor. Deixou-nos duas grandes guerras, o fascismo e o comunismo, o Holocausto e a tragédia da África subsahariana. A crise da educação pública, o desemprego estrutural e a crescente pressão do mercado de trabalho por uma mão-de-obra com alto grau de formação e especialização levam à erosão e à crescente proletarização da classe média, que sustentava a democracia por meio do ideal de igualdade de oportunidades, e à manutenção de enormes bolsões de miséria e pobreza em meio a uma crescente concentração de riqueza. A necessidade de redefinir o Estado e a política na era da globalização segue inexplorada. A política se resume a questões tecnoeconômicas, tais como nível de inflação e níveis-limite de endividamento. Deplora-se o fim da política e anseia-se, por outro lado, por uma Grande Política pensada como mundial, que faça revolucionar o quadro institucional e conceitual do pensamento e da ação política.

As estratégias autônomas do capital visam minimizar a autonomia dos Estados-nação. Seus objetivos são atingidos por meio de três movimentos de fusão: do capital com o direito; do capital com o Estado; e da racionalidade econômica com a identidade pessoal. As estratégias de auto-suficiência do capital se confundem com a experiência mundial da neoliberalização do direito. Elas são incompatíveis com todo intervencionismo estatal. A opção-saída faz instaurar uma brutal concorrência entre os Estados e confere aos atores da economia mundial o poder de excluir, deixando de investir nos países que se comportam mal. As estratégias principais são as seguintes: controle do espaço transnacional; controle da inovação por meio da ciência e da tecnologia; incentivo à especialização e à terceirização para minimizar os custos globais; editar o direito transnacional e submeter as coletividades às suas decisões estratégicas.

A intimidade das grandes corporações com o poder político é intensa e nunca é neutra. O financiamento de campanhas dos partidos é sua melhor expressão. Ela faz parte da lógica de influência e proximidade, sendo comum que a mesma corporação contribua para dois partidos em disputa, de modo a estar sempre em condições favoráveis em relação ao futuro governante. Encontram-se até casos de fornecedores privados dos governos oferecendo-se a reformar e redecorar palácios presidenciais e residências oficiais de presidentes dada a penúria por que passam as finanças públicas. É claro que todas essas

Atores e poderes na nova ordem global

ações lidam com a lógica do poder e visam tentar influenciá-la. Alguns exemplos curiosos merecem citação. O Palácio da Alvorada, residência oficial do presidente da República, prédio público tombado pelo Instituto do Patrimônio Histórico do país e um dos símbolos do poder, será reformado com a contribuição de um pequeno grupo de grandes empreiteiros e empresários nacionais após solicitação do próprio presidente Lula. A importância envolvida é irrisória e, obviamente, deveria ter origem autônoma no orçamento público, ficando apenas o gesto simbólico de péssima referência na mistura radical entre interesse público e privado.

Outro caso curioso foi a viagem do papa João Paulo II a Genebra, a centésima terceira do seu pontificado. A imprensa relatou que "no melhor estilo dos concertos de rock, os organizadores dos atos religiosos tiveram que buscar o apoio financeiro das grandes companhias para garantir a qualidade dos eventos onde o papa será o principal astro".[6] O governo suíço garantiu o esquema de segurança e, em iniciativa aprovada pela Confederação dos Bispos da Suíça, as empresas privadas que contribuíram colocaram suas logomarcas nos quiosques montados nos eventos e tiveram direito a salas VIP para seus convidados. Para dar aos apoios publicitários uma conotação *politicamente correta*, foram vetadas as empresas de bebidas alcoólicas, cigarros, armamentos e pornografia. As empresas também tiveram que declarar "pagar adequadamente seus trabalhadores e não explorar menores em suas fábricas".[7]

Mais um exemplo são algumas das conseqüências do controle das telecomunicações pelos grandes grupos operando em quase monopólio e afastando o Estado, que passa a mendigar

---

6 *O Estado de S. Paulo*, 5.6.2004.

7 Ibidem.

o direito ao controle de seus sistemas de segurança e do conteúdo secreto das informações públicas, agora dependentes da vontade e do sigilo privado. Também paradoxal é o caso da subvenção da revolução biotecnológica pelos governos dos países centrais, esse lembrado por Beck (2003a, p.253-4): os atores globais espalham que a nacionalidade não é mais importante, que os grandes grupos têm acionistas espalhados por todo o mundo. Mas eles mesmos estão prontos a alegar interesses nacionais para forçar seus Estados nacionais a subvencionar suas corporações para poderem competir no mundo global. Estados subvencionando gigantes, esta uma contradição flagrante com relação à identidade neoliberal dos governantes. Os bilhões que a Siemens recebeu do Estado alemão durante cinqüenta anos, especialmente em energia nuclear, apenas serviram para que ela se emancipasse da Alemanha. No Brasil, a Embraer tem origem em amplos recursos e subsídios do Estado, que se mantêm hoje nas amplas linhas de crédito para exportação. No entanto, o que garante que a empresa não tenha seu controle internacionalizado amanhã? Por outro lado, como já vimos, os órgãos governamentais fizeram vistas grossas a regulamentações contra concentração do poder econômico aceitando a fusão entre Brahma e Antarctica, com a argumentação de que a operação era essencial para garantir uma multinacional brasileira no setor de cervejas. Hoje seu controle está em mãos belgas, formando a maior empresa cervejeira do mundo.

É a combinação da globalização com o controle da ciência e da tecnologia que torna possível o avanço do poder das corporações globais relativamente aos Estados. O mundo global é calcado no mercado mundial e na tecnologia. Esses dois aspectos escapam ao controle estatal. Eles podem gerar um mundo pós-humano onde os valores humanistas serão relativizados e parte dos homens substituídos pelos robôs sem que a sociedade possa opinar sobre isso. Num mundo fragmentado, obcecado pelo lucro, é cada vez mais fundamental encontrar uma vontade coletiva para agir em direção a uma ciência capaz de impor-se seus próprios limites. O desafio da nova ciência exige a criação de outro contrato social. Na área da nanotecnologia, para citar um caso, os perigos são tão grandes que cientistas da própria área alertam que não deveríamos tocar nela sem uma ampla regulamentação e um estrito controle internacional, como apontado anteriormente.

Em geral os grandes grupos podem contornar normas e condições impostas por cada Estado. As políticas estatais de adaptação das prioridades do mercado neoliberal são pressionadas pela aceleração contínua das opções tecnológicas, cada vez mais arriscadas. Mas suas aprovações, dadas por cada Estado, só podem ter uma legitimação pós-fato, como tipicamente aconteceu no caso dos transgênicos. As condições impostas por uma economia a caminho da globalização implicam um excêntrico retorno a estratégias de economias planificadas nos grandes grupos transnacionais. Beck (ibidem, p.263) lembra que elas haviam morrido no bloco comunista e ressuscitaram dentro do capitalismo global e suas estratégias planetárias. Agora são globais, mas, como já vimos em capítulo anterior, obviamente também locais; afinal, é no local que se encontra o consumidor e a mão-de-obra. Essas estratégias abrem às grandes corporações um campo de experiências cosmopolitas que permitem, em escala global, tirar lições da experiência local.

O Estado ainda é o único aparato institucional – por delegação teórica da sociedade, daí advindo sua legitimidade – que tem à sua disposição meios coercitivos político-militares e o poder de instaurar a ordem fundada no direito, bem como dar direção às políticas externa, de saúde, de educação, de segurança etc. A estratégia do capital é desmantelar esse conjunto de missões essenciais ao Estado, privatizando-as e integrando-as à economia mundial. As estratégias da privatização do Estado supõem a possibilidade – assim como um desejo geral – de um Estado mundial privado. Seu objetivo parece ser induzir um vácuo de poder que permita a faculdade de editar normas de direito internacional que não levem em conta as realidades que interessam ao bem público, o único legitimante definitivo das ações globais. O espaço transnacional dos fluxos ignora e tira do jogo os espaços nacionais dos territórios. A legitimação desse processo é tentada pelo "autoritarismo da eficácia", uma espécie de autolegitimização que repousa na racionalidade dos especialistas e daqueles que controlam os instrumentos de poder, incluindo a mídia. Eficácia e poder, aqui como sinônimos absolutos, tentam impor o poder normativo do "Estado" transnacional privado como força de organização da economia mundial. Esse o papel das instituições da era global – FMI, Bird e OMC – que tentam consolidar o poder dos atores econômicos no espaço transnacional. Mas se a autoridade privada substitui ou enfraquece a autoridade pública legitimada, não é apenas porque é mais eficaz, mas por fornecer a esses poderosos agentes do capital um meio de legitimar seus interesses particulares sem ter de assumir as conseqüências públicas de seus atos, sem ter de buscar o complexo consentimento democrático e sem os obstáculos que se impõem à autoridade emanada dos Estados de direito e constitucionais, estas últimas sempre tendo de renovar sua legitimação.

A responsabilidade final pelas conseqüências sociais dessas ações globais acaba sendo do governo legitimado que não previu, regulou ou impediu. O que se está assistindo pela primeira vez, lembra Beck, "é o surgimento de um Estado sem território, não-político, sem opinião pública, um Estado sem sociedade, localizado num não-lugar, praticando uma não-política com a qual ele restringe o poder das sociedades nacionais fraturando-as a partir de seu interior" (p.282). Em suma, identifica-se no cenário global uma soberania em formação perfeitamente simétrica à soberania estatal, uma nova forma de organização não-pública, de poder privado que se impõe aos Estados soberanos, uma rede de governança supranacional da economia, combinação política inédita que origina seu fluxo de legitimação da autoridade privada. Desenvolvem-se, assim, novos tipos de tribunais privados e organismos transnacionais de arbitragem, regidos por leis privadas conhecidas por *lex mercatoria*.

Outro ponto crítico é como tratar a questão dos direitos humanos no mundo global. Indivíduos isolados que se revoltam contra essas violações devem ser protegidos por apoios transnacionais e transculturais na sua resistência contra os Estados a que eles pertencem ou contra Estados invasores. A sociedade transnacional pode adentrar ao interior de um Estado e submetê-lo a pressões externas. Mas os atores responsáveis pelas políticas continuam sendo os Estados. Os atores da sociedade civil global são presas de um dilema: de um lado, são dependentes dos Estados para atingir seus objetivos, de outro, adversários deles e dos grandes grupos. Em geral os ativistas do norte consideram que a erosão da soberania é uma boa coisa, os do sul uma coisa ruim. Os do norte fundam seus julgamentos e sua ação sobre um sistema estatal que se consolidou ao longo da história, os do sul são confrontados a situações nas quais o termo democracia soa como um sarcasmo. Mas eles ainda sonham com um Estado justo e soberano.

Neste ponto de nossa reflexão é importante examinar como evoluíram os consensos de direito internacional, especialmente desde o século passado. A doutrina da soberania se desenvolveu a partir de suas dimensões. Uma delas interna, relacionada à reivindicação de alguém – pessoa ou grupo – em exercer o direito de comando supremo sobre uma sociedade. A outra, externa, afirmando não haver nenhuma autoridade suprema além do Estado soberano, sendo cada um deles livre para determinar seu próprio destino. O esquema clássico de soberania – também chamado de Westphalia, como vimos – sugere uma ordem mundial na qual os Estados são livres e iguais. Held (2003) lembra que nela se cristaliza um direito internacional indiferente à forma de organização política nacional, havendo leis políticas e éticas distintas para governar as esferas internas e externas. Esse sistema de soberania desconsidera qualquer grupo ou ator não estatal que pretenda contestar limites territoriais.

Ondas sucessivas de democratização foram varrendo esse regime, especialmente após a Segunda Guerra Mundial. Seus poderes e soberanias foram sendo desafiados por princípios internacionais de direitos humanos, democracia e autodeterminação, que foram sendo aprovados e incorporados à lógica internacional com o consentimento dos Estados. A descolonização e os direitos de minorias resultaram da eficácia desse movimento. A tendência atual é de que um Estado legitimado deva ter valores democráticos e de que as minorias necessitam de proteção, especialmente após os conflitos étnicos a partir de 1989, ficando os Estados teoricamente responsáveis por proteger a identidade nacional, cultural, religiosa e lingüística das minorias. Novas regulamentações legais internacionais amparam essas obrigações, delimitando assim o poder soberano dos Estados.

O direito internacional pretende, atualmente, estabelecer um domínio legal também sobre o meio ambiente e os recursos naturais, incluindo as *terras comuns globais* e os *ecossistemas partilhados*. Durante os anos 1970 e 1980 criaram-se regulamentações sobre a poluição marinha e as águas internacionais,

Atores e poderes na nova ordem global

ratificadas na Convenção de Londres, obrigando à utilização desses recursos no interesse de toda a humanidade e para fins pacíficos. Nas décadas de 1980 e 1990 avançou-se para a regulamentação internacional sobre *restos perigosos*, poluição do ar, emissão de CFC e nível de chuva ácida. Finalmente, a declaração do Rio de 1992 criou o conceito de uma parceria global igualitária mediante níveis de cooperação entre Estados, setores da sociedade e povos. Mas as organizações internacionais não têm autoridade para assegurá-los. Ainda assim, nota-se nesses acordos a total ausência de representação e comprometimento do principal e mais poderoso ator global contemporâneo, a grande corporação global.

De qualquer forma, as transformações políticas e legais nos últimos cinqüenta anos na área internacional limitaram e demarcaram o poder político em bases globais e regionais. A autoridade legítima tornou-se referenciada teoricamente à moral, associada cada vez mais à obrigação de manutenção de valores democráticos e de direitos humanos, ainda que não se defina quem arbitra esses valores e os amplia envolvendo clivagens tipo Ocidente-Oriente ou cristianismo-islamismo. Mas o foco dessa nova ordem internacional ainda está restrito ao abuso do poder político, nada se falando quanto ao poder econômico e comercial, o que permite a coexistência de democracias liberais com profundas desigualdades econômicas e miséria social. É essencial aqui aprofundar as distinções fundamentais entre internacionalidade e transnacionalidade. O espaço internacional tem como referência os Estados nacionais e suas fronteiras. Já no transnacional, as fronteiras se esvanecem. Nos cenários de conflito de poder da arena global os cenários e as possibilidades de ação nacionais e transnacionais interferem sem cessar.

Enquanto esses passos se davam na área conceitual do direito internacional, a estratégia de privatização do Estado avançava celeremente. Quais os limites dessas profundas e crescentes contradições entre o aparato conceitual e a realidade do poder econômico? Os grandes grupos continuarão decidindo sozinhos quais bens estarão no mercado, quais tecnologias serão desenvolvidas, utilizadas ou eliminadas, quais venenos contaminarão as cadeias alimentares, quem terá o direito de posse do patrimônio genético da humanidade, o que é bom para a economia e bom também para o emprego e para o país? Enfim, todo o sistema fica padecendo de alta vulnerabilidade de legitimação. Os grandes grupos já têm segurança privada e imensos *lobbies*, mas não podem recorrer explicitamente à violência, monopólio que continua um apanágio dos Estados. O capital global ainda não tem condições de legitimar democraticamente suas decisões, que repercutem no coração da política nacional. As estratégicas desenvolvidas pelos atores da economia mundial *vis-à-vis* a política Estatal são extremamente sensíveis às flutuações dos poderes do mercado e padecem de um déficit crônico de legitimação. Elas podem encontrar rígidos e eficazes opositores e ter dificuldade de se justificar e se legitimar diante de uma opinião pública feita de consumidores e cidadãos vigilantes.

A consciência dos riscos climáticos, tecnológicos ou terroristas e os eventuais boicotes de consumidores, movimentos e manifestações sociais podem conduzir a um enfrentamento progressivamente mais complexo para as empresas em seus mercados mundiais e desabar como um castelo de cartas diante da opinião pública cada vez mais informada. Um exemplo paradigmático foi o contencioso entre o Brasil e os Estados Unidos com relação às patentes dos remédios contra a Aids. Utilizando o argumento de que o bem-estar público deveria prevalecer sobre o lucro, o governo brasileiro se opôs à indústria farmacêutica global demandando o direito de quebrar o monopólio de patentes e comercialização de medicamentos importantes no combate à doença. Após longo processo, pedido de consultas e *panel* no Órgão de Solução de Controvérsias na OMS, houve vitória da tese brasileira. Foi decisivo para esse resultado o amplo apoio de países pobres como África do Sul, Índia, Quênia, Moçambique e vários outros. No caso das nações africanas, o interesse se deveu à epidemia de Aids naquela região e à ausência de recursos para controlá-la; já a Índia foi parceira da idéia interessada na produção de genéricos com sua biotecnologia avançada.

A opinião pública internacional e os grupos sociais de interesse, tais como Médicos sem Fronteiras, Oxfam e mesmo a Organização Mundial de Saúde acabaram sendo mobilizações decisivas para esse resultado importante no confronto com o poder de grandes corporações transnacionais. O campo da ética e da política, abandonado pelos Estados, pode ser ocupado progressivamente pelos movimentos sociais, originando um quadro nacional que se desintegra em meio a crises e conflitos sociais amplificados. Essa evolução pode conduzir a rupturas e explosões em regiões do globo. O regime neoliberal, ao reivindicar uma validade planetária exclusiva, gera alianças surpreendentes, uma espécie de coalizão política antiglobalização na qual entram tanto a extrema direita como a extrema esquerda.

As empresas transnacionais, ao se transformarem em quase-Estado, acabam tomando decisões que as tornam totalmente dependentes de legitimação. Quando se pergunta aos jovens sobre as figuras políticas que eles estimam, eles citam Greenpeace e Anistia Internacional olhando-as como movimentos antiglobalização. Introduz-se aqui, pois, um paradoxo entre o poder e a legitimidade. Déficits crônicos de legitimação fazem dos mercados mundiais estruturas muito instáveis. Quanto mais os grandes grupos se emancipam dos eleitores e das instituições estatais, mais eles se tornam dependentes dos consumidores e da sua confiança, dos mercados e dos concorrentes. A existência dos mercados globais repousa na confiança. Se ela é perdida (manipulação genética na indústria alimentar, falsificação de balanços, riscos da energia nuclear, doenças dos rebanhos etc.) grupos inteiros de grandes corporações podem entrar em situação delicada. Movimentos como o Greenpeace reivindicam uma parte da soberania não estatal, lutando pela responsabilidade global sobre o meio ambiente, em oposição à indiferença dos Estados e da economia mundial. Eles justificam seu mandato por seu engajamento em favor dos problemas essenciais da humanidade e enfrentam, se necessário, o direito nacional – com o auxílio das mídias – para alarmar a opinião pública mundial e fazê-la reagir.

O Estado nacional e suas estratégias

A economia se transformou e, neste início de século XXI, passou definitivamente de nacional a global. Mas a política, que define a legitimidade, mantém-se territorial e prisioneira de suas características nacionais, bem como as estratégias predominantes. Seguem algumas dessas principais estratégias.

Estratégia cosmopolita

Para os defensores da estratégia cosmopolita, o "prisma nacional" restringe a maneira como são vistas as relações internacionais de cooperação. Como não se pode redinamizar a política no espaço nacional sem abandonar a estreiteza nacional, a idéia é abrir, enriquecer e tornar mais vivazes as tradições nacionais pelo cosmopolitismo. A soberania política é sempre entendida no seu contorno nacional. A cooperação entre as nações não pode ser mais pensada e desenvolvida como uma cooperação *inter*nacional, mas sim *trans*nacional. O exemplo-chave é o da União Européia: a idéia seria criar uma nova sinergia a partir da cooperação de Estados grandes e fortes com nações pequenas e fracas. Nesse caso, pela primeira vez na História recorreu-se à estratégia de cooperação no interior de um conjunto transnacional de Estados, trazendo a periferia para dentro do centro. O pressuposto desse modelo é que a cooperação em matéria de restrições à concorrência é fundamental para moldar as relações entre empresas e Estados na globalização. Quanto mais a escala do mercado é importante, tanto mais o poder dos seus agentes cresce para negociar.

As estratégias transnacionais de cooperação permitem iniciar um novo jogo de poder, agora transnacional. Graças à sua mobilidade as empresas estão em condição de jogar os Estados uns contra os outros e fazê-los fracos. A única maneira de os Estados reagirem a esse jogo de perdas crescentes é entender o jogo das empresas e imitá-las. Isso só pode ser conseguido com uma cooperação interestatal, o que exige uma progressiva dissolução da unidade "natural" entre Estado e nação. Essa estratégia visa aumentar a concorrência entre atores privados e diminuí-la entre Estados. Mas essa estratégia tem um preço: restrição à autonomia nacional e autodesnacionalização. A estratégia de transnacionalização exige uma nova política de fronteiras, como foi o caso da União Européia, ligada por acordos complexos e juridicamente limitantes. Em síntese, trata-se de uma cessão de soberania nacional em favor de um novo centro de poder político supranacional organizado como uma federação de Estados ou arranjo semelhante.

Estado étnico

A unidade do povo com o Estado e da democracia com a nação, apresentada como um ideal, foi abalada pela globalização dos espaços nacionais. O nacionalismo étnico atual é inovador. Com os novos sistemas de comunicação de massa (rádio, TV, vídeo, computador, telefone móvel) as comunidades étnicas tendem a formar redes transnacionais ativas para se opor a culturas cosmopolitas no Estado nacional e nas elites. Isso poderá conduzir a um fenômeno paradoxal; uma espécie de internacionalismo antiglobal do tipo *xenófobos de todos os países, uni-vos!* Outra possibilidade é a utopia de uma aliança etnocêntrica, transnacional, de Estados-cidadelas unidos, por exemplo, contra o terrorismo e os Estados bandidos. É preciso distinguir entre o nacionalismo – voltado contra o exterior, com visão de conquista e assimilação – e o nacionalismo étnico atual, centrado na exclusão e recusando a idéia de viver com culturas diferentes.

O Estado étnico não reconhece nenhuma minoria. Assim, pessoas de culturas diferentes não são integradas a qualquer identidade nacional; é partir ou morrer. O grupo étnico dominante controla o aparelho de Estado (educação, polícia, direito, política exterior), transformando-o em expressão de um Estado étnico e despolitizado. Para Beck (2003a, p.471), com a globalização enfraquecendo o Estado nacional, assiste-se ao desenvolvimento de uma aliança paradoxal entre os etnicistas e os globalizantes a fim de permitir aos grupos étnicos se apoderar de um poder deslegitimado e despolitizado do Estado nacional. A desnacionalização do Estado favorece sua reetnicização. A conquista étnica do Estado é ao mesmo tempo fascista e democrática. Esse tipo de estratégia, essencialmente xenófoba, faz de seus vizinhos cidadãos inimigos (Israel-Palestina) que devem ser tratados por métodos de exclusão ou extermínio. A distinção entre guerra de Estado e guerra civil é abolida. É uma guerra civil de Estados, com cidadãos e Estados em guerra objetivando fabricar diferenças étnicas. Atentados suicidas destroem a confiança cotidiana da sociedade civil e os Estados se legitimam executando terroristas e invasores sem julgamento.

Estratégias de especialização

As estratégias de especialização são aquelas que, por estimularem uma concorrência brutal visando leiloar custos de fatores de produção a preços cada vez mais vis, permitem às corporações transnacionais maximizar seu retorno sacrificando os Estados e suas sociedades. Surge uma nova divisão internacional do trabalho: de um lado, produtores de serviços e produtos de alto valor agregado; de outro, produtores com forte coeficiente de trabalho barato. Os países do terceiro mundo tentam atrair os capitais com custos reduzidos, controles reduzidos e zonas de exceção. A especialização se efetiva por uma regulamentação paradoxal: abolição das regras. Não se trata de uma escolha livre, mas de uma espécie de "escolha de Sofia": abrir é ruim, não abrir pode ser pior. É este o caso típico do México. Como vimos, sua entrada na Nafta deteriorou suas condições sociais. No entanto, ainda assim pode ter sido, em seu caso específico, uma solução menos pior do que ficar de fora. Caminha-se para uma espécie de proletarização dos Estados; a estratégia de inserção radical competitiva vai ao encontro dos interesses das nações ricas, que mantêm seus valores culturais e abrem espaços para a maior taxa de acumulação de seus capitais. Por esse caminho, parece haver luz para poucos no final do túnel.

A estratégia socialdemocrata

Essa alternativa parece estar na defensiva e em declínio; basta verificar o que aconteceu com as idéias da "terceira via", que se anunciava com grande vigor ao final do século passado.

Trata-se de um tipo de estratégia de especialização sobre o mercado mundial que combina uma dupla moral: uma abertura relativamente radical, mas aceitando políticas protecionistas em vários setores. No plano exterior, esses Estados podem se apresentar como líderes da liberalização dos mercados e maximizar a chance de seus setores exportadores; no plano interior, eles tentam manter protegidas suas empresas e mercados (inclusive o do trabalho) ao abrigo da concorrência nefasta do jogo mundial, montando barreiras. A justificativa da via alemã, por exemplo, foi a proteção da comunidade e da cultura. Assim, o país pode se definir ao mesmo tempo como vítima e como ator da globalização. Essa estratégia tenta ainda proteger os Estados europeus da nova peste social: criminalidade, pobreza, exclusão, droga e declínio da vida pública, muitas vezes atribuindo a culpa desses males à imigração e ao estrangeiro. Abastecidos com seu bolsão próprio de mão-de-obra barata e bem qualificada, os grandes países europeus têm agora o recurso dos dez países do Leste a ameaçar os salários e os empregos da Europa rica. Eles serão utilizados, embora de forma original, de maneira tão inteligente como os Estados Unidos utilizam o México: as empresas européias utilizarão a nova integração como base de diversificação do fracionamento de suas cadeias produtivas, mas a circulação de pessoas dos países pobres para os ricos será submetida a rígidos regimes de cotas, e só a partir de cinco anos da data da integração.

Estratégia hegemônica neoliberal

O Estado-providência, com sua política de solidariedade igualitária, havia sido uma resposta às catástrofes do século XX, ao fascismo e ao comunismo. Na era da globalização, as sociedades acabaram tendo de enfrentar a realidade de que a prosperidade de uns é muitas vezes construída à custa da exclusão de outros. Isso complica cada vez mais a tentativa de despolitização do caminho neoliberal. A estratégia de hegemonia quer impor aos outros países uma cooperação. Beck (2003a, p.369) lembra que

> aos quatro cantos do mundo o neoliberalismo, ponta-de-lança ideológica norte-americana, é o senhor incontestável de todo o debate sobre as reformas a fazer. O governo norte-americano faz um uso muito desenvolto de seu papel de senhor do mundo e ameaça com guerras comerciais outros países e continentes. Ele é o único a deter o monopólio da visão global. Mas a manutenção da hegemonia requer uma contínua mobilização da população no país e nos outros Estados.

E freqüentes intervenções militares são cada vez mais custosas, como nos prova o Iraque. A estratégia de hegemonia neoliberal pode ter de encarar concessões e assimilações de perdas, pois pode ser impossível para um Estado, ainda que muito dominante e economicamente vigoroso, manter uma posição de permanente domínio sobre as referências globais.

Outras estratégias

Existem várias outras modalidades de estratégias defensivas ou ofensivas que não iremos desenvolver, das quais um exemplo é a estratégia parasitária dos "paraísos fiscais". Trata-se de Estados que escolhem operar acolhendo o fluxo financeiro que procura abrigo eventualmente legítimo – no caso de procurar evitar bitributação ou idiossincrasias tributárias em seus países de origem – mas que, com essa opção, se entregam ao risco de abrigar também dinheiro ilegal de origem criminosa e clandestina.

4
O contrapoder da sociedade civil

Na teoria política clássica, incorporada ao inconsciente coletivo das sociedades, o espaço público era equivalente ao espaço da liberdade dos cidadãos que exerciam sua participação crítica na gestão dos assuntos comuns, sob o princípio da deliberação; era um espaço que se opunha, portanto, ao espaço privado regido pela dominação do poder. A paisagem pública urbana é agora um material midiático privado, criando desejos e tratando o cidadão como um mero consumidor. Grandes avenidas de nossas metrópoles, e boa parte de suas ruas, se transformaram em um imenso espaço de outdoors e placas de anúncios ou logomarcas. O universo corporativo não precisa mais se opor ao espaço e à sociedade, como acontecia com a arquitetura modernista; ele se apropriou do controle direto do espaço social circundante. Sociedade civil e política, e mesmo a vida privada, acabaram por ser internalizados no sistema corporativo, que tende a substituir a própria sociedade e suas formas de regulação. O desenvolvimento de uma extraordinária competência do *agir técnico* acabou cor-

175

Gilberto Dupas

respondendo ao crescimento paralelo da impotência da sociedade civil em resolver politicamente os problemas coletivos da humanidade, tais como a desigualdade, a miséria e a degradação do meio ambiente.

Passamos de uma sociedade política a uma sociedade organizacional, entendida como uma sociedade de gestão sistêmica e tecnocrática que legitimaria os direitos da pessoa; a liberdade, portanto, passou a ser definida de maneira totalmente privada. A identidade política universalista, à qual correspondia o conceito de cidadania, diluiu-se e fragmentou-se, permitindo a proliferação de identidades coletivas não somente particulares, mas parciais e truncadas.

Na verdade, foi no contexto de falta de alternativas que envolvessem uma ação pública eficaz que o ativismo político pela cidadania e pela justiça social se transformou em ativismo civil voltado para a solidariedade social. A demanda por responsabilidade social passou, aos poucos, a se deslocar do governo para o assim batizado *terceiro setor*. As políticas de desregulamentação levaram a um empobrecimento do espaço de discussão pública e participação política. Com o aumento do desemprego, da miséria e da violência, a noção de cidadania buscou uma alternativa às políticas tradicionais e gerou uma demanda por responsabilidades sociais apenas secundariamente dirigidas aos Estados nacionais. Nesse mundo contemporâneo, em que a admissão dos impasses sociais decorrentes da economia global e da impotência dos Estados para resolvê-los tornou-se também lugar-comum, a chamada "nova responsabilidade social das empresas" faz parte de uma competente utilização dos instrumentos hegemônicos visando apropriar-se dos benefícios advindos das novas percepções sociais.

Esse mundo novo é o da crescente influência das lógicas organizacionais e das redes, onde o processo de dessimbolização do mundo passa a ter o *economicismo* e o *tecnocratismo* como referências centrais, e o controle sobre o indivíduo e a sociedade assume características eletrônico-digitais. A crise da civilidade e a intensificação do narcisismo levam, assim, a uma emancipação do indivíduo de todo enquadramento normativo, a uma aversão à esfera pública e a sua conseqüente degradação. A liberdade passa a ser percebida como possível unicamente na esfera privada e gera a progressiva privatização da cidadania.

Por outro lado, agora num mundo totalmente estruturado em redes (*networks*) pelas tecnologias da informação, a vida social contemporânea passa a ser composta por uma infinidade de encontros e conexões temporárias. A integração dos diferentes elementos da nova ordem capitalista global – viabilizada pelas tecnologias da informação – é assegurada pela utilização das redes (*networks*) como dimensão sistêmica e suporte organizacional, criando a possibilidade de trabalhar e colaborar à distância no seio de estruturas organizacionais flexíveis e pouco hierárquicas. O *projeto* é a ocasião única e o pretexto da conexão; os indivíduos que não têm projetos e não exploram as conexões da rede estão ameaçados de exclusão permanente, já que a metáfora da rede torna-se progressivamente a nova representação da sociedade.

De um lado, emerge um mundo da interconexão: *estar ou não conectado*, eis a questão à qual tende a se resumir a inclusão e a exclusão. O mundo da interconexão dilui a distinção entre a vida privada e a vida profissional. Em um *mundo em rede*, a vida social é composta por uma multidão de encontros e conexões temporárias com diversos grupos de diferentes distâncias sociais, profissionais, geográficas e culturais. Os *grandes* dominam os novos contratos na *sociedade em rede* e criam as regras para a inserção dos *pequenos* no mundo da interconexão. Os pequenos entram e saem das redes sem deixar vestígio, pois a existência neste mundo é um atributo relacional. Se, por um lado, abre-se espaço aos pequenos por serem flexíveis, essa flexibilidade é fonte para sua própria exploração. Os grandes contentam-se em subcontratar terceiros para tarefas, enquanto utilizam suas marcas e direitos intelectuais, vendendo pela internet e apropriando-se da maior parte da mais-valia gerada pelo conjunto da nova cadeia de produção.

De outro lado, nessas sociedades baseadas em redes e no conhecimento, a vigilância torna-se o modo básico de governança. As observações, os registros e os controles dos nossos passos e rastros são classificados por categorias relacionadas a conceitos de risco ou oportunidade; os códigos admitem ou excluem, conferem crédito ou desacreditam. Nesse contexto, paradoxalmente, a forma básica de exclusão significa recusar-se a integrar as novas regras do jogo. As tecnologias da informação criam imensas possibilidades de estocagem e processamento de dados em tempo real. Uma das decorrências é a crescente transformação da vigilância em modo de governança das sociedades baseadas no conhecimento, que contribui para definir a organização das relações sociais e a manutenção da ordem social. Os olhos eletrônicos estão em toda parte, sem autorização e percepção do cidadão controlado. A relativa "porosidade" dos contêineres de informação pessoal em relação aos antigos registros de dados pessoais garante a circulação de acordo com assimetrias de poder organizacional e social. A privacidade – elemento fundamental da dignidade humana – se erode, sendo impossível saber quando se está só. As tecnologias da informação facilitam a convergência das práticas de vigilância em diferentes áreas institucionais, bem como entre governo e setor privado.

A força das novas tecnologias leva o *olho* a se tornar uma arma do desejo – insaciável por mais informação –, transformando os detentores do poder – Estados, empresas e indivíduos – em delirantes *voyeurs*. Basta lembrar as cerca de 4 mil câmeras distribuídas pelas ruas de Manhattan colhendo imagens de pessoas 24 horas por dia. Os cidadãos comuns conformam-se ou imitam, instalando olhos eletrônicos para controle de babás, entregando telefones celulares a seus filhos na esperança de controlá-los ou assistindo a ampla oferta midiática, como programas ao estilo de *reality shows*. Investindo pesadamente na onda do controle (ou autocontrole) individual, o novo produto de ponta da Microsoft será uma microcâmera digital do tamanho de um pequeno distintivo de lapela que registra continuamente som e imagem da vida diária do usuário. No lançamento do produto, Bill Gates avisou que já está "colocando-as" em seus jovens filhos.

Numa sociedade em que o *medo* e a busca da *segurança* são o tema mobilizador por excelência, o controle das informações transformou-se em elemento central de vigilância mediante mecanismos automatizados de classificação social e discriminação via construção de *perfis de risco*. Os produtos dessa vigilância tanto definem categorias de consumidores para o setor privado – como nas companhias de seguros – como avaliam a *ameaça social* para os *centros de inteligência*, rastreiam supostos terroristas a partir de universos amplos e balizam a ordem social, definindo novos excluídos e incluídos. Os "diferentes" são sempre a triagem principal, tornando o "outro" um suspeito perigoso.

A reação da sociedade civil

Seria possível estruturar uma nova sociedade civil alerta e combatente que, apesar de acossada pelas novas realidades do metajogo, possa influir decisivamente no jogo de poder, transformando-se ela própria em contrapoder? Claro que há imensas dificuldades a resolver, a começar pela febre consumista que contribui pesadamente para a manutenção da ordem, já que os indivíduos são seduzidos pelo prazer da aquisição das "novas maravilhas" continuamente oferecidas pelas grandes corporações. O indivíduo está fragilizado pelas novas realidades nas quais a *performance* define o lugar social de cada um. O sujeito da pós-modernidade é "performático", está voltado para a cultura do espetáculo e para o gozo em curto prazo e a qualquer preço, reduzindo a importância dada àquilo que toma tempo e à aceitação dos sacrifícios que isso impõe.[1] O desempenho individual passa a ser o supremo critério de sucesso, num contexto em que a sociedade oferece aos cidadãos cada vez menos oportunidades. Como decorrência, há um profundo enfraquecimento do *eu* do indivíduo, cidadão e consumidor contemporâneos. É preciso reabilitá-lo para o exercício da nova cidadania.

O esvaziamento do espaço público contemporâneo foi concomitante a uma explosão das reações espontâneas da sociedade civil, visando à explicitação de suas demandas ou ações concretas de natureza social. As teses neoliberais dos anos 1980 haviam definido o Estado como intrinsecamente ineficaz, moralmente incapaz e totalmente dispensável para definir ações públicas eficazes. Segundo elas, os mercados livres e a competição seriam suficientes para criar um padrão mundial de empregos e de *welfare* privado. De outro lado, os Estados nacionais, premidos por orçamentos cada vez mais restritos em razão da imperiosidade dos equilíbrios fiscais e da progressiva inadequação dos programas de previdência, mostraram-se progressivamente inadequados para lidar com os efeitos perversos da globalização, especialmente o aumento da exclusão e

---

1 Para aprofundar estas questões ver Dupas (2001b).

do desemprego. Finalmente, a classe política e seus partidos foram erodindo sua credibilidade e inviabilizando-se como mediadores das demandas sociais e aspirações coletivas.

Com isso, as organizações da nova sociedade civil contemporânea foram ocupando os enormes espaços vazios deixados pelo Estado e incorporando à vida pública uma infinidade de associações civis autônomas e uma visão midiática para as atividades sociais, econômicas e políticas de grupos particulares, mas que passaram a reivindicar o caráter público de seus interesses, exigindo reconhecimento, regulação e salvaguardas das suas instituições. Essa nova sociedade civil constitui uma trama diversificada de atores coletivos, autônomos e espontâneos que tentam mobilizar a opinião pública para ventilar e problematizar questões específicas apresentadas como de "interesse geral". Esses novos atores pretendem a reconstrução teórica e prática da democracia, do espaço público e da ação social, definindo propósitos ambiciosos para um novo projeto contemporâneo de sociedade civil, distinto das esferas do Estado e da economia.

Nesse novo espaço público estão principalmente as chamadas ONGs, mas também um novo associativismo a partir de bairros, moradores, e iniciativas culturais, ambientais e de lazer de caráter local; pequenas associações profissionais e de solidariedade com distintos segmentos sociais; associações de reivindicação ou defesa de direitos enfocando gênero, cor, credo etc. Esses novos atores introduzem mudanças substanciais na cultura política, já que em tese não mais aspiram sua incorporação ao Estado e defendem um novo padrão de ação coletiva ligado a critérios territoriais e temáticos.

A influência desses movimentos é devida, antes de tudo, à sua capacidade de influenciar as mídias e a sensibilidade social com suas causas, dando-lhes apoio e respaldo social. Para Adrián Gurza Lavalle (2001), eles provocam no espaço público processos de articulação de consensos normativos e de reconstrução reflexiva dos valores e disposições morais que norteiam a convivência social. As ONGs pretendem não lidar com interesses mas promover e representar esses consensos; e esperam que sua legitimidade venha por brotarem da vida cotidiana e comunitária da sociedade, sem manipulação ou artificialismo. Além disso, argumentam que essa construção de acordos no seio da sociedade civil, além de um processo transparente e aberto, realiza-se mediante a geração de consensos, criando novas solidariedades e garantindo com isso uma espécie de superioridade moral da nova sociedade civil.

A nova modalidade de participação política se redefine como um certo tipo de solidariedade identificada aos interesses de organizações particulares, como o ato de pertencer a uma ONG ou associação. Esses grupos de interesse não se dirigem mais à sociedade como um todo, mas a diversas instâncias de decisão especializadas; e acabam sempre levando a demandas de intervenção tecnoburocráticas. Os novos movimentos sociais – e suas reivindicações – são centrados sobre uma dinâmica de identidade e afirmação, buscando serem reconhecidos por sua diferença e autonomia. O meio no qual eles evoluem não é mais o espaço público político e institucional, mas aquele formado por organizações especializadas com estratégias autônomas. Nenhum desses movimentos tem como objetivo elaborar uma nova concepção de sociedade, de existência coletiva e de suas finalidades e limites. Com isso, os espaços sociais se convertem em uma auto-exibição de produções midiáticas e publicitárias que se transformam na própria realidade social, confundindo-se com ela.

Como e onde traçar a fronteira tênue que separa o enraizamento social genuíno de uma associação da deturpação de seu potencial normativo condicionado por esse enraizamento?

Como defender para ela uma legitimidade mais ampla que a mera e objetiva avaliação dos resultados que atingem seus microprogramas? Como substituir o espaço e a ação pública por um conjunto de associações se elas têm demandas e objetivos específicos e competem pelos mesmos recursos públicos escassos, ainda que contando com instrumentos midiáticos por vezes poderosos? Elas obviamente necessitarão da arbitragem de uma instância superior que possa definir prioridades e adequações mediante alguns princípios gerais amplamente aceitos.

Em suma, para além da óbvia boa intenção, da utilidade e da eventual eficácia da ação de muitas dessas associações, como elevá-las a um plano superior no qual – de fato – elas se situam? Trata-se de movimentos de caráter e interesse específico que imprimem ações visando alcançar seus objetivos e que buscam legitimidade diante da opinião pública e da sociedade civil. Independentemente das influências positivas que possam ter para a definição das pautas públicas, elas não podem – em seu conjunto – pleitear o monopólio da sociedade civil, a substituição da ação pública e muito menos buscar apoderar-se de processos de legitimação que só o exercício democrático pode oferecer.

O terceiro setor passou a reivindicar e, por vezes, operar um novo modelo de gestão social mais eficiente e foi estimulado por uma onda de isenções ficais que cederam incentivos ao setor privado para desempenhar papéis públicos. Isso modificou o sentido das relações entre o setor público e o privado: privatizou-se a esfera pública e publicizaram-se os interesses privados. Nesse quadro, o protagonismo dos cidadãos surge via organizações privadas sociais em um novo campo neutro, gerencial e pragmático. Apareceu aí a oportunidade para as corporações se aliarem à ocupação desse espaço vazio. Para Maria Carmelita Yazbeck (apud Paoli, 2002) o surgimento do sentido de responsabilidade social das empresas está indiretamente ligado à substituição da idéia de *deliberação participativa* sobre os bens públicos pela noção de gestão eficaz de recursos sociais, cuja distribuição é decidida aleatória e privadamente. Com isso, elas se converteram em práticas que diluem a referência pública e política sob pretexto de reduzir as injustiças sociais.

Neste momento, parece útil refletir um pouco mais sobre as formas diretas de representação social e política – no limite, a chamada democracia direta com ausência de representação – e a democracia representativa, em que os eleitores transferem direitos, deveres e expectativas aos profissionais da política. José Arthur Giannotti (2004) nos lembra que Marx retoma a idéia grega pela qual o ser humano seria antes de tudo social; mas, levado por Hegel, acaba colocando como ideal socialista a abolição da política mediante a instalação de uma democracia social. Para Giannotti, a luta pela democracia passaria então por "colocar a entidade abstrata do povo no lugar do monarca soberano idealizado". Mas como querer uma lei – reivindicada pelos agentes da sociedade civil – significa ser também o curador dessa lei, a contradição intrínseca à democracia direta está criada. O pensamento clássico resolvia essa questão pela suposta continuidade entre formular uma lei e segui-la. Ou seja, será sempre necessário um curador da lei, que arbitre entre as demandas e tenha o poder de regular e punir; atualmente esse papel é do sistema político. Isso posto, questiona Giannotti, "como abolir o hiato entre a sociedade civil e a sociedade política a não ser com um Estado autoritário?". Esse paradoxo enquadra o papel dos movimentos sociais mais como provocadores de novos paradigmas de instrumentos de pressão na classe política e na opinião pública do que como agentes políticos plenos de uma sociedade que neces-

Cidadania e prática da democracia

O conceito de cidadania engloba necessariamente o enfrentamento da complexidade dos conflitos por direitos advindos de uma sociedade fragmentada pela multiplicação das desigualdades sociais. A condição essencial para a prática da cidadania é a explicitação dos conflitos, e sua mediação pela sociedade política. Cidadania se adquire por cooperação, negociação, convergência de interesses e tentativa de apaziguamento desses conflitos inerentes à sociedade contemporânea.

Francisco de Oliveira (2001) diz que a luta pela cidadania é um embate por significados, pelos direitos à fala e à política, que se faz apropriando-se do léxico dos direitos e redefinindo-os em outro patamar mais abrangente. É na sociedade civil que se segrega e se produz a ideologia, cimento amalgamador do consenso, permanentemente contestado pelo dissenso. No entanto, sociedade civil passou a designar – nos discursos das ONGs refletidos nas mídias – um lugar do não-conflito e da concertação, em que os interesses particulares não apareceriam. Essa visão é conceitualmente falsa, bem como o é na prática social e política. Ela reduz, mais uma vez, a sociedade civil ao âmbito dos interesses e dos atores privados centrados em seus microobjetivos.

O discurso das entidades filantrópicas privadas, sobretudo os da nova ética empresarial, operam o reducionismo do espaço público moderno que, segundo Habermas (2003), deveria ser o *lugar não-privado do privado*. Far-se-ia necessário, pois, introduzir nessas novas organizações a dimensão universal; ou seja, trazer para dentro delas o conflito, as grandes divisões da sociedade, os crivos principais que dividem, hierarquizam, estruturam, discriminam e privam (*na* e *a* sociedade).

Tome-se como exemplo a nova vertente urbanística das revitalizações dos centros históricos ou degradados. Para Oliveira (2001), o nome *revitalização* já trai seu significado, pois quer dizer que, antes, ali não havia vida. Trata-se, no fundo, apenas do deslocamento do conflito, não de sua resolução. Trocam-se os pobres, os mendigos, as prostitutas, os botecos sujos e as pensões baratas por maquiagens que acentuam os velhos bons tempos. Exemplo recente no Brasil é o da reforma, pela Prefeitura de São Paulo, do imenso Edifício São Vito. Grande parte de seus moradores, que lá residiam por falta de condições de renda que lhes permitisse alternativa melhor, não voltarão após a reforma por falta de condições de arcar com seu custo ou com os novos aluguéis. O mesmo ocorreu com a grande reformulação urbana de uma região de Barcelona – a pretexto do Fórum Mundial de Culturas – que abrigava em seus prédios deteriorados milhares de pessoas de baixa renda. Os excluídos continuarão excluídos em outras partes da metrópole, provavelmente em lugares piores, mais distantes e menos visíveis. O resultado final é a valorização da terra urbana e um impacto estético. Com a justificativa de novos empregos, aumento da renda e melhor convívio urbano, mais uma vez privatiza-se o público, mas não se publiciza o privado: eleva-se a renda da terra e a parcela dos novos proprietários no excedente social; e não se melhora a condição dos excluídos, pois se afasta o conflito, justamente ele que pode redistribuir o lucro gerado.

O desafio contemporâneo é, pois, tentar constituir uma nova identidade coletiva da sociedade civil num contexto em que as utopias se foram e a idéia de *formar* parte de um *todo* se desacreditou junto com as noções de missão, crença e nação; o que acentua a necessidade inerente ao ser humano de dar sentido à vida e à sua transitoriedade e, em parte, explica a nova força dos fundamentalismos. O caminho democrático, cada vez mais imperioso, passa a ser a busca do equilíbrio entre a afirmação das liberdades individuais e o direito de identificar-se – seja com uma coletividade social, nacional ou religiosa particular – sem com isso degenerar em comunitarismo agressivo e sectário. Indivíduos e segmentos crescentes da sociedade civil parecem tentar resistir a essa banalização da política. Isso pressupõe investigar a nova relação de forças do metajogo global e descobrir um papel que possa ser eficaz nesse jogo.

A necessidade de legitimação e o poder da sociedade civil

A força do capital – e sua perspectiva – se impõe de modo absoluto e autônomo, tomando o espaço estratégico principal do poder global. Nessa ótica, o que é bom para o capital acaba determinando o que deve ser bom para todos. A maximização do poder do capital se configuraria numa espécie de *socialismo neoliberal* em que os Estados nacionais tornar-se-iam desnecessários. A modificação das regras passa a ser um privilégio do capital – todos os outros devendo concordar com elas – já que todos se beneficiarão. Nesse complexo jogo assimétrico de forças, como seria possível criar um contrapoder ao capital globalizado?

No jogo antigo do capital e do trabalho, as relações de poder e contrapoder eram pensadas em termos dialéticos de "patrão e empregado". Beck (2003a, p.33) lembra que o contrapoder era eventualmente privar o capital da força do trabalho, expresso pela greve organizada. Mas o pressuposto para fazer uma greve é *ter um trabalho* e, de preferência, um contrato de trabalho, o que significa ser membro de uma organização.

Essa dialética "patrão × empregado" tem sido cada vez mais minada pela nova mobilidade mundial do capital. Quando uma grande corporação alemã faz seus operários trabalharem mais tempo pagando menos, a lógica do capital, a mídia econômica e até alguns sindicatos aplaudem dizendo ser o único caminho para a recuperação competitiva da Europa. E, com isso, a Alemanha – um rico Estado-providência – se ajustará para ficar mais próxima da realidade de trabalho da Hungria e da República Tcheca.

Diante desse complexo jogo de forças, o contrapoder da sociedade civil teria uma munição potencial central, a saber, o *consumidor politizado*; em tese, ele poderia se recusar a comprar. Claro que esse poder depende de inúmeras condições, tais como: haver produtos alternativos; existir informação e convicção suficientes; aceitar comprar outras marcas, eventualmente mais caras. A depender desses e de outros condicionantes há, teoricamente, condição de penalizar determinado produto ou grupo. Os consumidores livres de suas amarras, e organizados em escala transnacional, poderiam ser uma arma perigosa contra corporações que fossem consideradas "danosas" (ao meio ambiente, aos países pobres, ao mercado de trabalho). Para isso, seriam necessários sólidos objetivos que pudessem aglutinar pressões e campanhas a serem desencadeadas. O recente filme sobre os prejuízos à saúde eventualmente ocasionados pela rede McDonald's é um pequeno exemplo desse amplo espaço a trilhar. Mas há limites e dificuldades claras a esse exercício de poder. Quais os alvos da luta: o sistema, algumas corporações? Quais resultados visaria? Como organizar e validar demandas globais ou locais? Como obter recursos amplos para campanhas que exigem escala e mídia global?

As estratégias do capital operam numa zona cinzenta, entre o legal e o metalegal, que faz ressaltar assimetrias crescentes entre dominação e necessidade de legitimação. A instauração e a consolidação da dominação no espaço transnacional – o que vale tanto para os agentes econômicos quanto para os Estados hegemônicos – caminham paralelamente com um crescente déficit de legitimação. A desnacionalização e a transnacionalização da economia e do Estado provocam e acentuam o questionamento e o desconforto social da dominação, criando o grande dilema da era global: a legitimação democrática depende dos Estados nacionais e dos parlamentos, que estão, por sua vez, em claro declínio de poder real; o novo metajogo de poder da política mundial impõe, pois, uma redefinição de dominação e de política no espaço transnacional. À medida que os atores fundamentais da sociedade global saírem dos espaços nacionais da legitimação democrática, surgirão problemas crescentes envolvendo aprovação e rejeição. Mas a perda de vigor das democracias entra em conflito com as exigências de referendo democrático, dificultando ainda mais os processos de legitimação. Os agentes econômicos e as áreas sociais pressionam continuamente seus Estados e parlamentos em busca da defesa de seus interesses. Raramente há coincidência entre esses interesses, mas quando isso ocorre e o país tem condição de exercer seu poder global, as coisas caminham bem.

Qual a base de contrapoder dos movimentos de defesa da sociedade civil diante de um capital eventualmente arrogante, com objetivos excludentes, desconectado dos interesses sociais, que diz legitimar-se a si mesmo? A tese de Beck (2003a, p.34) é que essa base poderia ser a do consumidor global politizado, organizado em ONGs civis e globais, com estruturas eficazes e com armas próprias dos grandes grupos, com a fria lógica dos mercados: dizer não a determinados produtos, uma espécie de greve global do consumidor politizado. Caminho possível ou quimera? Para verificar o quão distantes estamos dessas possibilidades, basta ver os medíocres resultados de campanhas do tipo "um dia sem TV" ou "um dia com seu carro na garagem". Por outro lado, campanhas cívicas amplas e bem-feitas – em momentos de emergência – mostram alguns bons resultados; foi o caso recente da redução do consumo doméstico de eletricidade na crise energética de 2002.

Um dos recursos essenciais de contrapoder são as redes transnacionais de atores sociais. Elas podem viabilizar as estratégias de opinião pública que permitem jogar Estados e grandes grupos uns contra os outros, articulando coalizões, provocações e confrontações. Seu poder é o de legitimação ou deslegitimação. Beck aponta como exemplo a Conferência do Rio (1992), definindo um princípio universalmente recomendado: o chamado "princípio da precaução", que diz: "Em caso de *risco* de dano grave ou irreversível, a ausência de certeza científica absoluta não deve servir de pretexto para deixar para depois a adoção de medidas efetivas visando prevenir a degradação do meio ambiente" (ibidem, p.440). O argumento do risco – entendido aqui como probabilidade razoável – dá ensejo a grupos defensores do meio ambiente de exigir laudos científicos e medidas protetoras de alto impacto nas corporações referentes aos efeitos de ondas eletromagnéticas emitidas por telefones celulares e outros equipamentos, alertas e defesas contra alimentos transgênicos, exames médicos invasivos etc. A esse respeito, vale lembrar pesquisa recente do Institut Karolinska[2] concluindo que o risco do desenvolvimento de tumores benignos causadores de surdez progressiva e problemas de equilíbrio dobrou após o uso, por mais de dez anos, de telefones celulares da primeira geração (NMT). Também deve se assinalar a crescente preocupação das autoridades francesas com os ali-

---

2 Ver *Le Figaro*, 15.10.2004.

mentos processados por grandes corporações globais que, por seu conteúdo excessivo de gorduras e açúcar, são apontados como responsáveis pelo expressivo crescimento do percentual de crianças e adultos obesos. Apesar da alegação dessas corporações de que estão pesquisando intensamente soluções alternativas, um especialista da Associação Internacional de Estudos de Obesidade declarou: "Há muito discurso e pouca ação".[3] A fragilidade maior para a legitimação é a confiança. As margens de lucro das grandes empresas, no longo prazo, não repousam unicamente na globalização da produção, mas principalmente na estabilidade e no crescimento do consumo. Dado que os mercados dos países ricos estão já saturados por uma imensa quantidade de produtos – que vão de calças jeans a telefones celulares – a expansão dos mercados dos países periféricos é essencial para a manutenção de taxas adequadas de retorno do capital. Isso faz desses mercados uma oportunidade estratégica para as grandes corporações, desde que eles cresçam, e uma fonte de poder para a sociedade civil desses Estados na luta para conter o lado nocivo do capital. Esse é o calcanhar-de-aquiles do capital. Mas esse poder só se viabiliza se for coordenado a uma ação transnacional que evite que esses Estados se digladiem entre si, competindo por quem ofereça mais ao capital. O poder de legitimação exige, assim, uma concepção de responsabilidade cosmopolita que transcenda fronteiras, capacitando-se a forjar coalizões e confrontações em escala global, única forma adequada de lidar com atores também globais (corporações, marketing etc.).

Esse poder dos movimentos sociais depende de sua capacidade de ser reconhecido como exibindo a "verdade" e de transformar essa competência em fator político, dramatizando-

---

3 Ver *Le Monde*, 18.10.2004.

a para atingir objetivos também políticos. O poder dessas organizações surge da maneira calculada com a qual dirigentes de empresas silenciam sobre fatos graves e manipulam a opinião pública pelo marketing. Propaganda é um recurso clássico, nos negócios ou na política, para iludir e manipular. Em última análise, a propaganda existe – para além do ponto de vista das agências, que insistem em apenas querer divulgar "virtudes" de seus produtos – para fazer o consumidor comprar aquilo que não pretendia, criando uma nova necessidade a partir de identificações projetivas e mensagens subliminares. A arte da propaganda cultiva a dominação translegal. Os poderes econômico e político mentem, dissimulam os fatos, divulgam o que interessa e ocultam o que convém. O patrimônio de legitimação das organizações sociais depende da credibilidade de oferecer informações confiáveis que vão se confirmando em longo prazo. A crescente e cada vez mais inquestionável degradação ambiental causada em grande parte pelo estilo de desenvolvimento e pelos agentes econômicos é o grande patrimônio de legitimidade de movimentos como o Greenpeace, por exemplo.

Beck lembra que "as estratégias de dramatização do risco se baseiam no déficit de credibilidade que a coletividade constata nos Estados e grandes grupos, inclusive sua política de informação" (2003a, p.443). A característica incontrolável do risco global define um déficit de legitimação crônica que pode ameaçar em longo prazo a realização dos lucros das corporações e gera incertezas incalculáveis. Um caso clássico foi o de empresas fabricantes de leite em pó promovendo o desaleitamento materno rápido de mães africanas mediante a distribuição de seu produto em programas de incentivo ao seu consumo. Mais recentemente, temos os alimentos geneticamente modificados. O sucesso da genética aplicada leva corporações e Estados a decisões muito graves em zonas de grande risco, fundadas em

Atores e poderes na nova ordem global

bases muito precárias. As empresas, interessadas no lucro, avançam no escuro, mas as companhias de seguros, preocupadas com seus prejuízos de longo prazo, mantêm pesadas restrições nas coberturas das apólices, quando raramente as aceitam, evidenciando a lógica sólida do capital e a desproteção da sociedade. Se algum governo se dispõe a confrontar os gigantes agroalimentares nos transgênicos, sofre pressões insuportáveis, é acusado de retrógrado e contrário ao progresso e ao "barateamento dos preços" dos produtos agrícolas.

Ao se tratar do poder da sociedade civil, não se pode deixar de dar uma palavra sobre o papel a que os sindicatos estão reduzidos, após terem se constituído em contrapoder fundamental ao capital durante a maior parte do século XX, especialmente quando da consolidação do capitalismo. A intensa automação – gerando desemprego crescente – e a flexibilização do mercado de trabalho, resultante da forte tendência à terceirização, levaram as redes sindicais a uma posição defensiva da qual não mais puderam sair. A perda progressiva de postos de trabalho e renda – que a linguagem neoliberal gosta de chamar de "elevação da produtividade da mão-de-obra" – em setores amplos e paradigmáticos, tais como o automotivo e o bancário, encurralou os movimentos sindicais. Se um contingente crescente de trabalhadores desempregados está disposto a trabalhar com menor remuneração – mesmo de maneira não-formal –, substituindo o atual trabalhador formal, como estruturar uma estratégia sólida para o sindicalismo na era global? Os líderes sindicais contemporâneos devem lutar por salários ou por empregos? E, finalmente, como sindicalizar trabalhadores informais se esses, por definição, aceitam trabalhar sem vínculos?

São questões sem solução e que limitam profundamente o papel que o movimento sindical poderia ter como contrapoder.

Além do mais, em países com governos de esquerda de origem trabalhista, a ascensão de grande contingente de antigos líderes sindicais a posições da burocracia pública – limitados que estarão pelas restrições neoliberais que condicionam as políticas monetárias e econômicas em tempos atuais – também não favorece o fortalecimento dos movimentos sindicais. Portanto, parece ser necessário reinventar – se é que será possível – novas bandeiras e novas lógicas para testar a possibilidade de reabilitar esse instrumento que teve um papel histórico tão importante na lógica capitalista e na estruturação do *welfare state* dos anos do pós-guerra.

O consumidor consciente

O ato de consumo como arma de poder dependerá sempre do grau de consciência que o consumidor, exposto diariamente às mídias e ao estímulo consumista, pode adquirir de sua importância como "agente público" em defesa de valores sociais e universais. Será razoável pedir ao cidadão brasileiro de baixa renda que chega em casa exausto depois de um dia de trabalho – ou, o que é pior, batalhou o dia todo por um trabalho que não achou – que se transforme com imensa lucidez num transformador do mundo evitando comprar o produto A ou B em vez de aceitar que ele se acomode num canto de sofá para ver uma "novela das oito" que lhe vende subliminarmente, via merchandising, mais de uma dúzia de produtos, enquanto ele se distrai das dores do dia?

Para pensar sobre essa possibilidade – e quão distantes estamos desses conceitos – o Instituto Akatu[4] realizou uma pesquisa, em 2004, na qual procurou mapear vestígios de "con-

---

4 Ver *Folha de S.Paulo*, 23.5.2004.

sumo consciente" de brasileiros. As conclusões preliminares são que apenas 6% da população brasileira é um consumidor consciente; por outro lado, só 3% dela é completamente indiferente. Os iniciantes na preocupação são 54%, e 37% têm algum compromisso e praticam algumas ações como fechar a torneira, ler rótulos, desligar lâmpadas e aparelhos, usar materiais reciclados e produtos orgânicos, aproveitar papel, acionar órgãos de defesa do consumidor, reciclar lixo e pedir nota fiscal. O que mais parece influir nesses números é o nível de escolaridade e renda.

A pesquisa classificou a amostra em três grupos de comportamento: "de eficiência", "de reflexão" e "de solidariedade". Os primeiros são os que evitam deixar lâmpadas acesas, rascunham no verso dos papéis usados etc.; os segundos planejam suas compras, lêem atentamente os rótulos, pedem nota fiscal e utilizam o Procon; finalmente os últimos separam lixo para reciclagem, compram produtos orgânicos, deixaram de comprar produtos por punição e compraram outros produtos por critério social ou de meio ambiente. As conclusões não são desestimulantes, mas mostram o quão distante ainda se está de poder articular ações coletivas que transformem o consumidor em um poder efetivo para induzir comportamentos que ele considera corretos nas grandes corporações. Assim, 95% deles declaram preocupar-se com o meio ambiente, no entanto só 17% declaram já ter decidido uma compra usando esse critério. Por outro lado, 94% acham os movimentos sociais muito importantes e 91% julgam que as empresas devem ir além do exigido pela lei em sua ação social; no entanto, só 14% declaram ter feito uma compra adotando um critério "social". E finalmente, embora 40% afirmem separar o lixo para reciclagem e 34% afirmem ter comprado produtos orgânicos nos últimos seis meses, somente 17% deles alegam ter deixado de comprar para punir um produto ou uma empresa. Aliás, 43% deles não acreditam nas previsões negativas sobre meio ambiente; e 49% sentem-se apenas "um pouco" responsáveis pelo meio ambiente.

Embora tenha crescido de 35% para 44% o número de consumidores que julga terem as empresas obrigações com padrões éticos e responsabilidade social, e 85% deles achem que "as empresas exploram os consumidores", 82% deles afirmam "sempre decidir suas compras pelo preço mais baixo". O fator preço, aliás, parece continuar a ser o fator decisivo da compra, apesar do desejo de ser "politicamente correto"; o que ressalta na inconsistência das respostas dadas por esses consumidores sobre em que casos "pagaria mais" por um produto ou serviço; curiosamente, sempre mais que 75% desses consumidores dizem que pagariam mais para os produtos das empresas que "favoreçam o meio ambiente", "reciclem resíduos" ou "destinem recursos a obras sociais". Para fortalecer a hipótese da inconsistência entre intenção teórica e prática social, basta notar que para empresas que "desrespeitem o código do consumidor", "colaborem com políticos corruptos", "vendam produtos nocivos", "causem danos a seus trabalhadores" ou "usem mão-de-obra infantil", o índice de desconforto desse consumidor (que o levaria a comprar menos deles ou não recomendar seus produtos ou serviços) oscila apenas entre 24% e 32%. Já para aqueles que "sonegam impostos", "prejudicam o meio ambiente" ou "exploram o corpo de mulheres na propaganda" esse índice de rejeição cai ainda mais, oscilando em torno de 15% a 18%.

A pesquisa conclui seu trabalho com as seguintes afirmações:

- Há uma profunda descrença nos valores que regem o comportamento coletivo, seja porque as instituições não são confiáveis, seja porque percebem as outras pessoas – e às vezes até a si mesmas – como apenas mobilizadas pela satisfação imediata de suas próprias necessidades e desejos.

Atores e poderes na nova ordem global

- O poder de resolução dos problemas do coletivo fica sempre projetado no outro (governo, instituições, mídia), que são os únicos considerados suficientemente fortes para mobilizar os indivíduos – via tributos, leis, modismos e denúncias – para as ações que revertam para o coletivo.

- Nesse quadro, o indivíduo se coloca como impotente e, assumindo uma posição de vítima, isenta-se de encarar a responsabilidade pela sua participação ativa nesse coletivo.

- O papel ativo traz a culpa dos problemas do mundo para mais perto do indivíduo, o que lhe desperta um desconforto – do qual ele quer fugir.

- Mas ao mesmo tempo percebe-se uma inquietação (que também é culpa), que pressiona pela busca de uma saída para os problemas do coletivo.

- Há uma nostalgia do "nós" e o desejo do resgate da confiança no outro, que traz a esperança da possibilidade da mobilização.

Como pudemos perceber, é claro que existem indícios de um potencial de desenvolvimento na condição de transformar o consumidor em um ator social do contrapoder. Mas o caminho é muito longo e cheio de percalços. Uma das grandes dificuldades de manusear a arma do "não comprar" é organizar de maneira durável uma ação coletiva de grandes proporções com indivíduos dispersos pelo mundo, atingidos pelas mídias globais com recursos de propaganda gigantescos e preocupados basicamente em sobreviver. Isso pressupõe sistemas de informação, trabalho de opinião pública e recursos financeiros em grande escala. Seria interessante, também, cogitar a possibilidade de o Estado poder – a partir de certos critérios legitimados democraticamente – recomendar o "não compre". As ONGs estão, em tese, em condições de disputar com as corporações as novas fontes de legitimação. Mas quem as financiaria na escala adequada? Além do mais, esses movimentos de contestação e resistência apresentam dois problemas: não existe um inimigo claramente designado, com múltiplas línguas aparecendo no conflito: ecologia, direitos do homem, feminismo, religião, nacionalismo, sindicalismo, xenofobia. Beck (2003a, p.36) se pergunta se essa pluralidade intrínseca ao contrapoder dos movimentos de defesa é um inconveniente ou uma vantagem estratégica. Há que combinar informação com legitimação. Os movimentos transnacionais bem-sucedidos só possuem informações e legitimidade, mas não têm meios econômicos, políticos e militares. Eles apenas instrumentalizam contradições, autoproclamam-se advogados de causas legítimas e devem continuamente dar provas à opinião pública de que merecem essa condição.

Claro está que outra categoria de consciência está em formação. É o cidadão que contribui com recursos ou trabalho voluntário para uma causa global, normalmente financiando ONGs com objetivos variados. A eles podemos chamar de "cidadãos conscientes".

As redes virtuais e as novas armas do cidadão virtual

Em apenas uma década, a internet transformou a lógica mundial da comunicação e da produção. Pela primeira vez na história, quase 1 bilhão de pessoas – e suas instituições – se comunicam entre si como se fossem nós de uma mesma rede quase transparente: eram 16 milhões em 1995, passaram a 400 milhões em 2001, serão 1 bilhão em 2005 e talvez atinjam 2 bilhões em 2010. Esse suporte tecnológico sobre o qual se organizou a chamada *era da informação* veio ao encontro das

Atores e poderes na nova ordem global

exigências da economia, em busca de flexibilidade, e dos indivíduos, ansiosos por comunicação aberta. Trata-se de uma tecnologia maleável, alterável profundamente pela prática social. Organizada até aqui em torno de uma agência auto-reguladora privada (Internet Corporation for Assigned Names and Numbers – Icann), sediada nos Estados Unidos, ela incorporou em sua lógica inicial princípios de abertura, descentralização, formação de consenso e autonomia. No entanto, transformando-se rapidamente em instrumento vital para a produção, a segurança e a comunicação mundiais, a internet está hoje no fulcro dos interesses econômicos e psicossociais; isso a coloca cada vez mais exposta aos *lobbies* de provedores, grupos internacionais de mídias, grandes corporações e governos, cada vez mais atentos e incomodados com a pretensa autonomia desse veículo ainda fora de controle e que abre espaços inusitados a pessoas e idéias.

Há alguma possibilidade de uma ferramenta com essa importância estratégica e operacional vir a favorecer um grande processo de inclusão social dos segmentos da sociedade cada vez mais marginalizados pelo processo de globalização da produção? Ou será rapidamente transformada em mais uma força de apartheid, uma espécie de *fosso digital*, agora tendo como referência a qualidade de inserção dos indivíduos e dos países na rede? Essa questão central foi tema de análise e desavença profunda no recente Encontro Mundial sobre a Sociedade da Informação, em Genebra. O resultado não foi nada animador, colocando mais uma vez em lados opostos ricos e pobres, e gerando uma dissidência encabeçada por Brasil, China, Índia e África do Sul, pressionando para que o controle da internet saia das mãos de uma entidade privada norte-americana e passe para um grupo intergovernamental sediado na ONU.

199

Num importante trabalho, Manuel Castells (2003) lembra que, embora enraizada na tradição acadêmica da abertura com relação aos achados da pesquisa, um dos fatores principais da explosão no uso da internet é o fato de que as corporações globais viram nela a oportunidade de transformar radicalmente suas práticas de relacionamento com fornecedores e clientes, sua administração e sua lógica de produção. A produção em rede permitiu, por exemplo, à Zara espanhola do setor de confecções levar um novo produto às lojas do mundo todo em duas semanas, contra um ciclo de desenho-produção-distribuição de seis semanas na Benetton dos anos 1980, ou de mais de 24 semanas nos anos 1960. Escala, interatividade, flexibilidade e customização são as suas conquistas principais da produção em rede, além de ter ela permitido aproveitar os grandes bolsões de mão-de-obra barata depositados nos territórios dos grandes e médios países da periferia e incorporá-los à lógica da acumulação, mantendo-os insulados nos países pobres.

Concordamos com Castells quanto à idéia de que a internet encerra enorme potencial para a expressão dos direitos dos cidadãos e a comunicação de valores, mas contém graves riscos. A qualificação do trabalhador é cada vez mais importante numa economia que depende da capacidade de descobrir, processar e aplicar informações on-line. Só que o profissional talentoso é cada vez mais descartável. O que leva à questão crítica de que qualificação é condição cada vez mais necessária – mas cada vez menos suficiente – para a nova empregabilidade. No plano da liberdade individual, na medida em que mais e mais trabalhadores dependem da interconexão por computador, as grandes corporações decidiram que têm o direito de monitorar suas redes, a grande maioria delas já exercendo – de forma regular – alguma forma de vigilância. Ao mesmo tempo, quase todos os websites coletam dados pessoais de seus usuários e os processam de acordo com interesses comerciais ou particulares. Empresas de cartão de crédito e governos fazem o mesmo. Com essa tendência *orwelliana* de vigilância, não haverá nenhum canto em que possamos proteger nossa privacidade. Para controlar alguns criminosos e sonegadores, invade-se a intimidade de todos. Governos sentem-se em pleno direito de desconfiar de seus cidadãos. Mas os cidadãos não têm boas razões para desconfiar de seus governos?

A abrangência e a intensidade do uso da internet na maioria das áreas da atividade social, econômica e política leva à marginalidade os que têm acesso apenas limitado a ela. É o apartheid digital. À medida que as tecnologias de acesso se tornam mais complexas, desacelera-se sua adoção pelos grupos de menor nível educacional e de renda. Como a capacidade de processar informações com a internet tende a se tornar essencial, aqueles que têm limitações para aproveitar esse acesso ficam muito atrás dos outros. Educação, informação, ciência e tecnologia tornam-se essenciais para gerar valor na economia baseada na internet, mas exigem investimentos contínuos e muito elevados. O sistema global tende a ser cada vez mais independente de lugares e pessoas, desconectando rapidamente o que não mais agrega valor. É o caso da atual transferência de *maquiladoras* do México para a China. Esse fenômeno perverso favorece a que grandes massas de população progressivamente excluídas das novas oportunidades possam buscar caminhos para sua sobrevivência nas *zonas ilícitas.*

A crise de governabilidade, já instalada pela fragilidade dos Estados nacionais diante das novas lógicas globais, agrava-se com a incapacidade de sindicatos e Estados de lidar com a crescente informalidade favorecida pelas próprias tecnologias da informação. As redes globais vão se constituindo num elemento a mais na dissolução das antigas soberanias nacionais e do controle do Estado. A única maneira de evitar esse processo seria ficar fora das redes, o que se tornou um preço alto demais a pagar. Sem um sistema de gerenciamento e administração baseados em internet os países têm pouquíssimas chances. Assim, só resta gerar um processo de aprendizado e adaptação o mais rápido e eficientemente possível para evitar o aprofundamento do apartheid, enquanto procuram-se brechas. É o que a Índia conseguiu ao se transformar num dos principais produtores de software do mundo e utilizar os sistemas de redes a seu favor. Por outro lado, todos os cuidados serão poucos para buscar manter um mínimo de autonomia e liberdade e não permitir o aprofundamento da exclusão; ao mesmo tempo, será preciso estimular todas as oportunidades de transformar as redes em instrumentos eficazes para ações coletivas e mobilização da sociedade civil.

Na medida em que a internet é uma rede de redes, há poucos meios de limitar sua extensão e seu funcionamento, bem como controles e sanções quando os usos são contrários à lei. Michel Miaille (2004) lembra que, teoricamente, aquilo que o espaço público nascido no século XVIII não pode fazer, estando sempre limitado em sua extensão e sob o tacão do Poder Executivo, o espaço da comunicação em rede o realiza. Nenhum limite territorial pode lhe ser imposto e, portanto, de certa forma o cidadão se encaixa em uma dimensão global. O que Rousseau não pôde colocar em prática – reunir para um debate todos os cidadãos – a tecnologia atual permitiria realizar. Essa tecnologia, no entanto, elimina também o tempo; tudo agora se dá instantaneamente e pode ser imediatamente "discutido" ou votado. O espaço para a reflexão e o amadurecimento desaparece; os ritmos processuais são suprimidos. E a visão otimista e universalista do "todos em rede" precisa também ser fortemente nuançada. O acesso a essa rede e ao computador nos países ricos

Atores e poderes na nova ordem global

faz parte dos equipamentos domésticos corriqueiros, mas nas periferias as fronteiras sociais ainda são determinantes. O que nos remete à questão de como a democracia pode ser aprimorada com o cidadão virtual, para além da óbvia vantagem de socialização da ação das ONGs e dos movimentos formadores da contra-opinião.

A decisão coletiva mediante a consulta generalizada dos cidadãos parece, com efeito, realizar o sonho impossível de transformar imensos países em pequenas aldeias suíças com plebiscito em praça pública, agora em formato eletrônico. Reunir instantaneamente milhões de cidadãos sem movimentá-los, solicitar suas opiniões e, em seguida, fazê-los decidir plebiscitariamente seria a viabilização de uma democracia direta, rápida e eficaz, podendo dar a ilusão de o cidadão virtual voltar a ser o agente ativo e presente da democracia. Entretanto, enormes dificuldades aparecem. O primeiro grande problema conceitual resgatado por Miaille é o paradoxo de Condorcet, que tem mais de dois séculos: a soma das vontades individuais não produz necessariamente a melhor e mais racional solução para o grupo. Essa dificuldade só será ampliada com o voto eletrônico do cidadão virtual. A legitimidade da decisão democrática está em que não somente ela venha de todos em processo aberto mas, principalmente, que vise ao "bem comum".

O bem comum não está na simples adição dos pontos de vista individuais. É importante lembrar os longos períodos de debates e reflexões que ocorreram na Suíça entre os plebiscitos que deliberaram sobre o uso da energia nuclear na geração de eletricidade. No entanto, as novas tecnologias isolam e reforçam a dispersão da decisão que cada um poderá tomar na intimidade da sua "mesa de computador". O cerimonial da democracia exige o deslocamento para o espaço público, para o "fora de casa", ambiente ideal para construir uma decisão coletiva

Gilberto Dupas

que exige outras lógicas. Deslocar-se exige um esforço que dá legitimidade ao ato de votar, abrindo um espaço para a reflexão que socializa o ato. As manipulações midiáticas e as informações de último minuto difíceis de verificar estarão muito mais presentes e perturbando a tomada de decisão. O liberalismo absoluto de uma rede na qual tudo pode ser dito e exposto, segundo Miaille,

> fará a arena democrática parecer com um livre galinheiro onde rondam raposas livres. Sabe-se que, nessa hipótese, são os elos frágeis que se quebram, ou seja, os cidadãos menos advertidos ou os mais confiantes. Não se pode esquecer que a ausência de regulação de uma rede como a internet permite, em nome da liberdade de circulação de idéias, manipular de maneira forte a informação, desnaturando-a. (2004, p.23-4)

Essa advertência tem sido, aliás, feita com freqüência na Assembléia do Conselho da Europa.

O cidadão virtual não estará mais comprometido com a democracia porque está conectado a uma rede e, muito menos, porque pode votar instantaneamente por ela.

Cidadania é um estatuto social e cultural que solicita os cidadãos a se ocupar do coletivo. "É, portanto, uma maneira de ser e viver marcada pela idéia de igualdade e de dignidade tanto quanto de liberdade. Como esta arte de viver junto poderia entrar no mundo da virtualidade, sem perder o que lhe empresta força: o encontro, a relação de solidariedade e de amizade?" (ibidem, p.26)

Outra questão muito relevante é a cada vez mais delicada tarefa de aferição da fronteira entre as esferas pública e privada, indispensável para localizar o cidadão e constituir a cidadania. Na sociedade virtual essa fronteira se desloca e embaralha, tornando-se permeável e problemática. Para que o cidadão apa-

204

reça, é preciso romper com as amarras que o ligam ao espaço privado, o que parece pouco provável conseguir por meio de uma intermediação eletrônica pela qual ele opera correio eletrônico, compra alimento, solicita lavagem de roupa e *vota*! A confusão que se estabelece não parece favorável à democracia e ao cidadão, agora virtual e ainda mais isolado em sua solidão de um entre milhões de outros virtuais. O elo social e cultural que o liga à sua comunidade ainda está presente, mas o elo político exige uma troca real entre homens que se reconhecem livres e iguais. A cidadania virtual não pode se reduzir a uma fatalidade imposta pela técnica, tem de ser um projeto político e social.

A internet também provoca alterações sobre a referência jurídica dos Estados nacionais. A questão da sua regulamentação suscita, por sua vez, outro dilema: proteger o direito e a liberdade de escolha do cidadão pode, contudo, minimizar o instrumento eletrônico como espaço de liberdade e de criação de consciência coletiva. Michel Bibent lembra[5] que ela possibilita a agentes privados de qualquer parte do mundo desencadear ações que interferem na liberdade de escolha do cidadão: venda on-line de produtos, propaganda via e-mail ou janelas compulsórias com oferecimento de novos produtos durante o acesso à internet. Após os atentados de Onze de Setembro, os serviços de inteligência, sobretudo os norte-americanos, têm realizado rastreamento e varreduras em todo tipo de comunicação on-line, rompendo com o direito de privacidade do cidadão (sigilo postal e telefônico) conquistado durante o último século. Para Bibent, a internet pode estar se tornando um meio de dominação das ações cotidianas do indivíduo diante da fragili-

---

5 Em "Internet: sociedade civil, pirataria e direitos autrais", palestra proferida na Faculdade de Direito da Universidade de São Paulo, 12 de maio de 2004.

zação da capacidade de ação do Estado nacional na proteção do seu cidadão e da ausência de regulamentação nessa matéria.

Como a internet se tornou indispensável, transforma-se em instrumento tirânico de poder nas mãos do setor econômico, tendendo a limitar as possibilidades de escolha do cidadão – que fica submetido a uma mídia eletrônica e a quem pode financiá-la –, neutralizando a liberdade de escolha e de privacidade no desenvolvimento da vida cotidiana. Ele acha indispensável uma regulamentação democrática transglobal da internet como condição para a garantia da liberdade do cidadão. No caso dos países da União Européia, esse processo vem ocorrendo paulatinamente, pois vêm sendo construídas diretrizes sobre controle de comércio eletrônico, relações sociais, crimes em geral e de direito autoral pela internet. Diferente do que ocorre nos Estados Unidos, onde o cidadão não tem nenhuma proteção jurídica contra abusos advindos de atividades on-line, a União Européia avança na consolidação de um direito comunitário com marcos regulatórios claros e jurisprudência para a proteção da sua liberdade perante o abuso de atores privados que utilizam a internet.

Finalmente, para além da internet, as novas tecnologias da informação têm como peculiaridade serem processos instrumentais em constante desenvolvimento, nos quais o inventor não detém o monopólio da criação, podendo os usuários assumir seu controle. Além do mais, a mesma tecnologia da informação utilizada no processo produtivo e na esfera financeira para acelerar os processos de acumulação de capital é matéria-prima para o conhecimento humano, fundamental tanto no desenvolvimento de novos bens e serviços, quanto em atividades cotidianas de indivíduos e grupos sociais. Essa característica tem permitido a quebra do monopólio do conhecimento e o desenvolvimento de novos produtos e, como conseqüência central, possibilita que eles sejam utilizados para outros fins que não aqueles para os quais foram inicialmente elaborados. Indivíduos e instituições – e até nações – passam a dominar recursos fundamentais para a execução dos seus interesses, como foi o caso da quebra de patentes de medicamentos para a Aids.

A prática da intolerância
e o terrorismo como contrapoder

Juntamente com o crescimento da ansiedade, fruto da degradação crescente no mundo do trabalho – aumento do desemprego e da informalidade, em conjunto com a queda da renda média –, o medo e a intolerância têm aumentado substancialmente neste início de século. O *outro* – personificado pelo *diferente*, pelo *estrangeiro* ou pelo muçulmano – passa a ser potencialmente um inimigo que pode fazer mal, seja o vizinho estranho que pode ser um terrorista, seja o imigrante que fazia um trabalho que você não queria, mas que, agora, pode ser a sua alternativa de trabalho.

Parece fundamental aprofundarmos as raízes da intolerância. Habermas (2003) lembra que a tolerância é muito mais que a disposição de tratar diferentes de forma paciente; é a virtude política central de uma cultura liberal. Mas tolerância não deve ser confundida com disposição para a cooperação e o compromisso, pois, em caso de conflito, a pretensão à verdade de cada um não é negociável. A recusa a aceitar crenças diferentes é que torna necessária a tolerância; se apreciamos ou somos indiferentes às concepções do outro, não necessitamos de tolerância. A tolerância, pois, pressupõe a não-aceitação de uma diferença cognitiva entre convicções e atitudes que perdura de maneira racional. Se alguém rejeita negros ou muçulmanos,

Gilberto Dupas

não vamos exigir dele tolerância, e sim que supere seu racismo ou preconceito religioso, pois se trata de uma questão de igualdade de direitos e não de tolerância. O pressuposto é a aceitação de que todos são *iguais* ou de "mesmo valor" na coletividade política. Essa é a norma universal que precisa ser aceita antes que possamos exigir tolerância recíproca.

A prática da intolerância pode ser procurada na longa história dos conflitos religiosos, desde o cisma da Igreja até a luta pelo pluralismo religioso como parte da diversidade da vida cultural na mesma comunidade política. Charles Boxer (2002), analisando o período imperialista português, lembra que durante o século XV o cristão ibérico médio raramente se referia às crenças muçulmana e judaica sem acrescentar alguma injúria. As bulas papais, promulgadas na época do infante dom Henrique, autorizavam o rei de Portugal a atacar, conquistar e submeter sarracenos, pagãos e outros infiéis considerados inimigos de Cristo, capturar seus bens e territórios, reduzi-los à escravidão perpétua e transferir seus bens e propriedades ao rei de Portugal e seus sucessores. Concediam também à Ordem de Cristo, da qual dom Henrique era administrador, jurisdição espiritual sobre todas as regiões conquistadas pelos portugueses no presente ou no futuro.

Começando pela destruição em massa de templos hindus em Goa, em 1540, as autoridades portuguesas promulgaram várias leis repressivas para impedir a prática de hinduísmo, budismo e islamismo; o nome de Maomé não podia ser invocado e todos os sacerdotes e homens santos não-cristãos deveriam ser expulsos e seus livros sagrados destruídos. Governos absolutistas podem determinar por ato de lei autoritário a tolerância religiosa. Habermas (2003) argumenta que a tolerância com minorias religiosas foi justificada inicialmente em função de ponderações mercantilistas ou de manutenção da ordem.

Baruch Espinosa havia defendido a liberdade religiosa pelo princípio da liberdade de consciência; John Locke, por razões ligadas aos direitos humanos; apenas Pierre Bayle (1647-1706) criou uma argumentação universalista. Os exemplos criativos de Bayle baseiam-se na premissa de transferir os próprios critérios aos antagonistas e adotar a perspectiva do outro: se não aceitamos a idéia de que missionários japoneses possam nos mandar enforcar porque não aceitamos suas crenças, não é lícito mandarmos enforcar aqueles que não aceitam que lhes impomos nossas crenças. Esse paradoxo só encontra solução no Estado constitucional democrático. O cisma da fé e a disputa religiosa privaram o Estado do fundamento legitimador da religião oficial. De maneira efetivamente tolerante, a tolerância religiosa só pode ser garantida quando o direito à liberdade religiosa se dever a um ato de legislação.

Toda religião é originariamente uma imagem do mundo – uma *comprehensive doctrine*, segundo John Rawls (cf. Habermas, 2003) – reivindicando autoridade para estruturar a vida em seu todo. Essa pretensão é que precisa ser renunciada quando o crente se resigna a ter uma *religião entre outras*. Isso implica a renúncia à violência e a aceitação da opção voluntária. As doutrinas missionárias, entre as quais o cristianismo e o islamismo, mantêm com os heterodoxos, por princípio, uma relação de intolerância. O amor ao indivíduo inclui a obrigação de salvar sua alma. Em Tomás de Aquino (cf. ibidem), por exemplo, a salvação eterna – que exige a conversão à fé correta e à proteção contra a heresia – não exclui o emprego da violência e goza de prioridade sobre todos os outros bens.

A tolerância recíproca com a fé alheia no plano social requer uma diferenciação de papéis entre o membro da comunidade e o cidadão, num conflito administrado de lealdades. Para Habermas, isso exige uma moral da sociedade estruturada constitucionalmente e diferenciada cognitivamente do *ethos* da comunidade. Esses conflitos ainda são muito atuais nos grandes países do Ocidente; é o caso do *julgamento do crucifixo* ocorrido na Alemanha em 1995 – o dever de colocar o crucifixo nas salas de aula de escolas públicas – ou as intolerâncias dos fundamentalismos protestantes nos Estados Unidos. Se os sinos das igrejas católicas soam nos vilarejos pela Europa, por que não aceitar o direito ao muezim e a chamada dos minaretes das mesquitas para a reza cinco vezes ao dia? E o véu islâmico não pode ser entendido como elemento identificador tão legítimo quanto a cruz no colar?

As convicções éticas religiosas têm de ser distinguidas do espaço dos princípios jurídicos e morais que definem a convivência na sociedade secular. O nexo entre tolerância e democracia tem dois componentes: o *político*, que as ajusta ao pluralismo; e o *religioso*, que as liga às leis da sociedade secular. Com a despolitização das religiões e sua inclusão nas minorias da comunidade política, o alargamento da tolerância no interior da democracia faz do pluralismo religioso um fecundo fermento do despertar da sensibilidade para a reivindicação de outros grupos discriminados. O que provoca o fértil debate democrático sobre o multiculturalismo incluindo, por exemplo, a questão das datas de feriados nacionais e das línguas oficiais.

É preciso analisar com muito cuidado a radicalização da intolerância em todo o mundo a partir dos atentados terroristas aos Estados Unidos, da reação norte-americana e da decorrente deterioração da situação no Oriente Médio, coroada pela brutal guerra contra o Iraque. Trata-se de um elemento novo na análise da pós-modernidade, eventualmente destinado a estabelecer uma descontinuidade no comportamento dos ciclos históricos recentes. O terrorismo praticado em escala global acabou se constituindo em nova e importante força no metajogo de poder, e precisa ser investigado a fundo. Recorrendo mais uma vez a Habermas (apud Borradori, 2004), toda doutrina religiosa se baseia em um cerne dogmático de crença. A modernidade traz à cena tal pluralidade de nações e tamanho crescimento em complexidade social e política que a exclusividade de reivindicações torna-se simplesmente insustentável. Para ele, a globalização dividiu a sociedade mundial em vencedores, beneficiários e perdedores.

Nessa nova visão de mundo altamente polarizada várias tendências espirituais buscam resistir à secularização da influência ocidental, e o terrorismo pode ser entendido como efeito do trauma da modernização e do consumismo que se espalhou pelo mundo em uma velocidade patológica. Nesse contexto, portanto, o terrorismo global aparece como elemento traumático intrínseco à experiência moderna, cujo foco está sempre no futuro, na promessa, na esperança. Para Habermas (cf. Borradori, 2004, p.46), a razão, entendida como uma possibilidade de comunicação transparente e não manipuladora, poderia ajudar a curar os males da modernização, entre eles o fundamentalismo e o terrorismo. Em seu diálogo com Giovanna Borradori, ele afirma: "Do ponto de vista moral, não há desculpa para os atos terroristas. Todo assassinato é em demasia" (p.29). No entanto, ele lembra que o Ocidente vive em sociedades pacíficas e prósperas que comportam uma grande violência *estrutural* à qual estamos razoavelmente acostumados: a desigualdade social, a miséria no abandono, a discriminação degradante e a marginalização. Nossas relações sociais são permeadas de violência e manipulação. O que é a propaganda, senão manipulação?

Além do mais, será que o padrão do que chamamos diálogo é adequado à troca intercultural, ou feito exclusivamente nos termos de quem o propõe? A tolerância paternalista que sempre praticamos é a de um monarca soberano ou de uma cultura majoritária que aceita ou suporta práticas divergentes de minorias. Surge, assim, a impressão de que a tolerância contém um cerne de intolerância. É o caso do paradoxo da "democracia militante", que pratica nenhuma liberdade para os inimigos da liberdade. Habermas (ibidem) lembra que, "no interior de uma comunidade democrática, cujos cidadãos concedem reciprocamente direitos iguais uns aos outros, não sobra espaço para que uma autoridade determine *unilateralmente* as fronteiras do que deve ser tolerado". Acabamos tolerando as crenças de outras pessoas sem aceitar a sua verdade e saber apreciar o seu valor intrínseco.

Para Jacques Derrida (cf. Borradori, 2004, p.157-8), por sua vez, o Onze de Setembro era previsível, certamente não pelas razões apontadas pela CIA. O World Trade Center já havia sido objeto de um ataque anterior, em 1993. Há algum tempo filmes e videogames vinham antecipando a destruição das duas imensas torres do baixo-Manhattan. Eles visualizavam literalmente os ataques, e lidavam com os sentimentos de amor e ódio, admiração e inveja, que aqueles dois objetos inequivocamente fálicos – ou, na tradição lacaniana, os dois grandes seios a serem destruídos – despertavam no imaginário das sociedades. Na leitura de Derrida, o Onze de Setembro é o sintoma de uma crise auto-imune ocorrida dentro do sistema, que poderia tê-la previsto. Ele enfatiza a matriz marcadamente cristã da noção de tolerância, antes de tudo uma espécie de caridade; ou, como lembra Borradori, um "remanescente de um gesto paternalista em que o outro não é aceito como um parceiro igual, mas subordinado, talvez assimilado e certamente mal interpretado em sua diferença". Para Derrida, essa implicação religiosa na concepção cristã de caridade liquida qualquer pretensão de universalismo.

A tolerância se transforma em uma linha tênue entre integração e rejeição, uma espécie de oposto da hospitalidade, capaz de estar aberta previamente para alguém que não é esperado nem convidado, um *visitante* absolutamente estranho. Derrida prega, para vir ao encontro dos desafios globais, a responsabilidade ética da *desconstrução* de ideais falsamente neutros e potencialmente hegemônicos, exigindo não restrições, mas renovação infinita da demanda por justiça e liberdade universais. Uma democracia funcional participante não pode ser praticada como a razão dos mais fortes e sim como uma área de concessão recíproca de direitos iguais, sem que nenhuma autoridade possa determinar *unilateralmente* as fronteiras do que deve ser tolerado. A globalização nada mais é do que um artifício retórico destinado a dissimular a injustiça.

Fundamentalistas islâmicos, cristãos ou hindus têm reações violentas contra a maneira contemporânea de entender e praticar a religião. Nessa perspectiva, o fundamentalismo é uma reação de pânico à modernidade, percebida mais como ameaça do que como oportunidade. Para Derrida, durante a guerra fria as democracias liberais do Ocidente armaram e treinaram seus futuros inimigos, de uma maneira quase suicida. Agora nos defrontamos com a realidade de um conflito assimétrico. A ordem mundial que se sentiu alvo das novas violências terroristas é dominada, sobretudo, pelo idioma anglo-americano, indissociavelmente ligado ao discurso político hegemônico que domina o cenário mundial, a lei internacional, as instituições diplomáticas, a mídia e as maiores potências tecnocientíficas, capitalistas e militares. Ele vê o Onze de Setembro como um efeito distante da própria guerra fria, desde a época em que os Estados Unidos proporcionavam treinamento e armas para o Afeganistão e aos inimigos da União Soviética, agora inimigos dos Estados Unidos.

Após o fim do comunismo, a precária ordem mundial depende amplamente da solidez e da confiabilidade do poder americano, até mesmo no plano da lógica do discurso que apóia a retórica jurídica e diplomática no mundo inteiro; até mesmo quando os Estados Unidos violam a lei internacional, o fazem sem deixar de defendê-la. Daí por que, ao tentar desestabilizar essa superpotência que desempenha o papel de guardiã da ordem mundial reinante, o terror desestabiliza o mundo inteiro e os próprios conceitos e avaliações que deveriam nos levar a *compreender* e explicar o Onze de Setembro. Assim, quando se ferem dois símbolos até então intocados do sistema vigente – os centros financeiro e militar – atinge-se o que legitima o sistema vigente. Dessa maneira, o Onze de Setembro parece ser um *acontecimento maior*. Derrida fala de um *processo autoimunitário*, estranho comportamento pelo qual um ser vivo, de maneira quase suicida, trabalha para destruir sua própria proteção, para se imunizar contra sua própria imunidade. Os Estados Unidos detêm, diante do mundo, um poder da autorepresentação como unidade sistêmica final da força e da lei. A agressão da qual ele é o objeto vem como *se fosse de dentro*, de forças que se utilizam de aviões, combustíveis e tecnologia high tech norte-americana para atacar alvos americanos. Esses *seqüestradores* incorporam dois suicídios simultâneos: o próprio e o daqueles que o acolheram, armaram e treinaram. Os Estados Unidos treinaram pessoas como Bin Laden criando as circunstâncias político-militares que favoreceram sua mudança de lealdade.

Derrida afirma que

quando Bush e seus companheiros culpam o *eixo do mal*, deveríamos ao mesmo tempo sorrir e denunciar as conotações religiosas, os estratagemas infantis, as mistificações obscurantistas dessa re-

Atores e poderes na nova ordem global

tórica inflada. E, no entanto, existe de fato, e de todo canto, um *mal* cuja ameaça, cuja sombra, está se espalhando. Mal absoluto, ameaça absoluta, porque o que está em jogo é nada menos do que a *mondialisation*, ou o movimento universal do mundo, da vida na Terra. (Apud Borradori, 2004, p.108)

E isso pode ser tentado simplesmente de qualquer ponto da Terra, com uma despesa muito pequena e recursos mínimos. A tecnociência empalidece a distinção entre guerra e terrorismo. "Seremos capazes de fazer coisa muito pior amanhã, invisíveis, em silêncio, mais rapidamente e sem qualquer derramamento de sangue, atacando as redes de computadores e de informação de uma grande nação, da maior potência sobre a terra" (p.111). Afinal, o que é o terrorismo? Todo terrorista alega que está reagindo em legítima defesa a um terrorismo anterior da parte do Estado ou do *sistema*. Bem antes das maciças campanhas de bombardeio das duas últimas guerras mundiais, ultimadas pela tragédia atômica de Hiroshima e Nagasaki, a intimidação das populações civis foi, durante séculos, recurso muito comum. Os terroristas foram enaltecidos como combatentes da liberdade na ocupação soviética do Afeganistão e na Argélia de 1954 a 1962. Em que ponto um terrorismo deixa de ser denunciado como tal para ser saudado como o único recurso que restou em uma luta legítima? Derrida (cf. ibidem) se pergunta quem é mais terrorista: Estados Unidos, Israel, países ricos e potências coloniais ou imperialistas acusados de praticar terrorismo de Estado, ou Bin Laden e seu grupo fanático? A argumentação típica seria do gênero: "Estou recorrendo ao terrorismo como último recurso, porque o outro é mais terrorista do que eu; estou me defendendo, contra-atacando; o terrorista real, o pior, é aquele que me privou de todo outro meio de reagir antes de me apresentar, o primeiro agressor, como uma vítima"

215

(p.117). Afinal, as populações islâmicas têm sofrido uma marginalização e um empobrecimento cujo ritmo é proporcional ao crescimento demográfico. E termina com a questão central: pode-se, então, condenar *incondicionalmente*, como parece ser nosso dever fazer, o ataque do Onze de Setembro, ignorando as condições reais ou alegadas que o tornaram possível?

A palavra "tolerância" é definida no contexto de uma guerra religiosa entre cristãos e não-cristãos. A tolerância é uma virtude basicamente *católica*. O cristão deve tolerar o não-cristão, porém, ainda mais do que isso, o católico deve deixar o protestante existir. Hoje, embora ainda centrado na questão religiosa, o conceito de tolerância se ampliou para as minorias e os *diferentes*. Assim, tolerância é antes de qualquer coisa uma forma de caridade cristã e está sempre ao lado da "razão dos mais fortes", sendo um atributo do exercício da boa face da soberania, que fala do alto no tom "estou permitindo que você exista; mas, não se esqueça, é uma concessão minha permitir que viva em minha casa". Derrida trabalha lado a lado os conceitos de *tolerância* e *hospitalidade*. Seria a tolerância uma condição de hospitalidade ou seu oposto?

Na verdade, se estou sendo hospitaleiro porque sou tolerante, "é porque desejo limitar a minha acolhida, reter o poder e manter o controle sobre os limites do meu *lar*, minha soberania" (Borradori, 2004, p.137). Resume-se, então, a tolerância em conceder a alguém permissão de continuar vivendo? Ela é uma espécie de "hospitalidade fiscalizada, sempre sob vigilância, parcimoniosa e protetora da soberania", desde que o hóspede obedeça às nossas regras. A verdadeira hospitalidade é aquela aberta previamente para alguém que não é esperado nem convidado, para quem quer que chegue como um *visitante* absolutamente estrangeiro, não-identificável e imprevisível, efetivamente *o outro*. Portanto, essa hospitalidade envolve um alto risco. Uma hospitalidade incondicional é praticamente impossível. "Mas sem a referência dela não teríamos a idéia *do outro*, a *alteridade do outro*, ou seja, de alguém que entra em nossas vidas sem ter sido convidado". Para o conceito de paz talvez bastasse a prática da coabitação global tolerante.

O fato é que, para além da necessidade óbvia de condenar o terrorismo como ato criminoso, seja de que inspiração for ou sob que disfarce apareça – e dentro dessa dimensão o ataque preventivo ao Iraque também poderia ser classificado como tal –, tudo indica que esses atos apontam para uma nova força que veio para ficar. O terrorismo se afirma como uma alternativa de poder e começa a influir pesadamente na política, seja por acidente tático – como no caso da derrota de Aznar nas eleições espanholas –, seja por imposição de uma agenda, como na direção do governo George W. Bush no pós-Onze de Setembro e na garantia de sua reeleição. E estará cada vez mais legitimado por setores radicais e excluindo quanto mais cresça a convicção de que não há outros caminhos.

5
Possibilidades de reequilíbrio
de poderes na era global

O desafio contemporâneo mais importante parece estar em como conciliar um salto globalizador irreversível com a marginalização econômica e política crescente do cidadão que, embora agora virtualmente global, sente-se cada vez mais isolado pela ausência de uma identidade coletiva perdida com o fim das utopias. A idéia de o indivíduo formar parte de um todo esvaiu-se junto com as noções de crença, missão e nação. E o sentido da vida restou pendente da volatilidade das mídias e da valorização do consumismo e da performance impossível. A sobrevivência da crença e da prática democráticas, como a entendemos no Ocidente, parece depender cada vez mais da possibilidade de equilíbrio entre a afirmação das liberdades individuais – por sobre a tirania das mídias e da manipulação a serviço do capital – e o direito de identificar-se com uma nova crença ou esperança.

No entanto, ainda que desordenada e fragmentada, uma nova *voz das ruas* tenta se afirmar. Ela tem se feito ouvir em manifestações e reações de resistência contra as tendências perversas do capitalismo global em diversas situações públicas e fóruns internacionais. Mas, embora esses movimentos sociais tenham se revitalizado com as redes de informação, para atingir uma base sistêmica e vir a influir definitivamente no jogo do metapoder de maneira construtiva e estruturante – como alternativa benévola ao desesperado grito terrorista –, eles precisam atingir outra dimensão e eficácia.

Para se adequar ao mercado global, os Estados aceitaram limitar profundamente seus espaços de poder e restringir-se às raras opções de alternativas políticas que ainda se oferecem a eles. Fique claro, desde já, que o metajogo de poder global elimina *a priori* as alternativas de isolamento econômico. O dilema, como dissemos, é do tipo *abrir é ruim, fechar pode ser pior*. E o poder residual mais típico desses Estados se resume a estimular a concorrência com outros Estados – a já mencionada *estratégia competitiva* – rebaixando salários e impostos e colocando-se a serviço do mercado mundial.

Estamos presos a uma ontologia ultrapassada, que vem do iluminismo e não explica mais as novas realidades e perplexidades, nem dá base a uma crítica consistente. Ela se baseia em categorias e diferenciações modernas que não existem mais, inclusive as ideológicas do tipo esquerda e direita. A título de exemplo, como se pode entender – à luz dessa *velha* ontologia – a existência de uma *esquerda neoliberal*? É preciso encontrar um novo quadro referencial e categorial geral que funde uma nova ontologia e permita lidar simultaneamente com as diferenças entre centro e periferia, mas também com as periferias encravadas dentro do centro. Não basta mais a busca de uma *política alternativa,* faz-se necessária uma *alternativa à política.* Não é suficiente encontrar um *mercado alternativo,* urge uma *alternativa ao mercado.* Finalmente, não resolve descobrir um conceito de *trabalho alternativo*, mas sim de *alternativa ao trabalho*.[1]

As tentativas de recuperar o Estado acabam caindo na armadilha de uma combinação paradoxal entre nacionalismo político (à direita ou à esquerda) e regime neoliberal. À direita, é o que se experimentou com Joerg Haider, na Áustria, e na Itália de Silvio Berlusconi. À esquerda, é o que faz Lula no Brasil. Já que não se pode lutar contra a globalização, é melhor estar nela e tentar tirar vantagens. Se houver resistências, o FMI, o Bird e os administradores de fundos dispõem de recursos eficazes para convencer os Estados mais recalcitrantes ao regime neoliberal, às vezes jogando com irritante paciência e pesada competência. O jogo de gato e rato entre o FMI e o governo Néstor Kirchner numa Argentina que volta a crescer após ser arrasada – entre outras razões, por ter seguido estritas instruções desses organismos – é um bom exemplo. A cada pequeno superávit conseguido a duras penas, surge uma enorme disputa: o FMI o quer para o pagamento da dívida, o governo o quer para que o país volte a crescer e possa combater uma miséria endêmica que nunca conheceu.

No novo jogo do poder global, como vimos no desenvolver deste trabalho, o Estado nacional isolado perde progressivamente substância. Os *novos príncipes* são agora os grandes grupos metaglobais. E os pequenos guerreiros, tentando uma batalha à Davi e Golias, são as novas ONGs globais como Greenpeace, Oxfam e Anistia Internacional, entre outras. Para voltar a ser um ator de peso, ainda que se abrindo ao inevitável desafio global, para além de políticas públicas individuais competentes, parece necessário trocar as autonomias muito limitadas que

---

1 Esses últimos conceitos foram baseados em reflexões de Robert Kurz em sua conferência "Brasil: o progresso antigamente", proferida na USP em 23.8.2004, na semana "A obra de Roberto Schwarz".

restaram por uma ação transnacional mais eficaz. No entanto, também há severas restrições e limitações a essa idéia cosmopolita, em primeiro lugar pelos grandes países detentores do poder global. Afinal, assumindo por um instante a fantasia da humanidade toda formando um só Estado, o fosso que separa hoje o Norte do Sul faria desse Estado global uma entidade semifeudal e politicamente explosiva, com sua estabilidade ameaçada por imensos conflitos internos; e traria para dentro dele toda a periferia mundial. Os Estados nacionais diluem atualmente essas diferenças – ajudados por conceitos complexos e duvidosos dos organismos internacionais, como o cálculo da renda *per capita* pelo *purchase power parity* – ainda que em vários deles a distribuição de renda interna também contraste radicalmente. Assim, fica mais fácil associar a responsabilidade do Estado nacional pela sua própria pobreza, deixando o sistema internacional na cômoda posição do detentor de boas regras que não foram obedecidas.

Reformas na socialdemocracia

Após os sucessivos fracassos na tentativa de estruturar um novo eixo autodenominado "terceira via" – que, ao final dos anos 2000, envolveu lideranças políticas heterogêneas como Bill Clinton, Tony Blair, François Mitterand, Gerard Schröder e Fernando Henrique Cardoso –, essas iniciativas de uma busca de conciliação entre globalização e democracia social foram liquidadas, seja pelas derrotas eleitorais de vários de seus participantes – com avanços da nova direita –, seja pelo clima mundial desencadeado pelas novas políticas radicais norte-americanas do pós-Onze de Setembro.

Ainda assim, a idéia de reestruturar o conteúdo conceitual dos partidos alinhados com a socialdemocracia – e, a partir

Atores e poderes na nova ordem global

deles, viabilizar a regulação da globalização econômica e limitar seus efeitos negativos – continua a provocar propostas e reflexões de intelectuais europeus. Para Held (2003), assim como a atual fase de globalização, suas etapas passadas deixaram marcas ruins na mente das sociedades, desde os ciclos imperiais até a colonização. Held acredita que a globalização possui tanto lados positivos quanto negativos; e que ela não é simplesmente um processo de americanização ou de imperialismo ocidental. Embora os Estados Unidos sejam o principal artífice dos regimes comercial e financeiro, e consigam que boa parte desses regimes funcione de acordo com seus interesses – favorecendo suas companhias multinacionais –, não lhe parece que os Estados Unidos dominam completamente o sistema internacional.

Mas Held preocupa-se com o *gap* crescente entre ricos e pobres; e admite que isso é preocupante por indicar que a globalização econômica produz exclusão. Porém, para ele, a globalização não é a única responsável pelas desigualdades e assimetrias de poder globais, nem contribui apenas para o fortalecimento das companhias multinacionais. Assim como lhe parece incorreto, do mesmo modo, afirmar que todos os países em desenvolvimento estejam perdendo com o comércio mundial, já que alguns deles conseguiram melhorar seu desempenho por meio do comércio. Onde há tradição institucional e grande mobilização dos atores domésticos, os efeitos negativos da globalização podem ser amenizados. Como, por causa da globalização, o *soft power* ganhou maior relevância em certas questões nas quais o *hard power* não seria mais eficiente, Held vê os movimentos civis com maior capacidade de formar e mobilizar a opinião pública, equilibrando o jogo de poder ao desbancar agentes estatais e corporações multinacionais. Em síntese, ele vê a globalização com certo otimismo, acreditando bastar governá-la, maximizando os bens públicos, para utilizarmo-nos bem de suas características favoráveis. No entanto, para que isso seja possível o autor prescreve tantas e tão profundas modificações no sistema atual de regulação de poder e governança global que seu otimismo pode ser posto em dúvida.

Held procura elaborar um novo programa para a socialdemocracia que lide com os desafios da globalização. Esse programa está baseado em relações simétricas e congruentes entre governo e povo, supondo ser o mercado capaz de produzir lucros dentro de um marco regulatório que garanta não só as liberdades civis e políticas, mas também condições básicas de direitos econômicos e justiça social. Para ele, o mercado – reconhecido como a melhor maneira de prover bem-estar – deve estar regulado de modo a acomodar interesses de Estado, dos trabalhadores e do capital.

Para tanto, seria necessário reformar drasticamente a governança econômica global; o desenvolvimento econômico deveria ser considerado apenas como um meio para a melhora das condições sociais globais, e não um fim em si mesmo. E a socialdemocracia deveria buscar um equilíbrio entre mercados abertos, governos fortes, proteção social e justiça distributiva em nível global, incluindo planos de redução de pobreza e proteção aos vulneráveis, que sofrem depreciação das condições básicas de vida tanto no Norte como no Sul. Held parece concordar com certas projeções do Banco Mundial que a nós parecem um mero exercício de *wishful-thinking*. Elas sugerem que, se todas as barreiras comerciais fossem removidas, cerca de 320 milhões de pessoas poderiam sair da pobreza rapidamente. Mas ele admite que o processo de liberalização econômica, até o momento, tem beneficiado muito mais os países ricos do que os pobres. Daí, para ele, a importância do G-20

Atores e poderes na nova ordem global

e de suas lideranças – Brasil, China e Índia – em contrabalançar o poder de barganha da União Européia e dos Estados Unidos nos foros globais. Defende que os subsídios agrícolas dos membros da OCDE, tanto os domésticos quanto os de exportação, devam ser reduzidos tendo em vista uma futura eliminação completa, reformando a Política Agrícola Comum (PAC) e as leis agrícolas norte-americanas. Além disso, acha que deveriam ser abolidos os mecanismos tarifários que discriminam os países em desenvolvimento quando esses adicionam valor aos seus produtos.

Os acordos TRIPs (Trade-Related Aspects of Intellectual Property Rights) também deveriam ser reformados, senão abolidos, permitindo que países em desenvolvimento tenham sistemas flexíveis e de curto prazo de propriedade intelectual. A prioridade deveria ser a saúde pública e não a proteção aos donos de patentes. Quanto à OMC, cláusulas sociais poderiam ser estabelecidas em seu âmbito com o intuito de erradicar o trabalho forçado e o infantil, garantir o direito à greve e fortalecer a liberdade de criação e atuação de sindicatos. Tais medidas não teriam a intenção de prejudicar as vantagens comparativas dos países pobres e em transição em questões de custo de produção, mas sim de garantir condições básicas de trabalho; e deveria, além disso, ser aumentada a capacidade dos países em desenvolvimento de participar de maneira mais efetiva das negociações comerciais.

Para que a globalização econômica possa oferecer boas oportunidades aos países em desenvolvimento, ele também defende o estabelecimento de fundos de curto prazo para investimentos em infra-estrutura humana, ou seja, saúde e educação, bancados pelos países ricos. A ajuda dos países desenvolvidos deveria passar por qualificações. E, uma vez recebido o dinheiro, seria interessante que houvesse maior autonomia para aplicá-lo, de acordo com estratégias próprias de combate à pobreza e de desenvolvimento, incluindo maior liberdade na escolha de fornecedores. Held afirma, também, ser de extrema importância a redução radical das dívidas externas para níveis sustentáveis, vinculada a programas de investimento em infraestrutura humana. Por exemplo, ele estima que 4 milhões de crianças brasileiras poderiam ir à escola por um ano se o país deixasse de pagar 1% da dívida nos níveis de 1998; medidas científicas seriam a base para avaliar a eficiência dos programas de ajuda de uma maneira global.

Finalmente, o autor afirma que seria necessária uma instituição financeira internacional – mantida pelos países ricos – que garantisse recursos de longo prazo aos países pobres como suplemento aos programas de ajuda internacional para o desenvolvimento. Outro mecanismo seria a taxação em níveis regionais e globais, baseada em consumo de energia e emissão de gás carbônico. O mercado de capitais deveria ter sua abertura feita de forma gradual e controlada, como peça-chave na estratégia econômica. A transparência, o controle da corrupção, o cumprimento da lei e o desenvolvimento de capacidade de monitoramento seriam essenciais, bem como ampla reforma das instituições internacionais existentes, incluindo mudanças no sistema de votação do FMI e reforma da ONU.

Na realidade, as propostas de Held acima apontadas clamam por grande incremento de intervencionismo público na economia para garantir as bases para uma economia mundial livre e justa, associando a eficiência do processo de globalização econômica aos valores globais da socialdemocracia. Economias de mercado, segundo o autor, só podem funcionar se associadas com autodeterminação, democracia, direitos humanos e sustentabilidade ambiental. A questão é conciliar essas propostas de Held com as relações de poder atualmente existentes no cenário global. Apenas para citar dois pequenos exemplos, a idéia de uma mínima taxação dos fluxos internacionais para constituir fundos de desenvolvimento já foi por várias vezes rejeitada; e os Estados Unidos se afastam cada vez mais de compromissos ambientais e com cortes internacionais de justiça. Além do mais, várias das medidas propostas implicariam, para sua eficácia, a liberalização dos mercados de trabalho mundiais para mão-de-obra, especializada ou não, garantindo a mobilidade e a competição no único setor da economia mundial que continua preso ao seu território de origem; no entanto as restrições à imigração radicalizam-se cada vez mais.

Em razão das óbvias e enormes dificuldades na implementação das medidas sugeridas por Held, não é difícil compreender a realista proposta-provocação de René Cuperus[2] sobre as estratégias recomendadas aos partidos da socialdemocracia européia: que assumam de vez uma retórica populista para que – em razão das imensas restrições aos espaços atuais de governabilidade – não percam espaço político para os partidos neopopulistas de direita, que já o fazem em seus discursos contra a imigração e as minorias ameaçadas pelos estrangeiros.

O cosmopolitismo como solução?

Alguns intelectuais europeus importantes têm voltado com vigor a defender um conceito cosmopolita para superar e revolucionar os impasses da lógica atual. Nessa condição de *cidadão do mundo*, ou *daquele para quem o critério é o mundo*, a distinção entre *nós e os outros* – estrangeiros, diferentes – seria substituída pela construção do *duplo pertencer de todos*. O

---

2 Ver em detalhes na seção "A ousadia da União Européia testando o cosmopolitismo", adiante.

Gilberto Dupas

cosmopolita teria duas lealdades: ao mesmo tempo cidadão do *cosmos* e da *polis*.

Libertada do conteúdo nacional, a História não poderia mais viver de recitar glórias passadas e teria de assumir uma nova perspectiva. Mas o direito transnacional, sobre o qual repousaria o regime cosmopolita, é compatível com a idéia de governo democrático? Beck (2003a, p.30) lembra que, até agora, o cosmos nacional se decompunha em um exterior e um interior, com o Estado ao centro, impondo a ordem. No campo interior, ficavam temas sobre trabalho, política e identidade cultural; os conflitos daí resultantes eram tratados e percebidos nos cenários das nações. No plano internacional, vigorava a idéia do multiculturalismo. Na perspectiva do cosmopolitismo metodológico não seria mais possível distinguir nitidamente o nacional do internacional. Na segunda modernidade falávamos do caráter incerto da soberania nacional, fronteiras de outra natureza, variáveis e plurais. Posteriormente, os teóricos da pós-modernidade acentuavam a abolição de fronteiras, redes e fluxos. Já na perspectiva metapolítica, convivem dialeticamente estratégias de cosmopolitização e renacionalização que só podem ser percebidas na perspectiva cosmopolita. Pátria, família, classe, democracia, dominação, Estado, economia, opinião pública, política, são alguns dos conceitos fundamentais que necessitam ser revistos nessa nova abordagem.

O ideal do cosmopolitismo poderia ser a solução para os impasses globais atuais? Para Derrida (apud Borradori, 2004, p.139), esse conceito emerge de uma tradição muito antiga, que remonta a São Paulo em sua epístola aos Efésios. Mais tarde, "em seu breve tratado *Paz perpétua*, Kant explicava por que provavelmente deveríamos desistir da idéia de uma 'república mundial' mas não da idéia de uma lei cosmopolítica, 'a idéia de uma lei de cidadania mundial', que não lhe parecia uma noção extravagante ou exagerada" (ibidem, p.140). Por que não lhes estender o privilégio de cidadania do mundo? Um grande número de homens e mulheres é privado da cidadania de muitas maneiras. Mesmo quando não se recusa a eles o título de cidadão, os "direitos humanos e direitos de cidadão" que poderiam reivindicar são severamente limitados. Mas o cosmopolitismo tal como classicamente concebido pressupõe alguma forma de soberania do Estado, algo como um Estado mundial, cujo conceito pode ser teológico-político ou secular.

O atual processo de globalização é marcado por características de velocidade e intensidade operacionais nunca vistas, que atravessam fronteiras e põem em xeque os princípios westphalianos do sistema internacional. Relações transnacionais e transgovernamentais ganham relevância, compartilhando ou sobrepujando o poder dos governos nacionais em determinadas questões. Decisões geopolíticas e de grande peso econômico já são tomadas no seio da política global, podendo afetar o mundo todo. Para Held (2003), o sistema internacional contemporâneo falha em não trazer para as arenas políticas relevantes os líderes globais e atores importantes, estatais e, especialmente, sociais e privados, estabelecendo *commitments* adequados. Assim, fica difícil precisar os autores da degradação dos bens públicos globais e quem seriam os responsáveis por solucionar a questão. Esses atores não se comprometem em desenvolver soluções de longo prazo; e as instituições políticas nacionais e internacionais não estão comprometidas com questões éticas e morais, do ponto de vista do ser humano, mas sim com questões geopolíticas, geoeconômicas e interesses particulares. E a realidade da globalização dos capitais e dos mercados convive com 46% da população mundial vivendo com 2 dólares por dia, enquanto 20% da população consome 80% da renda global. Held lembra que, enquanto 6 bilhões de dólares anuais seriam suficientes para educar todas as crianças do planeta, a sociedade norte-americana gasta anualmente 550 bilhões de dólares anuais em compra de automóveis e 450 bilhões de dólares com defesa; já a União Européia despende 17 bilhões de dólares em comida para animais de estimação.

Há, pois, uma profunda indiferença para com o sofrimento humano. No entanto, se perguntadas, dificilmente as pessoas responderiam que gostariam de viver num mundo com esses números. Isso parece indicar um espaço para que instituições supranacionais mais democráticas possam ser capazes de prestar maior atenção e eficiência à solução desses problemas. Todavia, para Held, características culturais das pessoas, além de "razões de Estado", dificultam o desenvolvimento de tais instituições. Ele divide em dois grupos os maiores desafios do processo de globalização, desafios estes que o colocam em risco: falta de *accountability* e injustiça social. A maneira para vencê-los seria o desenvolvimento da cultura e das leis cosmopolitas, já ensaiadas em textos da ONU, mas que possuíssem capacidade coercitiva independente com legislativos e executivos transparentes e abertos ao público, especialmente às pessoas mais afetadas por determinados problemas regionais ou globais. Mas há um grande paradoxo que dificulta a elaboração de instituições capazes de lidar eficientemente com políticas globais: de um lado, especialistas apontam tendências crescentes de internacionalismo nas novas gerações; de outro, movimentos extremamente nacionalistas e xenofobistas – como os de Le Pen na França e de Haider na Áustria – estão ressurgindo.

A despeito da emergência constante de foros regionais, globais e ONGs internacionais, a principal fonte de legitimidade e lealdade continua sendo territorial e nacional. O problema é que laços comunitários se mantêm como características culturais e componentes da identidade das pessoas; mas não ajudam como base para a elaboração de instituições políticas internacionais ou para desenvolver soluções globais ou regionais. Na verdade, os Estados nacionais são veículos necessários para promover a regulação pública, a liberdade igualitária e a justiça social, mas não têm mais condições para atuar como atores privilegiados na análise dos problemas globais. Assim, quanto maior fosse o engajamento cosmopolita – na assunção da perspectiva de *cidadão do mundo* – tanto maior seria a facilidade com que os que tomam as decisões conseguiriam *colocar-se no lugar do outro*, o que é fundamental para lidar com questões transnacionais.

O cosmopolitismo depende de alguns princípios que se parecem com valores cristãos clássicos. Os seres humanos devem ser considerados iguais em essência. O indivíduo – e não qualquer outro tipo de associação, como o Estado – deve ser o objeto da preocupação moral máxima. Além disso, todos os indivíduos devem se reconhecer como iguais; e suas demandas serem arbitradas de forma imparcial e com acesso igualitário, baseadas em regras de ampla aceitação legitimadas em princípios razoavelmente aceitos por todos, como é o caso típico do atendimento de urgência diante de recursos limitados, em que o caso mais grave tem prioridade. Alguns desses princípios cosmopolitas estão contidos nas perspectivas que vêm sendo amadurecidas e desenvolvidas na ONU, como dissemos, especialmente quanto aos direitos humanos. Raramente, porém, eles se traduzem em políticas efetivas. Os Estados nacionais continuam dominantes. Além disso, eles continuam sendo os pilares fundamentais das principais instituições internacionais, freqüentemente moldadas de acordo com o interesse dos Estados mais poderosos.

Mas para que os princípios de cosmopolitismo possam ser realmente efetivos, é necessário que se desenvolvam institui-

Gilberto Dupas

ções mais democráticas que os façam valer, que sejam voltadas às *comunidades de destino*, ou seja, aquelas efetivamente afetadas por problemas globais ou regionais. Held defende que critérios secretos e seletivos deveriam poder tender para o multilateralismo cosmopolita, mais transparente e preocupado com formas mais justas de governança. O principal foco de atenção do multilateralismo cultural estaria voltado para as *comunidades de destino*, e as externalidades transnacionais que afetam duramente os países mais pobres e a desigualdade global. Essas novas instituições teriam de ter capacidades legislativa e executiva nos níveis regional e global, incluindo parlamentos regionais (América Latina e África, por exemplo) e maior efetividade dos já existentes (União Européia), com poder real para lidar com questões que os Estados sozinhos não podem resolver.

Elas deveriam incluir uma Assembléia Global – eventualmente a da ONU reformada – composta por Estados, instituições e ONGs internacionais, movimentos sociais etc. Seu objetivo seria examinar os problemas globais, deliberar sobre regras e leis para tratar esses problemas e promover iniciativas para aliviar e resolver questões emergenciais. Seria fundamental uma reforma ampla das instituições pós-Bretton Woods (FMI, OMC, Bird) para o exame e determinação de nova agenda, mais *accountable*, criando também instituições internacionais voltadas para questões sociais, para contrabalançar aquelas dirigidas por princípios do mercado. Referendos gerais deveriam colher a vontade da maioria. Os mecanismos de coerção criados para aplicar deliberações e defender as novas regras e instituições cosmopolitas de ameaças deveriam incluir forças militares internacionais e independentes.

A mudança para a perspectiva cosmopolita permite descobrir o espaço transnacional de ação e dominação. Agir cosmopolitamente é agir num mundo de fronteiras porosas. Cada um pode se envolver nos negócios internos do outro, mas o outro pode se envolver nos nossos. A ótica cosmopolita parece ser mais um ganho de poder estratégico do que uma questão moral ou de avanço da racionalidade. Quem pensa só em termos nacionais estará cada vez mais perdido na realidade global. A abertura cosmopolita permite dividir custos e o uso de novas possibilidades e instrumentos que podem aumentar seu poder. Esse alargamento do espaço oferece aos cosmopolitistas novos recursos de poder dentro do próprio espaço nacional. O jogo de muitos níveis da política cosmopolita deixa seus atores experientes em posição de superioridade diante dos lances do jogo nacional. Mas os grandes desafios cosmopolitas estarão ligados à assunção de responsabilidades globais pela pobreza e pela exclusão e de suas conseqüências, referentes à consolidação da legitimidade democrática da própria cosmopolitização.

O Estado cosmopolita, entendido como o casamento institucional entre o Estado e a sociedade civil, é uma ampla fonte de novas legitimações. É na moral e não na força que está a fonte de poder na era global. É na moral dos direitos do homem que se encontra hoje a legitimação autêntica até para o uso de forças militares em nível global. Na metafísica nacional, a ambição universalista do direito ficou subordinada às normas próprias de cada comunidade ética. Ao contrário, a constelação cosmopolita dissocia a soberania do direito das forças às quais ela estava subordinada. Um princípio básico do Estado cosmopolita é partilhar a soberania jurídica e atrelá-la a um conjunto de *minima moralia* de validade cosmopolita. Um bom balanço na situação dos direitos do homem, se não chega a ser um critério para *investment grade* – deveria sê-lo no futuro – abre as portas para uma maior influência na comunidade internacional.

O Estado nacional mostra-se cada vez mais inacabado na era global. Lealdades múltiplas circulam no interior de suas fronteiras, negam a diversidade e, por vezes, provocam violência contra minorias e estrangeiros. Esse Estado tolera a guerra do comércio como emanação legítima de sua soberania, parte do pressuposto que é o único sujeito do direito internacional e, no limite, como no caso norte-americano do governo Bush, exclui todos os outros. O cosmopolitismo sublinha a necessidade de associar a soberania interna a uma responsabilidade diante dos outros. Trata-se de redefinir um equilíbrio entre os deveres diante dos cidadãos e dos outros cidadãos do mundo, incluindo as responsabilidades pelas conseqüências perversas da globalização. Como bem formula Beck (2003a, p.400), por que devemos nos sentir responsáveis por uns e não por outros pela simples razão de que eles estão do outro lado da cerca de nosso jardim nacional? Os deveres morais do cosmopolitismo se estendem a todos os cidadãos do mundo. A questão crucial é que tipo de alteridade se vai construir. É por uma imbricação, uma fusão da legitimidade e dos poderes moral, econômico e militar – que se apóiam e se reforçam – que o Estado cosmopolita ganha novas capacidades de ação.

O grande exemplo hoje disponível de aplicação do conceito de Estado cosmopolita é a tentativa de construção de uma Europa política que seja mais do que um conglomerado de Estados nacionais destruindo-se regularmente, como ocorreu em toda a primeira metade do século XX. A arquitetura de uma união cosmopolita de Estados em várias regiões poderia mostrar um caminho para alternativas inovadoras, especialmente em zonas de conflito crônico ético e nacional. Os riscos financeiros, ambientais, trabalhistas alertam e reforçam a necessidade de existirem normas globais, instaurando um espaço público transnacional e oferecendo novas possibilidades de alianças cosmopolitas entre ONGs, Estados e até grandes grupos em busca de legitimidade para suas estratégias globais e nacionais.

Se o capitalismo global radicalizado destrói as condições de diversidade cultural e de liberdade política, será que ele não pode se converter em ator de renovação cosmopolita da democracia? Será que a lógica dos investimentos globais não pode se transformar em instrumento de poder que incite os Estados nacionais a se engajar numa abertura cosmopolita? Em curto prazo, o que vemos é a predominância de tentativas de solução por meio de forças protecionistas, nacionalistas, anticapitalistas, ecologistas, defensoras da autoridade nacional e estatal, xenófobas e muitas vezes fundamentalistas. Será possível, em longo prazo, realizar uma coalizão paradoxal entre perdedores (sindicatos, ecologistas, democratas) e ganhadores (grandes grupos, mercados financeiros, OMC, Banco Mundial etc.) da abertura econômica? Quem sabe um sistema cosmopolita possa servir a ambos os interesses? Basta supor que só o alargamento cosmopolita do Estado, da política e da democracia pode garantir as perspectivas de lucro empresarial. Uma grande utopia? Mas, como diria Kant aos céticos, o único meio de fazer ser possível é agir como se fosse possível.

Um fenômeno novo que se pode observar é a assimetria do dissenso e do consenso no espaço nacional e transnacional. A capacidade transnacional dos Estados se forma em torno de consenso obrigatório, que não tolera a contradição e a oposição a não ser como variações da aprovação. Os problemas mundiais como direitos do homem, catástrofes ambientais e a luta contra a pobreza e por justiça abrem espaços metademocráticos e metaestatais, de uma legitimidade que se funda nela mesma. A ordem mundial é uma ordem internacional, derivada da legitimidade nacional. No entanto, toda a legitimação da ordem mundial tradicional – que, segundo Beck (2003a, p.52), se processa obliquamente pelo pragmatismo, pelo racionalismo e pelo positivismo jurídico, como assistimos nas guerras do Kosovo ou do Iraque – tende a ficar superada. As novas regras e suas motivações podem nascer, por exemplo, do conflito entre direitos do homem – um massacre local e uma autoridade nacional incompetente diante dele ou até seu agente.

A validade de um regime cosmopolita – com paz, justiça e diálogo – cria um espaço de poder que reclama um conteúdo e uma força militar transnacionais. A sua autolegitimação moral, econômica e militar pode justificar sua capacidade em caso de conflito, assumindo ele agora – por delegação dos Estados – o monopólio da violência. É o que poderia ter acontecido no Kosovo ou no Iraque se de fato tivesse sido comprovado um risco grave de ameaça de armas de destruição em massa. Claro está que ainda assim persistiria uma questão complexa: como definir, no bojo de uma realidade cosmopolita, os limites toleráveis que levam em conta os diferentes conceitos de democracia e de direitos humanos, tão diferentes entre as várias culturas mundiais? Certamente a rígida adoção de um conceito-padrão ocidental que não admitisse diferenças seria uma negação do próprio conceito cosmopolita.

Dentro do espírito maquiavélico republicano é necessário distinguir entre o verdadeiro e o falso cosmopolitismo. Países hegemônicos tendem a utilizar a retórica do direito cosmopolita para fins nacionais-imperialistas. Os Estados Unidos, que se arrogam a fazer respeitar os direitos humanos em todo o mundo, ressurgem com a idéia medieval de guerra justa e torturam seus prisioneiros no Iraque. É difícil distinguir o verdadeiro do falso cosmopolitismo, em grande parte porque a presunção da existência de um regime cosmopolita parece ser a condição necessária da sua realização. Essa é uma espécie de cosmopolitização suja, a partir de uma visão autoritária e hegemônica. Beck (ibidem, p.300) acredita que "a economia mundial não pode existir sem o Estado, sem sua política. Ela tem necessi-

Atores e poderes na nova ordem global

dade de um suporte trans(estatal) poderoso no plano político mundial capaz de impor um ordenamento e uma aceitação sem a qual o poder dos atores transnacionais se esteriliza". Pois mesmo que as estratégias do poder capitalista global dêem frutos, como suportar os perdedores da globalização com suas barricadas, com as contínuas crises nos grandes países periféricos e com os fundamentalismos que proliferam? Vai-se deixar a eles apenas o caminho aberto para o desespero e o pretexto racionalizador que leva ao terrorismo?

A validade real dos valores, substrato cultural no qual repousam as normas, não se baseia unicamente no reconhecimento daqueles valores e de sua qualidade moral, mas também no peso da autoridade que os colocou no lugar, e que impõe sanções e cria estímulos. A comunidade global precisa de um sistema global de hierarquias fundado sobre um estatuto e continuamente relegitimado por mecanismos também globais a serem construídos. Claro está que um dos fundamentos centrais de uma nova lógica cosmopolita é justamente o que encontrará maior resistência: a garantia de mobilidade plena das pessoas, inclusive do trabalhador em busca de emprego em qualquer país do mundo global. Uma tal renovação transnacional da política e da democracia não pode se dar ao mesmo tempo. Sociedades mundiais em miniatura, congregando centro e periferia, e experimentando um novo modelo, podem ser o caminho.

Mas como viabilizar uma autotransformação cosmopolita da política e do Estado? Como a ação estatal pode ser modificada de modo a dar conta de modo global-local aos problemas mundiais? Que forma de legitimação democrática se pode criar e que esteja em afinidade com a globalização da economia e a transnacionalização dos movimentos sociais e de seus campos de experiência? No jogo global o capital ganha e o Estado perde.

Mas esse jogo ainda está aberto. A globalização obriga a uma nova etapa de democratização da política mundial. Governança global tem sido utilizada como instrumento de controle, sem legitimidade democrática; propõe-se uma falsa alternativa: ou se defende o Estado nacional ou se constrói uma governança sem governo. Mas não é pedir demais ao Estado tradicional que mate a si próprio passando de nacional para transnacional? O Estado pode ser o ator de sua própria transformação ao realizar essa passagem? É fundamental operar uma distinção entre a ótica nacional e a cosmopolita. Trata-se de abrir uma nova perspectiva sobre o conjunto do campo de poder.

A fraqueza do debate sobre a globalização é que ela continua prisioneira das antigas distinções próprias ao nacionalismo metodológico, e todas as explicações propostas tanto por seus detratores como por seus defensores tornam-se insuficientes. É preciso abrir os olhos para as novas constelações de poder, novos instrumentos e novas possibilidades oferecidas pela governança global que opera por redes complexas que a ótica nacional impede de enxergar. A capacidade de ação dos Estados dependerá de como eles próprios se definem no metajogo do poder. Enquanto o capital tenta se fundir com o direito para se apropriar de novos recursos de autolegitimação, o Estado deveria se fundir com a sociedade civil global para ganhar uma capacidade de ação transnacional e novos recursos de legitimidade global e de poder. Uma redefinição cosmopolita de Estado e uma repolitização da política: é preciso que as novas estratégias do Estado fujam da falsa alternativa que impõe escolher entre a neoliberalização e o neonacionalismo estatal.

O Estado tem que dar novo sentido e vigor à ação política, já que dispõe de espaços de poder que lhe permitem renovar a si próprio. Para isso, é necessário transgredir os conceitos de soberania e autonomia para descobrir e desenvolver o poder

Atores e poderes na nova ordem global

político da transnacionalidade e da transoberania cooperativa; reforçar estratégias que apontem o caráter indispensável e insubstituível dos Estados; evitar monopólios no mercado global; cooperar e reduzir a concorrência interestatal; transnacionalizar e repolitizar a política; e, principalmente, encarar o jogo de poder com as corporações transnacionais como uma eterna barganha entre pressões pela abertura de mercado e exigências dos Estados por contrapartidas que adicionem valor à produção local com geração de empregos, desenvolvimento local de tecnologias e geração de empregos de qualidade.

A indispensabilidade reafirma o primado da política na era da globalização, resistindo a transformar o Estado e a política em um prolongamento instrumental da economia das corporações e reafirmando o monopólio da política e do Estado em todas as decisões que envolvem o coletivo, a legitimação democrática e a elaboração do direito. Para isso é preciso modernizar os instrumentos de poder que o Estado pode usar sobre a economia mundial e mostrar aos atores da economia global e à opinião pública mundiais que toda concentração de poder e formação de monopólios nas mãos da economia mundial não poderão jamais ter a concordância dos cidadãos. A paz e o acordo dos cidadãos não podem ser comprados. Ao contrário, a produção e a reprodução do acordo e do consentimento requerem uma esfera autônoma da política, da cultura, da democracia e do Estado que em nenhum caso pode ficar submetida à lógica econômica: sem a política, nada é possível. Todas as tentativas feitas pelos atores da economia mundial para transformá-la em autarquia absoluta diante do Estado e da política são ilusórias.

A transnacionalidade pode permitir criar não apenas um rico *patchwork* econômico e político, mas também novos modelos de identidade para as culturas do mundo e da política mundial. É uma alternativa muito melhor do que o caos, o vazio de poder ou a guerra total, mas será preciso convencer desde o governo norte-americano até israelenses, árabes e xiitas de que esse é um bom caminho. O cosmopolitismo pode ser uma idéia nobre. Mas é plausível? As distinções entre nacional e internacional, periferia e centro, política interior e exterior, economia e Estado, perderiam seus atuais pontos cardeais e deveriam ser abandonadas, privilegiando o global ao local, o universal ao particular. Um projeto cosmopolita exigiria uma nova arquitetura transnacional com novos tribunais, novos partidos e cidadãos do mundo. Ele deveria tirar sua substância política de novos direitos civis transnacionais, garantindo radicalmente o princípio geral da diversidade, mais do que o da tolerância. Mas o que pode levar os países mais poderosos e as elites em geral a aceitar esse caminho complexo?

As forças de resistência à integração: nacionalismos e hegemonias

Seria a teoria cosmopolita uma mera especulação teórica? Quais são as forças e movimentos políticos que apóiam ou se opõem a essa idéia? Para os países mais pobres seria uma alternativa politicamente viável trocar autonomia por garantia de mobilidade de pessoas e livre-comércio? E os países ricos e hegemônicos, aceitariam poder intrometer-se na vida dos mais pobres se o preço fosse aceitar hordas de trabalhadores e sustentar suas moedas em momentos de crise?

As fronteiras nacionais protegem da concorrência. A desaparição dessas fronteiras intensifica a concorrência, opondo pessoas iguais sobre o plano profissional com salários muito diferentes. Hoje o mecânico alemão não está em concorrência com o mecânico turco ou russo. Nem o encanador norte-ameri-

Atores e poderes na nova ordem global

cano com o brasileiro. Para Beck (2003a, p.44), as perdas com a globalização transcendem as antigas oposições entre o capital e o trabalho e provocam fissuras transversais na estrutura social que são função dos parâmetros de imobilidade territorial e de pressão concorrencial global. No interior dos espaços econômicos nacionais há setores relativamente abertos ao mercado e outros relativamente protegidos. Os ricos Estados-providência sofreriam um choque com a cosmopolitização, porque o desaparecimento das fronteiras e a concorrência mundial os fariam cair para padrões inferiores. Quem iria então apoiar uma idéia cosmopolita? Poderia o cosmopolitismo vir a ser uma criatura do capitalismo global?

A atual hegemonia norte-americana certamente é uma enorme força de resistência à idéia cosmopolita. No caso do terrorismo, por exemplo, sua ameaça e ações concretas fizeram ressurgir nos Estados Unidos tendências radicalmente opostas às idéias de consenso e aproximação às diferenças, valores caros ao cosmopolitismo. O poder hegemônico, atacado em seus símbolos por um pequeno grupo fanático, entregou-se à total promiscuidade com o poder. De vítima, os Estados Unidos se transformaram em xerife, procurador, juiz universal, jurado e executor das punições. Intervenções militares contra Estados soberanos – que insinuavam, ou eram acusados de insinuar apoios ao terror – passaram a ser encaradas unilateralmente como atos de legítima defesa, criando uma "situação permanente de guerra", provocando um enorme retrocesso no âmbito do direito nas relações internacionais e um avanço inimaginável nas restrições à liberdade individual e à ação dos serviços secretos, fazendo recuar a democracia. Como lembra Beck, "entre a segurança e a liberdade, escolhe-se a restrição dos direitos fundamentais. A soberania nacional em matéria de polícia e defesa é sacrificada" (p.46).

241

Gilberto Dupas

No entanto, para os defensores do cosmopolitismo, a percepção global desses novos riscos civilizacionais e as radicalizações – unipolares ou não –, embora pareçam distanciar o mundo de valores cosmopolitas, paradoxalmente explicitam ao mesmo tempo a prepotência e a fragilidade dos universos nacionais, abrindo espaço a um novo olhar cosmopolita. O mesmo pode acontecer, por extensão, com a evidência crescente dos riscos ecológicos, financeiros e econômicos em escala mundial.

Por outro lado, as políticas de blocos e as crescentes pressões de liberação do comércio mundial convivem com forças opostas de dissolução e afirmação de identidades. De um lado, os mecanismos de mercados comuns regionais são tentativas de proteção parcial – e, provavelmente, provisória – para o espaço que restou de soberania; de outro, desencadeiam-se forças de fragmentação e afirmação de identidades nacionais, étnicas, religiosas e culturais. Um caso interessante sobre a perplexidade gerada por essas forças contraditórias é o Canadá. Uma questão perturbadora para a opinião pública canadense no pós-Nafta é se o seu país sobreviverá como nação independente ou tornar-se-á, dentro de algum tempo, uma espécie de 51º Estado americano. Para John Gray, em seu livro *Lost in North America,* "o Estado-nação Canadá virou uma concha sem conteúdo. Se alguém encostá-la no ouvido conseguirá ouvir o oceano" (1995, p.34). Os 80% dos canadenses que falam inglês lêem praticamente os mesmos livros, acompanham as mesmas ligas esportivas e vêem os mesmos filmes e programas de TV que os americanos. Os burocratas dos dois países trabalham para harmonizar a imigração, a alfândega, as leis e a circulação de bens no perímetro comum.

Em pesquisa de alguns anos atrás, metade dos consultados apoiava a idéia de eleger representantes ao Congresso dos Es-

Atores e poderes na nova ordem global

tados Unidos e descreviam-se como "essencialmente" iguais aos americanos. E um terço deles manifestou-se favorável à transformação dos dois países em um só. No entanto, em grande parte do último século, as elites empresariais e políticas canadenses tentaram tenazmente criar uma identidade nacional cultivando o antiamericanismo por meio do protecionismo e da política externa independente. Hoje percebem que a questão da afirmação de uma identidade nacional, submetida às forças da globalização, transformou-se em algo mais sutil. A questão é verificar em que termos essa afirmação é ainda possível e necessária.

Mas há outras forças que surgem como resistência importante às integrações. A imposição de unidades artificiais, ainda que legitimadas por consensos circunstanciais, tem um exemplo radical no fim do comunismo. Ele provocou o surgimento da separação, não da comunhão. Alain Finkielkraut lembra que "reapareceram antigas fronteiras, rugas esquecidas ressurgiram no rosto da humanidade européia" (1999, p.13). O desenrolar de crises no Leste europeu nos deu a entender que, embora isso possa parecer irônico ou decepcionante, nos dias de hoje por vezes a única forma de chegar a uma coexistência entre os povos consiste em separá-los.

O dilema para as pequenas nações parece mais grave, já que integração muitas vezes pode significar desaparecimento; não é o seu tamanho ou a sua superfície territorial que as caracterizam, é o seu destino. Pequeno, nesse caso, significa precário e perecível. Finkielkraut recorda que a pequena nação é aquela cuja existência pode, não importa em que momento, ser posta em dúvida; que pode desaparecer, e que sabe disso. Não é à toa que o hino polonês começa com "a Polônia ainda não morreu". Para compreender as nações pequenas são necessárias a experiência da fragilidade e a angústia do perecer.

Em 1930 o romancista húngaro Dezso Kosztolanyi escreveu uma carta aberta a Antoine Meillet (cf. Finkielkraut, 1999, p.18-20), professor do Collège de France, autor do famoso *Les langues dans l'Europe nouvelle,* atacando sua idéia de que o Velho Mundo de múltiplas linguagens retardava o progresso técnico e adiava o espetacular avanço das comunicações na Europa. Ambos profundamente europeus, o moderno Meillet queria tornar a Europa clara e distinta, impor-lhe regras precisas, racionalizá-la. Para Kosztolanyi, pelo contrário, a Europa é essa realidade obstinada que não se deixa dissolver em pura funcionalidade. "Onde Meillet vê um *escândalo,* apresenta-se a Kosztolanyi um *recurso* e um *dom*"(p.20), diz Finkielkraut.

Tudo isso, evidentemente, serão águas passadas – ou não chegarão mais à superfície – se a Constituição Européia for aprovada em seus 25 Estados, incluindo a maioria dos países do Leste europeu. Esse avanço extraordinário em direção à experiência cosmopolita, se ocorrer, porá em xeque várias das afirmações anteriores e alimentará com forte fluxo as teses dos defensores do cosmopolitismo. Mas, apesar dos avanços, as maiores dificuldades atuais na integração européia vêm de complexos paradoxos. Vaculik (cf. ibidem, p.29) lembra que a alma complicada da Europa procede do seu terreno, do contorno ondulado de suas margens, da altura de suas montanhas, do clima e da direção dos rios. Em cada enseada mandava um duque diferente; cada ilha tinha seu rei. E, como do outro lado de cada montanha falava-se outra língua, era impossível estabelecer uma administração única. Nenhum conquistador pôde apoderar-se da Europa de uma assentada, esbarrava sempre num obstáculo que o fazia perder tempo e força; nos territórios conquistados, deixava atrás de si comunidades insurretas que, apesar de suas dimensões, proclamavam-se Estado, faziam de seu dialeto uma língua administrativa. Expulsos de um lugar,

Atores e poderes na nova ordem global

pregadores, professores, artistas, cientistas, instalavam-se um pouco mais longe, lá ficavam e ainda estão até nossos dias. Faz parte, por exemplo, da identidade profunda francesa não existir lugar para a atenção às particularidades. Enquanto na Alemanha romântica se é, em primeiro lugar, alemão e depois homem mediante sua qualidade de alemão, na França de Montesquieu e Voltaire pensa-se espontaneamente que se é homem por natureza e francês por acidente. Para o cidadão francês, seu país é a democracia, a república. Alguns deles dirão que a França mostrou ao gênero humano e ao mundo o caminho dos direitos do homem e do cidadão. Paul Valéry (cf. ibidem, p.79) já observava que a particularidade dos franceses é a de se crerem e se sentirem os *homens do universo*.

A União Européia está fazendo os Estados europeus perderem em autonomia em muitos níveis, mas eles ganham espaços de liberdade em muitos outros, consolidando sua posição perante a destinatários plurais e diversos grupos de interesse. O abandono da axiomática nacional, ao contrário de ser o fim da política, pode ser sua auto-autonomização. Em oposição ao modelo neoclássico, a estratégia da cooperação repousa prioritariamente na autonomia da política e do Estado diante da economia. A soberania é alargada e refundada. Colocando em comum seus recursos em matéria de solução de problemas, a internacionalização da prática governamental pode ajudar a consolidar eficazmente a vontade pública de regulação, autorizada pela sociedade, e reconquistar espaços de autonomia diante das pretensões da sociedade civil. Haverá melhores margens de ação diante do desemprego, da criminalidade, da migração, da segurança militar. A renovação cosmopolita da política é um recurso essencial de poder, e uma União Européia bem-sucedida poderá provar isso. Muitos poderão julgar absoluta utopia o ressurgimento de uma idéia cosmopolita num momento global unipolar e radicalizado. Mas cosmopolitistas como Beck e Held dirão que renunciar à utopia é renunciar ao poder, e que o pessimismo é excludente da grande política. Beck completaria que "só a faculdade de se entusiasmar suscita a aprovação e o poder. A redescoberta dos grandes discursos, da Grande Política, serve para dinamizá-la, dar-lhe conteúdo e poder. São estratégias de repolitização da política" (2003a, p.391).

Os limites atuais do cosmopolitismo são evidentes. Basta pensar que interesse teriam os Estados Unidos em colocarem-se num projeto cosmopolita no qual a questão do desemprego e da moeda de um pequeno país da África acabasse restringindo suas prioridades hegemônicas. Mas, ainda assim, não deixa de ser imperioso reconhecer que uma revolução radical e fratricida nesse mesmo país acaba, de alguma forma, sendo também um problema para o maior país do mundo.

A ousadia da União Européia testando o cosmopolitismo

A visão de uma unidade européia pressupõe que o engajamento com a própria realidade particular tenha como contraponto uma ampla visão universal. No entanto, o mundo europeu que emergiu inicialmente depois do final da guerra fria e da dissolução dos blocos Leste-Oeste caracterizava-se por um forte policentrismo, no qual os diferenciais *ideológicos* haviam retrocedido em favor desses *substratos culturais*. O renascimento dos Estados-nação, ou de toda a plêiade de nações sem Estado candidatas a esse estatuto, acabou convivendo, todavia, com uma idéia europeísta em forte ascensão. A evidência do poder hegemônico norte-americano mostrando tendências imperiais foi outro dos fatores que impulsionou a unidade européia.

Atores e poderes na nova ordem global

A racionalidade de uma cooperação interestatal já estava no quadro da teoria econômica neoclássica. Ela favorece a criação de mercados de tamanho maior, que oferecem à indústria e aos serviços novas possibilidades de desenvolvimento; melhora as condições de ação dos Estados-membros; estimula investimentos; e intensifica tanto o comércio interior como o exterior. Também torna mais viável a capacidade de financiar as inovações. A primeira etapa, da moeda única, foi o grande e duro teste inicial desse ousado projeto de poder que juntou nações muito distintas e tão rivais que guerrearam brutalmente por duas vezes na primeira metade do século passado; logo em seguida foi a vez de uma segunda grande ousadia: trazer para dentro do bloco um conjunto de Estados remanescentes da ruína do império soviético, muitos deles hoje mais simpáticos aos Estados Unidos que à velha Europa.

A importância do grande experimento europeu é valorizada por vários importantes intelectuais como um grande salto positivo para o futuro da democracia. Para Derrida (cf. Borradori, 2004, p.178), a frente de combate atual não é Oriente *versus* Ocidente, como comumente se figura. Ela está nas diferenças de concepção entre os Estados Unidos e uma Europa que ele identifica como o único ator secular no palco mundial. Ao mencionar a Europa, Derrida refere-se a uma "nova figura da Europa" ou à Europa-por-vir, mais do que à Comunidade Européia, a qual, mesmo assim, ele acredita ser uma das mais avançadas culturas não-teológicas, um auto-entendimento histórico baseado na diferença e na heterogeneidade. O autor acredita que, para serem responsáveis *por essa* memória da Europa, os europeus precisam transformá-la a ponto de reinventá-la. "Será necessário que nos tornemos os guardiões de uma idéia da Europa, de uma diferença da Europa, que consista precisamente em não se fechar na sua identidade e saber avançar de um modo exemplar em direção ao que ela não é, rumo a outra direção; em direção ao outro" (p.179).

Beck (2003a, p.397) aponta para aspectos muito originais no cosmopolitismo europeu. A revolução silenciosa que conhece hoje a sociedade francesa deixa entrever um modelo de civilização que combina aspectos criativos de elementos aparentemente contraditórios – cosmopolitismo e nacionalismo – e reinventa-se no contexto global. José Bové, de sua pequena cidade de Milau, fez uma verdadeira festa popular onde mais de 50 mil cantaram e dançaram comendo *tartines* de roquefort. A arte de viver e comer juntou da extrema esquerda à extrema direita, mesmo implicando infrações à lei. De um lado, a dimensão nacional é atenuada por uma coloração regionalista; de outro, ela se associa a um cosmopolitismo que lhe dá envergadura e asas. O resultado é um clima de guerra contra a uniformização da globalização. Aí está uma França simultaneamente global e local. O queijo é elevado ao *status* de objeto; ou melhor, de sujeito de um ato de resistência cosmopolita. O destino político da nova União Européia, no entanto, parece depender, entre outros, dos seguintes fatores: o sucesso da sua ousada expansão para o Leste; a competência para afirmar certa independência em relação às ações unilaterais norte-americanas; e o futuro alinhamento da Rússia. As últimas eleições gerais para o Parlamento Europeu mostraram um avanço da centro-direita e dos "eurocéticos", o que também é um indício das dificuldades que ainda estão pela frente.

Os dez novos países incorporados são relativamente pobres – seu poder de compra (PPP) médio é quatro vezes menor que o dos outros da União Européia – e dispõem de mão-de-obra barata e razoavelmente qualificada. Eles trouxeram ao bloco um acréscimo de 28% em população, mas de apenas 5% em PIB. Como a inclusão desses países veio acom-

Atores e poderes na nova ordem global

panhada de severas restrições iniciais à movimentação livre de trabalhadores, as grandes corporações européias estarão mais estimuladas a estabelecer partes de suas produções nesses países, num ambiente de negócios mais "familiar" do que o da distante opção-China. Com isso, aumentarão as pressões para a revisão da legislação trabalhista nos países da Europa, considerada arcaica e não competitiva pelo setor empresarial. Os países ricos europeus, cujo crescimento econômico vem sendo sistematicamente inferior ao dos Estados Unidos e ao da maior parte da Ásia desde a constituição da União Européia, passaram – após a integração com as nações do Leste europeu – para uma fase de intensa mudança no equilíbrio do poder entre seus atores. Montadoras européias usam o Leste como opção ou ameaça e rebaixam salários e garantias nos países ricos europeus. A Volkswagen anunciou que iria demitir pessoas em sua fábrica na Espanha. Experientes líderes sindicais alemães aconselharam seus companheiros a ceder. Os salários espanhóis, embora bem mais baixos que os da Alemanha, são mais do que o dobro dos da Eslováquia. Os trabalhadores espanhóis aceitaram uma redução de salário.

Os sindicatos perdem progressivamente poder, as regras trabalhistas vão ficando mais flexíveis. A Ford transferiu sua produção de furgões da Bélgica para a Turquia, fechando 3 mil postos de trabalho naquele país. A Peugeot-Citröen está construindo novas fábricas na Eslováquia e na República Tcheca. A General Motors fabrica agora pequenos caminhões na Polônia. Quando fazem essas transferências, várias dessas empresas levam seus fornecedores de componentes junto com elas. A Renault modernizou uma fábrica na Romênia e está avisando seus trabalhadores na Espanha para serem mais flexíveis. As concessões dos sindicatos, diante da pressão, tornam as regras mais móveis, e os salários mais baixos mantêm alguns novos investimentos nos países ricos. Mas o trabalho de desmontagem do *welfare-society* europeu avança. Melhora a produtividade e a competitividade à custa de salários e garantias. Em entrevista ao *The Wall Street Journal,* o presidente da DaimlerChrysler foi claro: "Nós dissemos aos trabalhadores: temos a Polônia, a Hungria, a República Tcheca".

Enquanto isso, o presidente da Volkswagen alemã anuncia que quer congelar os salários de seus 176 mil empregados e reduzir expressivamente os custos com pessoal nos próximos anos, entrando em choque com seu ainda poderoso sindicato, que quer um aumento de 4%. No mesmo embalo, o presidente da filial brasileira afirma ao jornal alemão *Handelsblatt* que o Leste europeu tem mais vantagens que o Brasil, incluindo salários mais baixos, produtividade maior e fábricas mais próximas do consumidor. E completa: "Mas uma coisa está certa ...: garantia de emprego, só sobre o meu cadáver".

No entanto, a Inglaterra continua a manter-se como o grande espinho na carne da nova Europa. Após os desgastes profundos por causa dos fracassos no Iraque, o futuro de Tony Blair dependia da cicatrização – ou não – das chagas provocadas pelos graves erros da primeira administração Bush, sempre inequivocamente apoiados pelo chefe de Estado inglês. A inexistência das armas de destruição em massa, o desastre social e as torturas de prisioneiros minaram importantes apoios que ainda o sustentavam. O Partido Conservador concentra seu espaço de manobra em resistir abertamente à futura Constituição européia, o que fica claro em artigo de seu líder, Michael Howard: "A União Européia precisa parar de fazer de tudo e concentrar-se em fazer menos e com maior eficiência. Ela deve dar aos países-membros a oportunidade de desenvolverem uma abordagem em relação à Europa que esteja de acordo com suas tradições nacionais". Como se vê, a atual oposição inglesa tenta

Atores e poderes na nova ordem global

forçar os novos caminhos em direção a uma Europa *light* – ao gosto de parte expressiva dos cidadãos britânicos –, tese que tem aliados de certa expressão em outros países europeus que não França e Alemanha, haja vista a recente rejeição da população sueca à moeda única. Lembremos que a nova Constituição da União Européia terá de ser ratificada por 25 países, muitos dos quais obrigados a referendos populares, em meio a pressões para um esquema alternativo de ampla geometria variável que possa suavizar os rigores da perda das autonomias nacionais.

São razoáveis, pois, propostas para um cardápio amplo de políticas de adesões: de moeda comum, política fiscal única e exército europeu, a até apenas ao movimento livre de bens e serviços, a critério de cada país. Esse amplo cardápio – também chamado de "adesão a várias velocidades" – certamente não ajuda a consolidação definitiva de um espaço político europeu que crie, para além do segundo mercado do mundo, um poder político inovador e reequilibrador do atual exercício unipolar norte-americano e radicalmente inovador na possibilidade de fazer política cosmopolita no mundo global.

Outro ponto vital sobre o futuro da grande Europa é o destino da Rússia. A questão central da atual política externa russa é harmonizar seus interesses estratégicos entre Estados Unidos, União Européia e Ásia, não sendo ela membro nem da Otan, nem da OMC ou da União Européia. O processo de absorção pela Otan das ex-Repúblicas do Cáucaso e da Ásia central, entendidas como áreas de influência da Rússia – além da inclusão dos países da Europa do Leste, pertencentes ao antigo bloco comunista, e das repúblicas do Báltico – estabelece uma nova cortina de ferro, agora em relação à Rússia. A questão-chave, no entanto, é a entrada ou não da própria Rússia na União Européia. Os primeiros passos foram dados e o Parlamento Europeu reconhece que ela já cumpre a condição fundamental de ser uma economia de mercado. Os contenciosos recentes são vários, mas estão sendo administrados. Quem olhar o novo mapa da Europa deparar-se-á com um estranho enclave russo (Kaliningrado) entre Polônia e Lituânia, sem acesso ao seu território; após negociações, já se acertou um acordo para garantir trânsito privilegiado dos russos.

Em relação ao comércio entre a Rússia e os novos membros, definiram-se cotas e taxas alfandegárias de transição, manutenção de contratos para fornecimento de combustível nuclear e eliminação de restrições de ruído para permitir aos jatos russos continuarem a voar na região. A União Européia prometeu aumentar a cota de importação de grãos russos e apoiar gestões para a entrada do país na OMC; mas continua insistindo que a Rússia equalize os preços internos de petróleo e gás natural com os internacionais, além de eliminar o monopólio de produção de gás. Sendo esses produtos estratégicos e com sérias implicações para o sistema de preços do país, tais questões são mais difíceis de resolver.

O fato é que a entrada dos países do Leste na União Européia tem implicações complicadas em relação à futura estratégia geopolítica russa. Aqueles países não esquecem o período de domínio soviético e temem recaídas. Embora todos eles ainda mantenham significativo comércio com a Rússia – e ainda sejam especialmente dependentes do seu carvão, gás e petróleo – eles têm em comum um "ódio" contra o antigo dominador, o que vale especialmente para República Tcheca, Polônia, Lituânia, Letônia e Estônia. Quanto a Bielorússia, Ucrânia e Moldávia, últimos tampões entre a Rússia e a nova União Européia, esses ainda são países mais dóceis e dependentes. De qualquer forma, o posicionamento futuro da Rússia, debruçada sobre alternativas geopolíticas complexas, será essencial para a definição do formato final da Europa e, por decorrência, importante para o novo equilíbrio do poder mundial.

Mas é insofismável que o projeto da União Européia, em sua imensa ousadia, é o primeiro caso concreto de uma unidade política transnacional. Ela é um híbrido de mercado comum com uma unidade política em adiantada fase de gestação, dotada de força visionária. Mas a Europa vai conseguir integrar a Rússia? Vai abandonar as tradições coloniais ou quase-coloniais com a África e o mundo árabe? Como será a dinâmica de integração do Leste, essa periferia integrada a um centro que não quer seus habitantes – de segunda classe – em seu território por no mínimo cinco anos? Terá a coragem de acolher a Turquia e trazer para dentro um pedaço do mundo muçulmano? Como a União Européia se comportará diante dos audaciosos projetos de modernização desenvolvidos por outras culturas, como a asiática? Seria a Europa apenas uma noção cartográfica, com limites mal definidos, associada a uma visão mercantil? Que perspectiva desenvolverá a Europa para a massa de pobres do planeta, que estão duplamente em desvantagem por sua ausência de poder e por sua ausência de voz no jogo mundial de poder? E diante daquela multidão para a qual a globalização cultural e econômica é antes de tudo um sinônimo de exploração? Como ela se renovará no plano político e se comportará diante de seus Estados, cujos projetos políticos nacionais são marcados por ativismo étnico ou religioso, mesclados com corrupção e traços imperialistas? Com as dificuldades da digestão da Europa do Leste, ficará a União Européia centrada basicamente em si mesma e aumentará sua tendência ao isolacionismo?

Por enquanto, só o espírito mercantil anima a União Européia. Ela ainda não é um ator totalmente cosmopolita. O vigoroso otimismo pelo renascer da utopia, e pelo rápido andamento de seu projeto de consolidação, não afasta do horizonte sombras e dificuldades de grande monta. O futuro da Europa repousa nas tensões entre um neoliberalismo que avança, uma socialdemocracia que se esvazia e uma direita xenófoba que ganha espaço. A estratégia socialdemocrata está claramente em defensiva e em declínio (basta ver o que sobrou da terceira via). E acelera-se o avanço do neoliberalismo, ainda que mantido e reforçado o protecionismo a seu mercado interno. O presidente da nova Comissão Européia, o português José Manuel Barroso, convidou para os postos-chave reformadores convencidos da via neoliberal para a geração de empregos e crescimento e pouco sensíveis ao modelo social vigente, como é o caso do inglês Peter Mandelson (Comércio Exterior), do irlandês Charlie McCreevy (Mercado Interior) ou da holandesa Neelie Kroes-Smit (Concorrência). Os socialistas são fortemente minoritários na equipe. Seu compromisso central é com a competitividade econômica, estimulando inclusive as grandes corporações européias que têm crescido sistematicamente menos que as dos Estados Unidos. Uma análise do faturamento das quinhentas maiores corporações mundiais no período de 1998 a 2001 mostra que, enquanto as empresas não européias – basicamente norte-americanas – cresceram 26,4%, as européias perderam terreno, evoluindo apenas 14,5%.

Para tornar o quadro ainda um pouco mais complexo, a Europa assiste com certa perplexidade à perda de terreno da socialdemocracia e à emergência de governos populistas de direita em alguns países que, embora pareçam estar em declínio, mantêm vivas as causas de seu surgimento. Eles foram – e ainda podem vir a ser – uma resposta à crise social na Europa gerada pela modernização trazida pela globalização, que tantas promessas fez e na prática pouco realizou; ela trouxe, isto sim, tensão social, turbulência, xenofobia e individualismo exacerbado. Também para a população européia a globalização impôs perdas elevadas, respondidas com ressentimento, frustração e ansiedade. Cuperus ("The populist deficiency...") lembra que o populismo contemporâneo é um brado em prol da preservação da identidade e do modo de vida clássico das famílias européias. É um protesto contra as ameaças estrangeiras e um sinal de alarme para o sistema político, econômico e social atual; esse sistema está falhando em sua função de representação dos interesses do povo e pode varrer do mapa europeu a socialdemocracia. Os teóricos do populismo aproveitam-se do grande espaço para protestos, insatisfações e frustrações, sobretudo entre os menos favorecidos, para estabelecerem os ideais de autoritarismo da nova direita européia. As condições básicas estão visíveis: dissolução de identidades, fragmentação cultural, aumento da desigualdade, descontentamento político, racismo e xenofobia, crise econômica e desemprego.

Os populistas conquistaram o apoio de parcelas significativas de diferentes grupos de cidadãos que se sentem excluídos da cena política: desde os novos ricos, ganhadores na lógica da globalização, até os grandes perdedores, trabalhadores urbanos de culturas multiétnicas; ou seja, imigrantes que sofrem os duros efeitos da xenofobia, da violência, da perda de direitos, do desemprego etc. A inexistência de confrontação ideológica cria um clima político totalmente despolitizado decorrente, em grande medida, da perda de espaços do antigo Estado do bemestar social para a ausência de políticas públicas impostas pela lógica da globalização. A socialdemocracia não renovou seu discurso, deixando o campo livre para os populistas, que prometem de forma eficiente e dramatizada, temperada por um exacerbado carisma autoritário do tipo *eu faço*; eles se dizem capazes de fazer mudanças profundas na sociedade em prol

Gilberto Dupas

da volta do bem-estar da população contrapondo-se ao estilo burocrático dos políticos de plantão, engessado pelo modelo em vigor.

Em alguns países como a Holanda, as disputas eleitorais passam a ser marcadas não mais por clivagens políticas clássicas, mas ficam polarizadas entre defensores do *status quo*, passivos diante das intempéries globais, e populistas defensores tanto dos fracos e oprimidos quanto dos novos ricos contra os imigrantes e os efeitos negativos da globalização. Critica-se a socialdemocracia por ela ter incorporado o neoliberalismo e por ter aderido incondicionalmente à União Monetária Européia, agravando a qualidade dos serviços públicos e a perda da qualidade de vida do cidadão. A ascensão dos movimentos populistas de direita decorre da sua capacidade de ocupar vácuos políticos deixados pela socialdemocracia, principalmente em razão da diminuição da eficácia das políticas públicas nacionais perante as forças econômicas globais e da falta de consistência de sua terceira via; da grande convergência programática dos principais partidos políticos; e da fragmentação dos partidos de esquerda.

Apesar desse clima favorável, a consolidação do populismo de direita na Europa é bastante duvidosa e precária. A aversão populista às instituições e representações afeta a continuidade e a consistência de seus programas, ficando o movimento a depender de líderes carismáticos ou autoritários. Esse tipo de liderança pode facilmente ser cooptada pelo partido político que está no poder; e quando os populistas participam da coalizão governista, tendem a manter graus elevados de independência do governo, funcionando como oposição interna. Mas é preciso muito cuidado: eles podem tornar-se uma séria ameaça para as instituições pois, quando no poder, tendem a destruir a construção histórica das instituições democráticas

Atores e poderes na nova ordem global

duramente estabelecidas nos países ocidentais. Com o aparecimento desse populismo mudou-se a forma de comunicação e a maneira de se fazer política. Uma lógica maniqueísta de diferenciação de "nós contra eles" e palavras de ordem referenciadas em linguagem simples – que alcance a maioria da população – contrapõe-se às explicações complexas dos tecnocratas. A base da legitimidade democrática tende para formas plebiscitárias e esquemas de democracia *soft* que demandam extensiva personificação.

No caso da Europa, o populismo surge como resistência ao *status quo* e como alternativa para manter a identidade comum em face da ameaça do multiculturalismo e da globalização. Esse discurso atrai tanto as classes mais pobres quanto a classe média, os novos ricos e até alguns progressistas. É uma agenda política que explora o medo de partes expressivas das populações de muitos países de um aumento na massa de imigrantes, o que supostamente conduziria à perda de bem-estar social. As repercussões dessa postura xenófoba não estão, obviamente, restritas à Europa. Basta lembrar o recente ensaio de Huntington (2004), sociólogo norte-americano de grande prestígio acadêmico, sobre os perigos da "invasão" mexicana para o futuro dos Estados Unidos e de sua weberiana ética protestante do capitalismo. Diante desse cenário, Cuperus ("The populist deficiency...") coloca a socialdemocracia numa situação muito delicada. Os populistas afirmam que os valores progressistas da socialdemocracia são uma ameaça à cultura, à nação e até à identidade étnica; e que um dos preços a serem pagos por terem recebido de braços abertos o credo neoliberal pelo disfarce da terceira via – para além da perda de valores e autonomia – é a praga da imigração.

Essa situação fez que a socialdemocracia perdesse a capacidade de cumprir seu principal objetivo político e ideológico

257

em razão da ausência de espaços de governabilidade que permitam organizar o capitalismo de acordo com os parâmetros de justiça e emancipação, de modo a alcançar um conceito completo de cidadania a um número mais elevado de cidadãos. O tipo de individualismo praticado pelos cidadãos contemporâneos seria difícil de reconciliar com uma entidade coletiva como os partidos políticos. A mídia moderna encoraja o enfraquecimento dos laços entre os cidadãos e os partidos, dando uma nova dinâmica à política, assumindo ela mesma funções de comunicação, socialização e disseminação de informação que antes pertenciam aos partidos. A base de sustentação eleitoral da socialdemocracia tornou-se mais complexa e heterogênea, o que levaria à necessidade de mudança das estratégias de conquista de votos praticadas no passado.

Em resumo, os governos vêm perdendo crescentemente substância e capacidade de ação na formulação de políticas públicas cotidianas de interesse da sua população, reduzindo-se a reagir a crises e processos inevitáveis. Assim, a socialdemocracia acaba se afastando de parcelas significativas do eleitorado e dos grupos de interesses que lhe serviam de suporte no passado, abrindo espaço para o crescimento do populismo de direita. Os políticos, incapazes de comprometer o Estado com questões públicas ou reformas estruturais, acabam restritos a dramatizar mínimas diferenças e valorizar os eventos simbólicos da mídia. As técnicas populistas de mobilização de massa são eficazes nesse sentido e vêm ganhando terreno na Europa. A saída para a socialdemocracia seria tentar manter a minoria prejudicada pela modernização longe do populismo de direita e de forças radicais.

Para tanto, Cuperus (ibidem) corre o risco de recomendar que ela lute para reduzir tanto o ressentimento da sociedade, tentando – se não lidar com as causas da marginalização socioeconômica e da polarização das comunidades – pelo menos redimensionar seu programa, estilo e comunicação fazendo concessões ao estilo populista para parcelas da sociedade educacionalmente menos privilegiadas, se é que pretende combater e competir com o populismo de direita. Em sua opinião, essa maquiagem – tornando o estilo de comunicação e o programa mais semelhante ao do discurso populista de direita, ainda que com conteúdo da agenda política de esquerda – é urgente para garantir a sobrevivência da democracia civilizada na Europa; seria "um fim que justifica vários meios". Como se vê, sobre o destino do grande e ousado experimento europeu – chave para aqueles que acreditam no cosmopolitismo como a grande alternativa deste novo século – pairam enormes otimismos e azedos ceticismos. Os eurocéticos têm contra si o quanto já foi conseguido e era considerado praticamente impossível. Os próximos anos serão essenciais para verificar suas possibilidades concretas.

As difíceis opções da América Latina

A América Latina, mais do que qualquer outra região do mundo, com exceção da África sub-sahariana, tem sofrido as graves conseqüências da globalização dos mercados e das finanças. O discurso hegemônico neoliberal do pós-guerra fria gerou a aplicação de um receituário de políticas públicas e econômicas cujos resultados na região – para além da ajuda no controle das situações hiperinflacionárias no Brasil, na Argentina e no Peru – foram decepcionantes. A conseqüência dessas políticas foi um aumento significativo da exclusão social, em meio a uma sucessão de crises que afetou boa parte dos grandes países da periferia. Enquanto isso, a marcha acelerada da globalização constrangia progressivamente o poder dos

Estados nacionais, subordinando-os a metas monetárias rígidas que os impediram de praticar os princípios keynesianos que vigoraram na maior parte da segunda metade do século que findou.

Seria correto afirmar, pois, que a década de 1990 e o início dos anos 2000 acabaram se constituindo em mais um "período perdido" na economia latino-americana. Apesar da alegada forte "modernização" dos países latino-americanos, persiste na região um quadro grave e crescente de exclusão econômica e social e uma contínua elevação dos níveis de desemprego e informalidade no mercado de trabalho, incrementando os índices de marginalidade e violência. Os mais jovens, entre os quais as taxas de desocupação cresceram especialmente, expõem-se progressivamente a situações críticas de sobrevivência que os tornam um "exército industrial de reserva" do crime organizado, fazendo da América Latina a segunda região de maior criminalidade e a primeira em desigualdade de renda em todo o mundo. A contínua geração de "novos pobres" tem criado uma onda de emigração sem precedentes nesses países, incluindo indivíduos da classe média. As altas taxas de desigualdade afetam toda a sociedade, ao reduzir a possibilidade de poupança nacional e o tamanho do mercado doméstico, impossibilitando a produção em escala, estimulando o populismo e contribuindo para efeitos perversos sobre a governabilidade democrática, o clima de confiança e o capital social. Está caracterizado, pois, um impasse para o qual o discurso hegemônico das instituições internacionais e das nações centrais não dá mais conta.

O fato é que – como já vimos – participar das cadeias produtivas não é mais uma opção para os grandes países da periferia, como México, Brasil e Argentina; tal participação passa a ser uma obrigação imposta pela lógica global, já que ficar fora delas

Atores e poderes na nova ordem global

é ainda pior. Esses países, na intensa disputa por capital e investimento internacionais, são obrigados a baixar cada vez mais os custos dos seus fatores de produção para atrair partes das cadeias produtivas das grandes corporações transnacionais; a competição predatória decorrente paga um alto preço com a redução progressiva de margens de ação, erosão da soberania nacional e das condições de governabilidade. Governos e opinião pública vão se transformando em espectadores e a legitimação democrática vai se enfraquecendo. Esse é um campo aberto para o populismo e para arremedos de democracia, tão recorrentes na América Latina.

Na verdade, os países centrais insistem em proibir os grandes países periféricos de usarem precisamente as mesmas políticas que funcionaram com eles no passado, quando elas os ajudaram a transformarem-se em países ricos. No caso do continente americano, os latinos foram sempre encarados pela potência hegemônica norte-americana como um território sob sua direta influência e no qual as corporações norte-americanas deveriam ter prioridade. No caso dos acordos comerciais, eles nunca passaram de uma versão contemporânea e multilateral dos "tratados desiguais" que a Inglaterra e outros países centrais costumavam impor aos países dependentes da época. É o caso típico da Alca, que os Estados Unidos queriam impor à América Latina. Ela romperia com as resistências finais à entrada avassaladora de produtos e serviços norte-americanos sem nenhuma garantia de abertura relevante e permanente do mercado norte-americano, o que sufocaria o que restou de industrialização e adição de valor na região; nem sequer a garantia de produtores primários preferenciais esses países teriam. Basta ver a resistência férrea dos Estados Unidos em reduzir seus subsídios agrícolas; e as conseqüências trágicas para o México da invasão do milho subsidiado norte-americano.

261

Diante desses impasses, que impedem a diminuição da pobreza mundial e a retomada de crescimento dos grandes países da periferia – avanços importantes até para o reforço da própria dinâmica de acumulação capitalista –, que caminhos podem ser propostos para a América Latina? O primeiro deles é a manutenção de uma dura lucidez sobre as lógicas e as forças em jogo; e a retomada, dentro dos estreitos limites do que permite essa relação de forças, de políticas públicas autárquicas que amenizem um pouco os efeitos negativos desse novo jogo global. Isso implica, entre outras medidas, a permanente busca de adição de valor à produção local mediante o desenvolvimento de padrões tecnológicos originais e a contínua melhora de eficiência operacional. No entanto, diante do tamanho das assimetrias e das forças negativas geradas pelo jogo de mercado, essas medidas não bastam. Outro caminho, a ser necessariamente trilhado em concomitância com o primeiro, é a assunção de políticas transnacionais. Na verdade, como já mencionamos, o poder privado não substitui ou enfraquece a autoridade pública apenas por ser mais eficiente; mas por criar um meio de legitimar seus interesses particulares sem ter de assumir as conseqüências públicas de seus atos e de buscar o complexo consentimento democrático, esse último sempre obrigado a renovar sua legitimação.

No caso da América Latina, uma tentativa séria de estratégia transnacional de cooperação ainda está para ser feita. Os seus blocos regionais nunca passaram de caricaturas limitadas a acordos comerciais tímidos e repletos de exceções. O Mercosul, sua experiência mais relevante, deteriorou-se a partir das crises e instabilidades cambiais de Brasil e Argentina, parceiros que detêm 97% do PIB do bloco e cujo comércio retornou atualmente ao pequeno padrão das especialidades assimétricas. No entanto, a América do Sul, por exemplo, com seus 361 milhões de habitantes e 954 bilhões de dólares de PIB, concentra uma massa crítica de população significativa do mercado mundial, seja como consumo, seja como mão-de-obra. Mas cada um dos seus países isoladamente – inclusive os sete maiores, onde se concentra 87% do PIB subcontinental – terá sempre um poder muito restringido e estará facilmente exposto à armadilha da especialização competitiva e da guerra de preços relativos, tão a gosto da lógica das corporações transnacionais. Juntos, eles poderiam ter boas chances de conduzir termos de barganha mais favoráveis e lidar melhor com suas complementaridades e sinergias.

É claro que tal raciocínio pode ser aplicado, até com mais vigor, à América Latina como um todo. Porém, para que os acordos regionais possam ser eficazes, esses países terão de ousar caminhar para políticas macroeconômicas comuns, e decisões estratégicas amplas, profundamente comprometidas com a visão transnacional. Isso significa aceitar ceder de fato na soberania nacional tradicional em benefício de todos e praticar um ativo "toma-lá-dá-cá" no campo das concessões que permita consolidar condições de exercício de um poder global minimamente compatível com o tamanho das forças em jogo.

Do ponto de vista geopolítico, não há como deixar de dividir a América Latina em duas regiões distintas. De um lado, o México, a América Central e o Caribe, que estarão sempre sob influência mais direta dos Estados Unidos. O México tem um destino claro que inclui sua relação incestuosa com o grande país vizinho. Para os demais pequenos países da região, pequenos acordos comerciais serão sempre sedutores e podem resolver importantes impasses de balança externa. Já na América do Sul, com um número menor de países e apenas quatro deles – Brasil, Argentina, Colômbia e Venezuela – perfazendo 82% do PIB da região, há um claro espaço de integração autônoma.

Parece que o caminho mais adequado à reaglutinação de forças dessa região é apostar – por sobre os escombros do Mercosul – numa *união sul-americana* sinergizada por projetos comuns de infra-estrutura. É preciso disponibilidade para abrir mão de *falsas soberanias* em nome de uma nova autonomia negociadora com as corporações e o capital global. Esses projetos, a partir de zonas de interesse efetivo inclusive ao setor privado – como aconteceu na Europa em torno da Comunidade do Carvão e do Aço, gênese da União Européia –, devem centrar-se numa visão de crescimento auto-sustentado para a região amazônica, uma rota eficiente que ligue o Pacífico ao Atlântico e um acordo energético de grandes proporções. Uma União Sul-Americana aos moldes da União Européia seria então uma base concreta de negociação com os atores econômicos globais.

A única maneira de os Estados da grande periferia reagirem às perdas crescentes de autonomia é entender o jogo global e das corporações, e imitá-las em agressividade e em escala, reconstruindo um peso de barganha suficiente. É nesse contexto que a cooperação entre as nações tem de ser desenvolvida, não mais num esquema de referência *inter*nacional, mas sim *trans*nacional. É claro que sempre haverá possibilidades de múltiplos acordos bilaterais ou da formação de blocos de interesse ocasionais de geometria e duração variáveis, articulados em nível de G-Rio, G-20 e outros alinhamentos cujos países tenham táticas ou estratégias que se aproximem temporariamente em razão das particularidades de suas pautas. É o caso do exemplo das articulações bem-sucedidas entre Brasil, África do Sul e Índia sobre a questão do combate à Aids que, sob pressão articulada da sociedade civil e dos Estados, forçou as corporações transnacionais a um acordo que claramente beneficiou a todos. Essas alianças devem ser exploradas ao máximo, mas a duração delas tende a ser temporalmente limitada e ocasional.

Quanto ao papel da sociedade civil, os atores sociais contemporâneos organizados em ONGs também tomaram espaço, com algum destaque na mídia, em algumas ações sociais e em pressões políticas voltadas ao meio ambiente e aos direitos humanos. Porém, há uma América Latina profunda – dirigida às suas raízes de povos colonizados pela exploração – que volta a se manifestar com mais intensidade em momentos de impasses maiores à rota de desenvolvimento com efetiva promoção social. Para além de movimentos circunstanciados pelas crises estruturais profundas – como é o caso dos piqueteiros da Argentina, o Movimento dos Sem-Terra no Brasil e a insurreição da população indígena na Bolívia em razão das proibições do cultivo da coca – paira no ar o abrangente "problema indígena", eternamente presente no debate político latino-americano. Os índios sempre se constituíram em questão relevante e contemporânea à fundação das Repúblicas regionais. Ao contrário dos negros, que eram escravos, os índios foram considerados "raças" inferiores. Aníbal Quijano (2004) lembra que, com a crise neoliberal iniciada na década de 1980, desintegrou-se a estrutura produtiva então consolidada, gerando desemprego, subemprego e rápida polarização social.

Em decorrência, aqueles cuja identidade era ambígua e vacilante foram empurrados a procurar com urgência outras identidades. O que era até então expresso em "classes sociais" passou a buscar espaço das "etnias" ou na nova nomenclatura de "incluídos e excluídos". Para Quijano (2004, p.91), "existe uma queixa comum de identidade que é mais uma contrapartida da discriminação que impede a assimilação plena da identidade nacional ou cultural dominante". Uma variante dessa demanda é a pressão por autonomia política e territorial, especialmente no caso de países com grande população "indígena" como México, Guatemala, Equador, Bolívia e Peru. Os mais

Gilberto Dupas

organizados – como no caso de Chiapas – chegam a propor a necessidade de um Estado plurinacional, uma curiosa "transnacionalização indígena", de modo que a estrutura institucional do Estado possa representar mais de uma nação. No entanto, embora ainda muito confusos e complexos, esses processos de enfraquecimento dos Estados e reivindicações de cidadanias plurais implicam em difíceis problemas para o controle democrático da autoridade pública dentro do Estado-nação, gerando novos potenciais de conflitos localizados.

A emergência de outros atores sociais e políticos na Bolívia contemporânea envolvendo a população indígena insurreta que ocupou La Paz e derrubou o presidente Sánchez de Losada, em outubro de 2003, é outra evidência do descrito acima. Esses movimentos da sociedade civil na América Latina estão criando novas formas de ativismo que servem como base para uma enriquecida noção de cidadania. A sociedade civil visa, portanto, interpelar diretamente o Estado tanto sobre seus direitos constitucionais quanto, de maneira ativa, sobre direitos fundados nos costumes e na legitimidade cultural. Não se demanda do Estado somente mais ajuda assistencial, mas planos de apoio às famílias e aos indivíduos voltados a atividades produtivas que permitam a eles saírem da linha extrema de pobreza. Em suma, a política nacional passou a ser o campo de ação desses movimentos mediante a ocupação de praças, bairros e ruas, de fora para dentro e de baixo para cima, utilizando-se de formas inovadoras para reclamar seus interesses.

Outro grave problema, bem evidenciado na Colômbia – mas também presente na Bolívia – é que a sustentação econômica desses novos movimentos da sociedade civil tem como base a atividade dos *cocaleros* que, por sua vez, possuem ligações viscerais com o narcotráfico. Isso é indicativo de que parcelas consideráveis desses novos movimentos buscam apoio e sobre-

Atores e poderes na nova ordem global

vivência em grupos "fora-da-lei" que, por sua vez, os utilizam para reforçar seu poder econômico, político e bélico. Com isso, agrava-se a dificuldade dessas populações em reconhecer o Estado de direito e as instituições democráticas como fonte legítima de poder. Para além das regras do Estado, multiplicam-se pólos alternativos de poder e redes de alianças espúrias envolvendo crescentemente o estímulo à marginalidade, homicídios, prostituição, roubo, seqüestros e tráfico de entorpecentes. Os vácuos de poder do Estado acabam ocupados, assim, por relações institucionais incestuosas entre o aparelho estatal, os novos movimentos da sociedade civil e o narcotráfico, no que é paradigmático o caso colombiano. Tudo isso alimenta, obviamente, pretextos para intervenção dos Estados Unidos em países da região, muitas vezes estimulada por seus próprios governos, gerando uma crescente realimentação da violência.

A reconstituição do espaço da política na era global

Na mesma medida em que a utopia e os grandes relatos se perderam, o espaço da política reduziu-se radicalmente no mundo global. Votar ou não em candidatos com discursos burocráticos ou populistas – travestidos por um marketing sofisticado e enganador em novos salvadores – é no que, em grande parte, reduziu-se o âmbito da política nacional. Uma vez no poder as ações possíveis se assemelham, os tons se reduzem em ligeiros semitons. Nesse contexto, um novo conceito de política transnacional ganha muita importância, na medida em que constitui uma resposta à expansão do poder do mercado e do capital. Se é exato que os Estados têm reduzidas alternativas de adaptação ou resistência, também é verdade que uma federação de Estados pode recuperar e desenvolver o poder cooperativo da política e conquistar sobre a economia mundial novas funções e novas opções para influenciar os rumos do equilíbrio de poder.

As estratégias do neoliberalismo de Estado tentam abolir a contradição intrínseca entre Estado e mercado livre, remodelando-o a serviço do mercado mundial e transformando-o numa espécie de facilitador e prolongamento dele. Isso implica o reconhecimento do caráter paradoxal dos Estados e da política: ao mesmo tempo que se tenta reduzi-los, eles são indispensáveis e insubstituíveis. Os governos, na função dupla de lugar de origem e lugar acolhedor de atores e empresas da economia mundial, representam um papel decisivo. Adversários até pouco tempo, os Estados tornam-se – mediante as políticas de reforma neoliberais – aliados e sócios da economia mundial; e são mantidos em intensa concorrência uns com os outros. Com isso eles se reduzem a operadores de segundo nível da política econômica mundial, cada vez mais limitados no espaço de ação de suas políticas interna e externa. A velha diplomacia bilateral dos Estados é pouco a pouco substituída por outra, multilateral, em que os atores globais representam o papel mais importante. No novo nível de arenas políticas transnacionais – OMC, OCDE, G-8, G-20 – é que se jogam as partidas mais decisivas. Segundo Beck (2003a, p.308), é lá – e não nas opiniões públicas – que se reescreve, atualiza e negocia o essencial das regras do metajogo do poder da política mundial. Nos anos 1980, a tentativa de conciliar liberdade política e econômica criou a terceira via, que partia da necessidade de os Estados se adaptarem à concorrência no mercado mundial como única alternativa, ficando a política totalmente subordinada aos ditames da economia. Essa redução retirou da política toda a sua substância. A possibilidade e a necessidade de reinventar a política na era

Atores e poderes na nova ordem global

da globalização estão relacionadas à definição e à repartição de riscos econômicos ligados ao mercado mundial, diante dos imponderáveis globais. Historicamente, sempre houve uma oposição entre política nacional e economia global; a nova política, como dissemos, deve rejeitar a falsa alternativa entre as estratégias de desregulação neoliberal e as estratégias intervencionistas e protecionistas nacionais ou neonacionais, mobilizando seus recursos para a regulação política dos conflitos e dos mercados. As agências reguladoras de defesa da concorrência, por exemplo, têm o dever e a legitimidade para atuar duramente nos casos de ameaça oligopólica, como se ousou fazer no Brasil recentemente nos casos Colgate-Kolynos e Nestlé-Garoto – ainda que quase pedindo desculpas ao capital por tanta ousadia.

É preciso ter continuamente a coragem de colocar no centro do debate temas que a política de adaptação voluntária ao neoliberalismo negligencia ou esconde, ou seja, conflitos decorrentes da destruição do meio ambiente, da destruição de postos de trabalho por automação e terceirização, entre outros. Em vez de ficar nos discursos radicais contra a economia global, Beck (p.443) acha muito mais eficaz à política utilizar *a dramaturgia do conflito e do risco* como força geradora de política. Paradoxalmente, o poderio estatal pode ser redinamizado graças à experiência das crises políticas. A economia mundial e o mercado em geral têm necessidade de uma nova política de Estado que crie um quadro de regulamentação fundamental ao seu funcionamento, sobretudo para lidar com as anomalias e disparidades criadas por ela mesma. Isso poderia ser resolvido com a força legitimadora de uma reorganização transnacional e democraticamente organizada da política, reintroduzindo o espaço da mediação política no quadro global, agora com cidadãos e consumidores que usam a internet.

Na sociedade global, a política renasce não pela ação de quem decide sobre as novas tecnologias, mas na explicitação e na discussão pública de riscos imprevisíveis dessas decisões; não pela decisão de retirar capitais de um país *mal-comportado*, mas pela ampla exposição à opinião local e internacional das conseqüências dessas medidas sobre o desemprego; não pela invenção de uma droga revolucionária para a Aids, mas pelo implacável debate evidenciando que os milhões de portadores não terão recursos para comprá-la.

Quanto mais os mercados mundiais se fragilizam, mais imprevisíveis ficam. Os grandes grupos fogem da assunção de responsabilidades quanto à insegurança global que suas ações podem causar no meio ambiente e no consumidor. Apenas uma vez, uma pequenina nota – e somente em alguns jornais mundiais – informou o resultado publicado pela revista *Radiology*[3] sobre a exposição de indivíduos a tomografias de corpo inteiro nas máquinas caríssimas que são impostas aos hospitais que querem ser classificados como de primeira qualidade: a irradiação a que são submetidos pode ser maior que a de um sobrevivente de Hiroshima e a conseqüência pode ser o desenvolvimento de cânceres que se querem diagnosticar em indivíduos até então sadios. O mesmo ocorre nas cadeias alimentares, na manipulação genética e com as películas plásticas hoje utilizadas em todas as residências e supermercados do mundo.

Essas tecnologias que se proclamam autocontroladas e se emancipam da ação humana contêm toda a sua ambivalência: de um lado, prometem segurança perfeita; de outro, abrem riscos de dimensões imensas e desconhecidas, explodem controvérsias éticas, ecológicas e políticas como a crise da vaca-louca, a gripe do frango, a epidemia de Aids etc. A percepção

---

3 *Folha de S.Paulo*, 31.8.2004.

das ameaças recentes contra a civilização evidenciou os novos riscos que só podem ser enfrentados numa escala global. Essa é a principal razão que pode levar as nações a cogitar partilhar sua soberania com outras ou até renunciar a ela, como está ocorrendo no caso europeu.

Kant foi, de certa forma, quem lançou a visão transnacional da política quando afirmou: "Pensar-se como membro da sociedade civil mundial é a idéia mais sublime que o homem pode conceber como destino" (apud Beck, 2003a, p.23). Muito depois, Friedrich Nietszche recomendava que a Europa encerrasse a comédia de um ajuntamento de pequenos Estados e das suas veleidades dinásticas e democráticas: "A pequena política encerrou seu tempo: o próximo século trará a luta pela dominação do mundo e a *obrigação absoluta* de fazer uma Grande Política" (apud ibidem, p.23). Em seguida, foi a vez de Marx prever que seria a globalização do capital – e não da política – que quebraria a política nacional e abriria o espaço da Grande Política (cf. ibidem, p.23).

Beck acha que a política a serviço de um Estado desterritorializado e desnacionalizado pode descobrir novos potenciais de poder quando colocada numa perspectiva transnacional. Para ele, há um equívoco quando se vê como indissociáveis a nação e o Estado, a política e o território, a atividade política e a soberania nacional. Quando os governos negociam acordos de direito internacional ou quando se agrupam para formar um novo conjunto, surge um novo espaço de soberania cooperativa que pode fazer frente aos grandes grupos da economia privada e definir novas condições gerais. Mas o preço a pagar é a perda da antiga soberania nacional. Afinal, nesse novo contexto, para que essa soberania serviria? Os Estados nacionais são hoje ineficazes em inúmeras áreas, tais como direito internacional, criminalidade, progresso tecnológico, controle do meio ambiente etc. No entanto, o ganho cooperativo transnacional pode ser altamente compensador. Beck acha que só as soluções transnacionais oferecem a possibilidade de enfrentar os problemas cruciais deste século. Para isso, seria preciso retomar o discurso com o conteúdo da Grande Política, capaz de mobilizar amplo segmento de cidadãos mundiais, incitando as massas e movendo-as para a ação, recuperando a estratégia das utopias. Fazer o jogo da política significa redefinir e exercitar o monopólio da legitimação estatal e democrática no confronto com a economia mundial. A economia global tem necessidade de um quadro político transnacional dentro do qual possa agir. A dominação translegal exige o surgimento de uma política translegal. A concentração de poder nas mãos do capital é precária do ponto de vista de legitimidade e de opinião pública, gerando uma grande crise de confiança. Beck lembra que os esforços dos atores da economia mundial por se tornar autárquica em relação à política e à sociedade representam hoje um de seus calcanhares-de-aquiles; esses aspectos se nutrem de uma legitimidade política precária, e as estratégias autárquicas dos grandes grupos internacionais podem abalar os fundamentos de sua própria legitimação. Os Estados nacionais não têm instrumentos para assumir os problemas sociais, econômicos e ecológicos provocados pela lógica do capital; essas consequências são altamente sensíveis e podem facilmente provocar crises de legitimação, protestos de consumidores e cidadãos e abalar os fundamentos da própria globalização dos mercados. Em caso de conflitos públicos, a sustentação das ações dos grandes grupos vai depender fortemente da mobilização dos Estados e do jogo político democrático dos que ainda têm o monopólio da legitimação.

No plano das instituições internacionais, o modelo criado em Bretton Woods dá sinais de rápido esgotamento e perda de coerência em seu discurso hegemônico, até agora claramente alinhado com os interesses norte-americanos e do capital internacional. O atual caso da Argentina é paradigmático. Depois de ter mergulhado em trágica crise que levou seu PIB de 320 bilhões de dólares para 120 bilhões de dólares em apenas cinco anos, fazendo tábula rasa do último país diferenciado da América Latina, o país entrega seu comando político ao governo Kirchner, que enfrenta abertamente o FMI e os credores internacionais oferecendo o pagamento de apenas 25% da dívida externa e deixando claro que uma das causas principais da crise foi a política cega do próprio Fundo com relação ao país; diagnóstico, aliás, partilhado por inúmeros analistas internacionais de prestígio. Outro organismo importante, a OMC, parece paralisada após Seattle, com sinais crescentes de perda de legitimidade. A política estatal da era global deveria aproveitar essa anomia institucional e privilegiar uma coalizão entre Estados nacionais e economia, valendo-se de seus conflitos e aliando-se com as ONGs e os movimentos de consumidores, advogados do bem comum, para estabelecer e consolidar uma arena de poder político transnacional que possibilite – com legitimidade democrática e num mesmo patamar operacional global – tentar regular as ações das corporações transnacionais.

Para que a política retome seu papel será necessário abrir um intenso debate sobre a legitimação da economia mundial, o que inclui um exame mais profundo sobre as causas do terrorismo como arma dos desesperados e dos fanáticos – e suas conexões com a exclusão e a ausência da verdadeira política. Diante dos déficits crescentes e endêmicos de legitimação, essa política revitalizada poderia quebrar a hegemonia do discurso neoliberal e substituí-lo por um discurso de auto-renovação política, exigindo à economia mundial responsabilidade, imputabilidade e transparência. Perante a opinião pública e o eleitorado, isso significa transformar belas palavras e retóricas declarações de intenção – incluindo os velhos princípios de justiça e de direito já definidos em cartas da ONU – em iniciativas concretas de organismos legislativos e executivos em nível nacional, internacional e transnacional. Para aqueles que torcem o nariz diante de tanto sonho, Beck (2003a, p.335) afirma que renunciar à utopia é renunciar ao poder, e que a inaptidão à utopia é uma doença do espírito humano, um cheque branco dado à política para que ela renuncie a si mesma. Para ele, a saída transnacional parece ser a única via, pois uma política limitada ao nacional estará na armadilha do jogo de soma negativa.

Os Estados nacionais devem compensar as concessões feitas e as desregulamentações adicionais de seus mercados por meio de exigências de alternativas para custos sociais e políticos que ameaçam em longo prazo a coesão das sociedades. Na verdade, políticas de desregulamentação e de conservação do poder são incompatíveis. Nesse sentido, a estratégia de neoliberalização da política prepara a ruína do poder político, ameaçando a lógica democrática. O que leva, no plano do poder, ao agravamento contínuo da confrontação entre o capital e a política. No período áureo da socialdemocracia européia, Filipe Gonzáles já notava isso ao dizer: "Nós estamos todos no governo da Europa (socialdemocratas), mas não somos o poder". Essa enorme acumulação de déficit de ação não se resolve apenas com a retórica sugerida por Cuperus. Urge redefinir os fundamentos democráticos e sociais do Estado nacional para a época transnacional e transformá-los em ações concretas que minorem a precariedade do trabalho, tornem administrável a redução do *welfare* e suportáveis os riscos inteiramente incalculáveis ligados às novas tecnologias. Como todas essas questões têm hoje uma dimensão global, o dilema político para o século XXI está recolocado: a possibilidade de avançar na solução dos impasses vem de encontro à ausência de meios nacionais diante da concentração de poder na economia mundial e os déficits políticos acumulados. O escapismo e a retórica populista ou religiosa – como os movimentos evangélicos e a nova Igreja *popular* católica – podem, no máximo, consistir em alívios temporários para a alta pressão.

A política deve se liberar do paradoxo de autoliquidação neoliberal, reconquistando sua margem de decisão e abrindo-se a coalizões múltiplas. Por outro lado, uma política econômica "moderna" poderá ser aquela que retoma a autoridade, ensinando que a riqueza conduz a reivindicações em matéria de direito e de justiça e que isso cria responsabilidades aos poderosos. O caminho inverso, que tende a radicalizar desigualdades e suprimir direitos, provoca conflitos endêmicos. O abandono da ortodoxia neoliberal e o fato de que a política se abre também aos frustrados, aos fragilizados, aos perdedores da globalização, representa uma renovação da política e do Estado em nível do conteúdo e do plano estratégico de poder. Mesmo mantendo uma perspectiva maquiavélica e cínica, é necessário recuperar o idealismo e dar-se meios de perseguir as estratégias políticas visando à otimização do poder. Se a política se acovarda e amesquinha, ela se coloca a serviço de sua auto-adaptação às leis do mercado. Para Beck (2003a, p.323),

> quanto mais a política é capaz de dirigir os acontecimentos, mais ela ganha imaginação, entusiasmo, grandeza e credibilidade, mais se libera da missão neoliberal que ela se autofixou e mais ganha poder para remonopolizar sua lógica própria e sua independência das estratégias autárquicas da economia mundial ... A missão da política consiste em fazer de seu problema seu recurso de solução, seja por razões idealistas ou estratégicas.

Na realidade, estão se abrindo em escala transnacional oportunidades para ações estratégicas estatais cujo número, alcance e qualidade são inimagináveis em nível nacional. O governo Lula, no caso do Brasil, é um bom exemplo do exercício dessa prática. Contido no plano interno pelas restrições orçamentárias e pelas rígidas limitações da política monetária que as circunstâncias lhe impõem, ele tem sabido tirar vantagens de ações políticas originais no campo global, articulando alianças como as do G-20 que têm aberto interessantes espaços nas próprias limitações externas. Mas a saída do paradigma nacional é sempre mais eficiente quando não é um ato solitário. No caso da América Latina, por exemplo, quanto mais países estiverem fortemente engajados numa convergência transnacional regional, mais peso terá a participação desse bloco no jogo de poder internacional, até mesmo para barganhar e exigir melhores condições diante da força do capital.

Com a sociedade mundial *em risco*, assiste-se a uma forma autônoma de legitimação: alguns dos atores podem invocar a necessidade de evitar perigos que ameaçam a sobrevivência da humanidade, ou remediá-los. O poder da legitimação vem da idéia de que certos perigos ameaçam não apenas indivíduos, grupos ou povos, mas a humanidade inteira. O *princípio da responsabilidade* enunciado por Platão foi retomado por Hans Jonas (1990) ao acentuar que, pela primeira vez, as ações humanas podem ter conseqüências irreversíveis para o destino da espécie. Jonas enunciou uma nova ética: "Aja de modo que os efeitos de tua ação sejam compatíveis com a permanência de uma vida autenticamente humana sobre a terra". Afinal, o privilégio de autoconservação é o primeiro bem da humanidade; ao contrário do suicídio individual, o da humanidade nunca é voluntário. É a crença na possibilidade de afastar o perigo que ameaça a humanidade pela ação política que funda sua legitimidade. E constitui a condição essencial para vivermos juntos. Que poder poderá proteger a humanidade dela mesma?

Atores e poderes na nova ordem global

Somente forças institucionalizadas da comunidade global são capazes de abalar as muralhas formadas pelas fronteiras dos egoísmos nacionais e corporativos.

No entanto, ronda sobre nós o drama de um populismo global que prega e pratica a conjuração antecipada do perigo, retórica dominante – fundamentalista e moralista – do governo Bush, que foi suficiente para garantir-lhe um segundo mandato. Atitude semelhante ocorre no governo Putin em relação ao terrorismo tchetcheno, cuja contra-ação já causou duas imensas tragédias recentes a partir da doutrina de que a repressão aos movimentos radicais armados deve ser tão dura e radical quanto o próprio terror.

No metajogo da política mundial, dependendo de como os atores se posicionem no tabuleiro da ação global e definam parte de seu jogo e de suas regras, seus papéis e seus graus de liberdade podem se alterar. Quando um Estado nacional opta por conduzir-se de acordo com os princípios do FMI que parametrizam os *investment grade*, muitas vezes tem de golpear o emprego e o Estado social. A adaptação realista ao consenso – regulação, liberalização e privatização – conduz a um emblemático autodesmantelamento ativo do poder e, com ele, da política e da democracia que sustentavam o Estado nacional. Como será possível obter, via campanhas eleitorais, o suporte político necessário a uma legislação aberta ao mundo diante de desigualdades globais tão brutais? Como será possível organizar ações políticas multilaterais e globais se os Estados dominantes, especialmente os Estados Unidos, são fixados num objetivo de neoliberalização do mundo dos Estados? A quem interessa a ótica cosmopolita: ao centro, à periferia, a ambos ou a ninguém? Assim, para que uma ótica cosmopolita tomasse forma política seria necessário criar partidos nacionais de cidadãos do mundo, ou seja, partidos mundiais. Seus valores e objetivos não seriam nacionais, mas formados a partir dos valores e tradições humanas presentes em todas as culturas e religiões, levando em conta compromissos e responsabilidades diante do planeta todo. Se, em curto prazo, esses objetivos parecem impossíveis, não será possível fazer deles um longo caminhar, conquistado passo a passo a cada impasse ou fragilidade mostrada pelo sistema atual?

A esquerda protecionista, incluindo ex-comunistas e ecologistas, tem defendido o modelo político de Estado nacional para preservar valores antigos, tais como soberania e autonomia. A esquerda neoliberal escolheu a terceira via, defendendo a globalização, mas querendo se proteger dos seus efeitos negativos; e defende outra globalização. A direita étnica quer protecionismo econômico e cultural. Finalmente a direita neoliberal preconiza abertura econômica e isolacionismo cultural com xenofobia. Na Europa, as grandes idéias da modernidade européia – nacionalismo, comunismo, socialismo, neoliberalismo – já ficaram velhas. Agora toda a aposta é no cosmopolitismo regional autocrítico, que se imagina seja o antídoto tanto para o nacionalismo de direita como para o de esquerda, e que reconhece a alteridade dos outros. Optará esse cosmopolitismo especial por fortalecer grandes corporações européias a fim de que elas possam competir com as norte-americanas? Ou, ao contrário, dará prioridade a apoiar seus cidadãos na luta para restringir a liberdade nociva dessas corporações transnacionais? Atuará a nova Europa decididamente para a reforma das instituições internacionais e para a criação de um quadro normativo de regras e códigos? Aperfeiçoará ela uma política de defesa às leis internacionais como a Corte Penal e o Protocolo de Kyoto, da política de direitos humanos global, de um parlamento de cidadãos do mundo e de um sistema de mediação dos conflitos?

Observações finais

Após explicitados, neste livro, os graves impasses e o aprofundamento das assimetrias gerados pela nova ordem global, procuramos analisar em detalhe a lógica de cada um dos seus principais atores e sua influência no metajogo de poder mundial. Vimos que a supremacia do capital se consagrou; mas que, apesar de seu peso decisivo na definição do quadro econômico e social, essa supremacia parece crescentemente dependente de legitimação social e política para exercer o poder em toda a sua plenitude. Mostramos como os Estados nacionais dos países centrais do capitalismo são usualmente caudatários das estratégias globais de suas grandes corporações, colaborando ativamente com elas na indução à abertura incondicional dos mercados mundiais a essas estratégias e no estímulo à competição predatória por investimentos e capitais entre os grandes países da periferia. Por sua vez, os Estados desses últimos países perdem dramaticamente condição de barganha nesse jogo e, simultaneamente, estão com orçamentos cada vez mais restritos para formular políticas públicas eficazes à solução dos problemas sociais e dos desafios externos crescentes. A conseqüência é uma progressiva erosão da condição de governabilidade de cada uma dessas nações; fenômeno esse, aliás, também presente em vários dos próprios países centrais que, à exceção da potência hegemônica norte-americana, têm clara percepção de que não podem enfrentar sozinhos os desafios e as ameaças que a globalização lhes impõe.

É o caso típico da ousada e original experiência de integração européia, na tentativa de transnacionalizar sua lógica em busca de sinergias e escalas compatíveis com o nível de produtividade exigido pelo sistema mundial de competição e com os complexos desafios da segurança, do narcotráfico, da imigração e do terrorismo na agenda internacional contemporânea. Aos Estados nacionais restam, pois, opções complexas e de eficácia duvidosa. A estratégia socialdemocrata, que chegou a sonhar com a terceira via, está na defensiva e em declínio; padece da contradição de pregar a proteção interna de seus mercados ao mesmo tempo em que exige a liberalização dos mercados dos países mais pobres; e vê os partidos à direita e o populismo crescerem ao mesmo tempo em que os atuais governos desmontam a duramente conquistada *welfare-society* em nome da competitividade internacional. A estratégia cosmopolita, que cede soberania nacional em troca de um poder supranacional, está obviamente limitada por sua prática atual eminentemente regional – o grande exemplo é a União Européia –, já que qualquer suposição de sua aplicação em escala planetária configura-se como mera utopia, especialmente na correlação mundial de forças na atualidade.

As estratégias de especialização têm uma utilidade circunstancial, já que acabam estimulando uma brutal concorrência entre países da periferia, deteriorando progressivamente os preços de seus fatores de produção em benefício da lógica das

Atores e poderes na nova ordem global

grandes corporações globais. Por outro lado, a estratégia neoliberal, amplamente predominante, esbarra em crescentes vulnerabilidades, já que tem obrigado a um contínuo deslizar de uma posição hegemônica – que estimula alianças e busca um mínimo consenso sobre governabilidade sistêmica – para uma atitude imperial que se vale do uso da sanção e da força. Nessa área, muito vai depender da evolução do quadro da União Européia. A aprovação da nova Constituição, operação complexa e de alto risco, até por exigir unanimidade dos 25 países, é um passo decisivo para a definição da solidez desse modelo transnacional aplicado a um conjunto amplo e heterogêneo de Estados nacionais com uma história de conflitos muito graves durante boa parte do século que passou. Se esse experimento se consolidar como um bloco político e econômico sólido, conseguindo fazer operar um sistema institucional de alta complexidade, estará a sugerir um contraponto ao atual modelo norte-americano – em processo de radicalização com a reeleição de Bush –, abrindo espaços de contestação e reequilíbrio na condução das questões de governança global.

No entanto, a possibilidade do surgimento efetivo de um contrapoder, que interaja com premissas da lógica neoliberal e abra espaço a um controle de várias das conseqüências nefastas da globalização, dependerá de fatores mais complexos que podem eventualmente brotar da própria sociedade civil. Cercada de novas limitações, e premida entre o apelo consumista e uma exigência performática incompatível com as oportunidades que lhe são oferecidas, a sociedade civil foi ocupando parte do espaço público – que os Estados abandonaram – mediante novas organizações e associações que se identificam com os legítimos interesses particulares dos grupos que as compõem, utilizando competentemente instrumentos midiáticos e agora agilizadas pelas redes virtuais. Essas instituições, no entanto, apesar de sua importância, necessitam de mediação e não podem pleitear-se em substituição à ação política, nem se apropriar de processos de legitimação que só o exercício democrático assegura por meio de consensos provisórios sustentados por referências ideológicas. Num novo contexto em que as grandes utopias não mais estão à disposição – e os conceitos de crença, nação e missão perderam significado – o grande desafio é construir uma nova identidade coletiva que permita a percepção de se fazer novamente parte de um todo.

Muito se espera, em certas áreas do pensamento social, do *consumidor consciente*, que poderia utilizar a arma do *não comprar* como forma de pressão contra as corporações *politicamente incorretas*. Apesar da força teórica desse instrumento de contrapoder, já deixamos claras as enormes dificuldades de sua operacionalização como força organizada e sistêmica. No entanto, não há dúvida de que a questão da legitimação das ações das corporações globais é essencial à sua lógica de acumulação e que o comportamento do consumidor é fator essencial ao seu desempenho. Claro está que, embora inócua do ponto de vista da eficácia social, as corporações saberão utilizar com a habitual competência a nova face da filantropia que atende por "responsabilidade social" como tentativa para essa legitimação.

As redes virtuais e a internet podem vir a favorecer a inclusão social ou funcionar como mais um fator de agravamento do apartheid e da exclusão? O *cidadão virtual* não está mais comprometido com a democracia por estar conectado a uma rede e poder votar instantaneamente por ela. Pelo contrário, será passível de imensa manipulação midiática e objeto de incentivo à prática populista, uma séria ameaça à democracia. Na verdade, urge reinventar a política e, para tanto, inaugurar um profundo debate sobre a legitimação da economia mundial, o que envolve reestruturar as bases do monopólio da legitimação estatal e democrática no confronto com a lógica econômica, incluindo um exame profundo sobre as causas do terrorismo contemporâneo.

É importante lembrar uma característica singular do atual exercício do contrapoder. Enquanto as instituições sociais e políticas encontram-se manietadas para exercer plena e dialeticamente os papéis fundamentais de contenção e arbitragem, relativos aos efeitos perversos da globalização neoliberal, as ações bem-sucedidas de contrapoder ocorrem quase unicamente em nível da transgressão clara da ordem estabelecida, envolvendo até mesmo aspectos criminais. É o caso do terrorismo internacional, que se colocou definitivamente na agenda do contrapoder, e que tenta justificar sua estratégia a partir do argumento de que está agindo em legítima defesa a um terrorismo anterior do *sistema* e em último recurso, já que todas as outras alternativas lhe teriam sido cortadas. Fenômeno semelhante ocorre, em outra escala e importância, com certos sabotadores dos sistemas e programas de computador, cuja motivação por vezes é contestar um quadro de hegemonia de poder que desprezam e do qual se sentem excluídos. Assim, enquanto os atores considerados legítimos pelo sistema encontram crescentes dificuldades de reformá-lo a partir de suas críticas, são os agentes de fora – que questionam e combatem radicalmente esse sistema – que têm sido eficazes em gerar turbulências que, antes de poder reformá-lo, visam destruí-lo.

Enfim, os cenários deste início de século mostram-se especialmente envoltos em pesadas brumas. As instituições internacionais criadas a partir de Bretton Woods, que deram ao sistema capitalista razoável operacionalidade diante de suas crises cíclicas, mostram-se anômalas durante a segunda metade do século XX. O fim da guerra fria e a abertura plena dos mercados

Gilberto Dupas

mundiais garantiram plenitude de espaço às políticas neoliberais, mas geraram pesados impasses e instabilidades. A taxa mundial de desemprego é inédita, o mercado de trabalho se informaliza intensamente e a fragmentação das cadeias produtivas globais mantém os bolsões de mão-de-obra barata em seus países de origem e com baixa remuneração. O número absoluto de pobres cresce no mundo todo, com exceção da China, inclusive em países europeus importantes.

Em suma, o sistema capitalista global aumenta a exclusão, concentra a renda e a riqueza, agrava tensões e imperativos de legitimação; mas continua sendo a única alternativa eficaz em grande escala disponível na atual ordem global. Os neoliberais afirmam, ainda que não com a mesma convicção dos anos 1980 e 1990, que falta *mais do mesmo* para os grandes países da periferia crescerem de forma sustentada. A centro-esquerda mundial se desalenta, perdendo espaço na política e nos governos para neoliberais, conservadores de extrema direita ou populistas, como no caso dos Estados Unidos e em outros importantes países, ou para populistas de esquerda, como em alguns países latino-americanos. As ONGs e os movimentos da sociedade civil tornam-se cada vez mais ativos e, como ativistas, estão momentaneamente presos ao otimismo utópico do *outro mundo é possível e saberemos construí-lo*. Mas elas não têm claro a que poderes institucionais recorrer e suas demandas ainda padecem de falta de arbitragem e capacidade de absorção institucional e democrática. Enquanto isso, as estratégias das grandes corporações avançam na sua visão de políticas globais que maximizem escalas e ganhos; mas elas continuam a levar à progressiva concentração, radical automação, diminuição dos empregos e informalização.

Finalmente, alguns aspectos relevantes devem chamar nossa atenção. Um deles é a excepcional dinâmica chinesa, único país da grande periferia mundial que tem garantido altas e permanentes taxas de crescimento – acompanhado de longe pela Índia – e que tem mantido competência para desenvolver várias estratégias simultâneas e complementares: é extremamente aberto à lógica global no que lhe convém, ou seja, na transformação de pequena parte do seu imenso território em grandes plataformas industriais eficientes, em consonância com os interesses das corporações globais; é autônomo e auto-suficiente no desenvolvimento de sofisticadas tecnologias controladas pelo Estado; tolera a intensa reprodução de marcas e patentes, espalhando produtos piratas pelo mundo; e, finalmente, investe pesadamente na OMC como forma de envolvimento ativo nas regras do mercado global liberal. Trata-se de uma estratégia de amplo alcance e resultados futuros ainda imprevisíveis, especialmente no aspecto político e social, mas até agora tem tido grande sucesso. Outro fato altamente positivo é a fantástica tentativa européia de construir, sobre os escombros das grandes guerras e do Muro de Berlim, um experimento político, econômico e social de enorme envergadura e ambição que, se consolidado, alterará a lógica mundial e a maneira de se operar o sistema de governo e democracia transnacional.

Há ainda que destacar a forte recuperação da lógica de acumulação capitalista após a grave crise do final dos anos 1970, dando a entender que, por conta de sua intensa vitalidade de inovação tecnológica – e independentemente das grandes distorções sociais e políticas que causa – o *sistema capitalista*, em que pese eventuais estreitamentos na demanda global, ainda se mantém com enorme dinamismo, não antecipando nenhum rápido esgotamento. Finalmente, é oportuno observar com atenção as novas estratégias de alinhamento Sul-Sul – ainda que submetidas em uma geometria variável altamente dependente de circunstâncias e táticas específicas – envolvendo países importantes como Brasil, África do Sul e Índia em busca de sinergias e complementaridades.

Existiria, enfim, um espaço político onde se possa hoje trabalhar com consistência o interesse comum entre a grande corporação, a sociedade civil e os Estados nacionais? Teoricamente sim. As ações dos atores econômicos padecem continuamente de legitimidade e credibilidade, e essa legitimidade somente lhes pode ser concedida pela sociedade, mediante a política. Quanto maiores as corporações, maior o conflito potencial que suas ações podem gerar. Estados e movimentos sociais organizados transnacionalmente podem ser os futuros atores que pactuem com as corporações um acordo de convivência no qual todos possam ganhar, em especial com o resgate dos valores sociais da humanidade, atualmente perdidos nas frestas do lado sombrio da globalização.

Referências bibliográficas

ALDRIGHI, Dante. Sem razões para celebrar. *Valor Econômico*, São Paulo, 7-9 set. 2004. Caderno Fim de Semana.

A NANOTECNOLOGIA é tão importante como foi a genética nos anos 90. *Valor Econômico*, São Paulo, 24 maio 2004.

ANVISA barra nova droga da Roche contra Aids. *Valor Econômico*, São Paulo, 23-25 abr. 2004.

ARRIGHI, Giovanni. *O longo século XX*. Rio de Janeiro: Contraponto, 1996.

ARRIGHI, Giovanni & SILVER, Beverly J. *Caos e governabilidade no moderno sistema mundial*. Rio de Janeiro: Contraponto, 2001.

AUDLEY, John J.et al. *La promesa y la realidad del TLCAN*: lecciones de México para el hemisferio. Washington, D.C.: Carnegie Endowment for International Peace, 2003.

BECK, Ulrich. A questão da legitimidade. *Revista Humboldt*, São Paulo: Goethe-Institut, n.87, 2003a.

_____. *Pouvoir et contre-pouvoir à l'ère de la mondialisation*. Paris: Flammarion, 2003b.

BLETHEN, Frank A. Fusões põem em risco a democracia. *O Estado de S. Paulo*, São Paulo, 21 set. 2004. (Artigo originalmente publicado no *The Washington Post*).

BOBBIO, Norberto. *Teoria geral da política*: a filosofia política e as lições dos clássicos. Rio de Janeiro: Campus, 2000.

BORNHEIM, Gerd. Natureza do Estado Moderno. In: NOVAES, Adauto (Org.). *A crise do Estado-nação*. Rio de Janeiro: Civilização Brasileira, 2003.

BORRADORI, Giovanna. *Filosofia em tempo de terror*: diálogos com Habermas e Derrida. Rio de Janeiro: Jorge Zahar, 2004.

BOUTROS-GHALI, Boutros. Rumo à democracia global. *Folha de S.Paulo*, São Paulo, 9 maio 2004.

BOXER, Charles. *O império marítimo português*. São Paulo: Companhia das Letras, 2002.

BRASIL perde R$ 1,5 bi com software pirata. *Folha de S.Paulo*, São Paulo, 8 jul. 2004.

CASSIRER, Ernst. *O mito do Estado*. São Paulo: Códex, 2003.

CASTELLS, Manuel. *A galáxia da Internet*: reflexões sobre a Internet, os negócios e a sociedade. Rio de Janeiro: Jorge Zahar, 2003.

CEPAL. *Panorama social da América Latina*. Santiago do Chile, 1999-2000.

_____. *Panorama social da América Latina*. Santiago do Chile: CEPAL, 2000-2001.

_____. *Panorama social da América Latina*. Santiago do Chile: CEPAL, 2002-2003.

CHANG, Ha-Joon. *Chutando a escada*: a estratégia do desenvolvimento em perspectiva histórica. São Paulo: Editora UNESP, 2004.

CONSUMO consciente engatinha no país. *Folha de S.Paulo*, São Paulo, 23 maio 2004.

COREANO rejeita uso em reprodução. *Folha de S.Paulo*, São Paulo, 14 fev. 2004.

CUPERUS, René. The populist deficiency of european social democracy. Disponível em: <http://www.fes.de>. Acesso em 2003.

DE GRAUWE, Paul & CAMERMAN, Filip. How big are the big multinational companies?. Disponível em: <http://www.econ.kuleuven.ac.be/ew/academic/intecon/DeGrauwe>. Acesso em: 2002.

DESAI, Meghnad. *A vingança de Marx*: a ressurgência do capitalismo e a morte do socialismo estatal. São Paulo: Códex, 2004.

DIAGNÓSTICO pode aumentar risco de câncer. *Folha de S.Paulo*, São Paulo, 31 ago. 2004.

DOZ, Yves; SANTOS, José & WILLIAMSON, Peter. *From Global to Metanational*: How Companies Win in the Knowledge Economy. Boston: Harvard Business School Press, 2001.

DRUCKER, Peter. The manufacturing paradox. Disponível em: <http://www.drucker.cgu.edu/DruckerArchives/data>.

DUPAS, Gilberto. Assimetrias econômicas, lógica das cadeias produtivas e políticas de bloco no continente americano. In: SEMINÁRIO SUL-AMERICANO PREPARATÓRIO PARA A REUNIÃO DOS PRESIDENTES DA AMÉRICA DO SUL. Brasília, jul.-ago. 2000.

_____. *Economia global e exclusão social*: pobreza, emprego, Estado e o futuro do capitalismo. 3.ed. rev. e ampl. São Paulo: Paz e Terra, 2001a.

_____. *Ética e poder na sociedade da informação*. 2.ed. rev. e ampl. São Paulo: Editora UNESP, 2001b.

_____. Os grandes desafios da economia globalizada. In: SACHS, Ignacy; WILLEIM, Jorge & PINHEIRO, Paulo Sérgio. *Brasil*: um século de transformações. São Paulo: Companhia das Letras, 2001c.

_____. *Hegemonia, Estado e governabilidade*: perplexidades e alternativas no centro e na periferia. São Paulo: Senac, 2002.

_____. *Tensões contemporâneas entre o público e o privado*. São Paulo: Paz e Terra, 2003.

_____. O impasse do valor adicionado local e as políticas de desenvolvimento. In: FLEURY, Afonso; FLEURY, Maria Tereza Leme. *Política industrial 2*. São Paulo: Publifolha, 2004a.

_____. *Renda, consumo e crescimento*. São Paulo: Publifolha, 2004b.

EL-BARADEI, Mohamed. Livrando-nos da autodestruição. *O Estado de S. Paulo*, São Paulo, 15 fev. 2004.

ESTUDOS mostram riscos desde 2000. *Folha de S.Paulo*, São Paulo, 2 out. 2004.

FÁBRICA do Rio será centro de excelência do grupo suíço. *Valor Econômico*, São Paulo, 23-25 abr. 2004.

FARMACÊUTICAS testam drogas na Índia. *O Estado de S. Paulo*, São Paulo, 16 fev. 2004. Caderno *The Wall Street Journal*.

FINKIELKRAUT, Alain. *A ingratidão*: a relação do homem de hoje com a História. Rio de Janeiro: Objetiva, 1999.

FONSECA JR., Gelson. *A legitimidade e outras questões internacionais*: poder e ética entre as nações. São Paulo: Paz e Terra, 1998.

Gilberto Dupas

FREITAG, Michel. *L'oubli de la société*: pour une théorie critique de la postmodernité. Rennes: Presses Universitaires de Rennes, 2002.

FUENTES, Carlos. O racista mascarado. *Folha de S Paulo*, São Paulo, 28 mar. 2004.

GIANNOTTI, José Arthur. O jogo da representação. *Folha de S.Paulo*, São Paulo, 10 out. 2004. Caderno Mais!.

GLOBALIZAÇÃO: agora a favor do Brasil. *Folha de S.Paulo*, São Paulo, 5 mar. 2004.

GRAMSCI, Antonio. *Cadernos do cárcere*. Rio de Janeiro: Civilização Brasileira, 1991.

GRAY, John. *Lost in North America*: The Imaginary Canadian in the American Dream. Vancouver: Talonbooks, 1995.

GUILHOT, Nicolas. *Financiers, philanthropers*: vocation éthique et reproduction du capital à Wall Street depuis 1970. Paris: Raison d'Agir, 2004.

HABERMAS, Jürgen. Teoria da adaptação. *Folha de S.Paulo*, São Paulo, 5 jan. 2003. Caderno Mais!.

HELD, David. From executive to cosmopolitan multilateralism. In: HELD, David; KOENIG-ARCHIBUGI, Mathias (Eds.). *Taming globalization: frontiers of governance*. Cambridge: Polity Press, 2003.

HIRSCHMAN, Albert. *Auto-reversão*: teorias consagradas em xeque. São Paulo: Companhia das Letras, 1996.

HOBBES, Thomas. *Leviatã*. São Paulo: Nova Cultural, 1997. (Coleção Os Pensadores).

HUNTINGTON, Samuel. *Who Are We?* Cultural Core of American National Identity. New York: Simon & Schuster, 2004.

IDEOLOGIAS e interesses alimentam a polêmica dos transgênicos. *O Estado de S. Paulo*, São Paulo, 7 mar. 2004.

ITALIANAS devem mudar para sobreviver. *Valor Econômico*, São Paulo, 9-10 jun. 2004.

JONAS, Hans. *Le principe responsabilité*. Paris: Cerf, 1990.

KANT, Immanuel. *Paz perpétua*. São Paulo: Nova Cultural, 1997. (Coleção Os Pensadores).

KLIKSBERG, Bernardo. *Falácias e mitos do desenvolvimento social*. São Paulo: Cortez, Unesco, 2001.

LAFER, Celso. *A identidade internacional do Brasil e a política externa brasileira*: passado, presente e futuro. São Paulo: Perspectiva, 2001.

Atores e poderes na nova ordem global

LASCH, Christopher. *A rebelião das elites e a traição da democracia*. Rio de Janeiro: Ediouro, 1995.

LAVALLE, Adrián Gurza. *Espaço e vida públicos*: reflexões teóricas e sobre o pensamento brasileiro. São Paulo, 2001. Tese (Doutorado) – Faculdade de Filosofia, Letras e Ciências Humanas, Universidade de São Paulo.

LEFORT, C. Nação e soberania. In: NOVAES, A. (Org.). *A crise do Estado-nação*. Rio de Janeiro: Civilização Brasileira, 2003.

LES VIEUX portables donnent des tumeurs. *Le Figaro*, Paris, 15 out. 2004.

LEYS, Collins. *A política a serviço do mercado*. Rio de Janeiro: Record, 2004.

LOCKE, John. *Segundo tratado sobre o governo civil*. Petrópolis: Vozes, 1994.

LYON, David. *The Electronic Eye*: The Rise of Surveillance society. Minneapolis: University of Minnesota Press, 1994.

_____. The vision machine: electronic eyes in the city. Disponível em: <http://www.videoscopia.com>. Acesso em: 2000.

_____. Surveillance in cyberspace: the Internet, personal data and social control. *Queen's Quartely*, v.109, n..3, 2002.

MACMILLAN, Margaret Olwen. *Paz em Paris, 1919*: a Conferência de Paris e seu mister de encerrar a Grande Guerra. Rio de Janeiro: Nova Fronteira, 2004.

MAQUIAVEL, Nicolau. *O príncipe*. São Paulo: Nova Cultural, 1996. (Coleção Os Pensadores).

MARÇAL, J. O movimento dos consumidores: entre desafios transnacionais e oportunidades locais. In: PUREZA, José Manuel & FERREIRA, António Casimiro (Orgs.). *A teia global*: movimentos sociais e instituições. Porto: Afrontamento, 2002.

MARQUES, Maria Manuel Leitão. A desnacionalização da constituição econômica. In: PUREZA, José Manuel; FERREIRA, António Casimiro (Orgs.) *A teia global*: movimentos sociais e instituições. Porto: Afrontamento, 2002.

MÉSZÁROS, István. *Para além do capital*. São Paulo: Boitempo, 2002.

MEXIQUE: mobilisation contre Wal-Mart près de Teutihuacan. *Le Monde*, Paris, 10 out. 2004.

Gilberto Dupas

MIAILLE, Michel. O cidadão virtual. *Mundo virtual – Cadernos Adenauer*, Rio de Janeiro: Fundação Konrad Adenauer, n.6, ano IV, abr. 2004.

"MICROSOFT está tentando intimidar o governo", diz presidente da ITI. *Valor Econômico*, São Paulo, 17 jun. 2004.

MONSANTO pára pesquisas com trigo transgênico. *O Estado de S. Paulo*, São Paulo, 11 maio 2004.

MONTESQUIEU, Baron de S. *Do espírito das leis*. São Paulo: Nova Cultural, 1997. (Coleção Os Pensadores).

MULTINACIONAIS bancam visita do Papa à Suíça. *O Estado de S. Paulo*, jun. 2004.

NAFTA ajudou México, mas pouco, diz Bird. *Valor Econômico*, São Paulo, 18 dez. 2003.

NANCY, Jean-Luc. *A création du monde ou la mondialisation*. Paris: Galilée, 2002.

NOBEL despreza peso de patente sobre pesquisas. *O Estado de S. Paulo*, São Paulo, 21 jun. 2004.

NYE, Joseph. *O paradoxo americano*. São Paulo: Editora UNESP, 2002.

OBÉSITÉ: les ripostes de l'agroalimentaire. *Le Monde*, Paris, 18 out. 2004.

OLIVEIRA, Francisco de. *Aproximações ao enigma*: o que quer dizer desenvolvimento local? São Paulo: Programa Gestão Pública e Cidadania, EAESP/FGV, 2001.

_____. *Crítica à razão dualista/O ornitorrinco*. São Paulo: Boitempo, 2003.

PAOLI, Maria Célia. Empresas e responsabilidade social: os enredamentos da cidadania. In: SANTOS, Boaventura de Souza (Org.). *Democratizar a democracia*: os caminhos da democracia participativa. Rio de Janeiro: Civilização Brasileira, 2002. v.1.

PEDROSO, João. O comércio internacional e a pluralidade de ordens jurídicas: *lex mercatoria*, contratos de Estado e arbitragem comercial transnacional. In: PUREZA, José Manuel; FERREIRA, António Casimiro (Orgs.). *A teia global*: movimentos sociais e instituições. Porto: Afrontamento, 2002.

PUREZA, José Manuel. Portugal e o novo internacionalismo: o caso da Comissão Mundial Independente para os Oceanos. In: PUREZA, José Manuel; FERREIRA, António Casimiro (Orgs.). *A teia global*: movimentos sociais e instituições. Porto: Afrontamento, 2002.

PUTNAN, Robert. *Comunidade e democracia*: a experiência da Itália moderna. Rio de Janeiro: Fundação Getúlio Vargas, 1996.

QUIJANO, Aníbal. O movimento indígena e as questões pendentes na América Latina. *Política Externa*, São Paulo, v.12, n.4, março-maio 2004.

ROUSSEAU, Jean-Jacques. *Do contrato social*. São Paulo: Nova Cultural, 1997a. v.I. (Coleção Os Pensadores).

_____. *Ensaio sobre a origem da desigualdade entre os homens*. São Paulo: Nova Cultural, 1997b. v.II. (Coleção Os Pensadores).

SANOFI-AVENTIS pode provocar nova onda de fusões entre farmacêuticas. *O Estado de S. Paulo*, São Paulo, 27 abr. 2004. Caderno *The Wall Street Journal*.

SANTOS, Boaventura de Souza. Direitos e democracia: a reforma global da justiça. In: PUREZA, José Manuel; FERREIRA, António Casimiro (Orgs.). *A teia global*: movimentos sociais e instituições. Porto: Afrontamento, 2002.

SCHÖPKE, Regina. *Por uma filosofia da diferença*: Gilles Deleuze, o pensador nômade. Rio de Janeiro: Contraponto, São Paulo: Edusp, 2004.

SMOUTS, Marie-Claude. *Les nouvelles relations internationales*. Paris: Presses de Sciences Po, 1998.

SOARES, Luiz Eduardo. O argumento contratualista em Hobbes. *Revista Dados*, Rio de Janeiro, Iuperj, v.43, n.2, 1993.

STIGLITZ, Joseph. Discurso. In: *More Instruments and Broader Goals*: Moving Toward the Post "Washington consensus". Helsinki, 1º set. 1998.

TAVERNE, Dick. O custoso malogro dos alimentos orgânicos. *O Estado de S. Paulo*, São Paulo, 8 maio 2004.

TOURAINE, Alain. *Qu'est-ce que la démocracie?* Paris: Arthème Fayard, 1994.

WADE, Robert Hunter. The disturbing rise in poverty and inequality: is it all a "big lie"?. In: HELD, David; KOENIG-ARCHIBUGI, Mathias (Eds.). *Taming Globalization*: Frontiers of Governance. Cambridge: Polity Press, 2003.

WEBER, Max. *A ética protestante e o espírito do capitalismo*. São Paulo: Companhia das Letras, 2004.

Gilberto Dupas

WORLD BANK. *World Development Report 2004*: Making Services Work For Poor People. Disponível em: <http://econ.worldbank.org/wdr/wdr2004/text-18786/>. Acesso em: 17/5/2004.

Fonte das citações das corporações

Empresa	Página	Descrição
AmBev & Interbrew	99	*Folha de S. Paulo*, 5.3.2004: "Não soubemos explicar a aliança, diz AmBev". *Folha de S.Paulo*, 5.3.2004: "Analista vê perdas para minoritários". *Folha de S.Paulo*, 5.3.2004 (anúncio AmBev-Interbrew): "Globalização. Agora a favor do Brasil". *Valor*, 27.10.2004: "Lessa defende controle brasileiro".
Antarctica & Brahma	98, 99	*Folha de S.Paulo*, 5.3.2004, artigo de Luís Nassif: "As certezas do caso AmBev".
	160	*Folha de S.Paulo*, 27.2.2000, artigo de Marcel Telles: "O que queremos ser".
AOL-Time Warner	120	Guilhot, 2004, p.11.
BBC	105, 106, 107	Leys, 2004, p.140, 145, 154.
BSkyB	107	Leys, 2004, p.149.
Casas Bahia	71	*IstoÉ*, 19.2.2003, edição n.1742: "No reino do crédito popular".
Colgate-Kolynos Nestlé-Garoto	269	*Valor*, 5.2.2004: "As decisões do Cade e a estabilidade das regras".
Glaxo Wellcome	111	Leys, 2004, p.76, 230.
Lojas Americanas	71	*Valor*, 19.4.2004: "Lojas Americanas bate recorde na bolsa e vale mais de R$ 2 bilhões". *Valor*, 19.4.2004: "Lojas Americanas copia estratégia da Wal-Mart e reduz bem os custos".

Atores e poderes na nova ordem global

continuação

Empresa	Página	Descrição
McDonald's	112	*Folha de S.Paulo*, 29.7.2004: "*Surprize me* enche as telas brasileiras".
Merck Sharp & Dohme	104	*Folha de S.Paulo*, 2.10.2004: "Estudos mostram riscos desde 2000". *O Estado de S.Paulo*, 1.10.2004: "Suspensa a venda do antiinflamatório Vioxx".
Microsoft	85	*Folha de S.Paulo*, 23.4.2002: "Punição legal afetaria o Windows, diz Gates".
	85	*Folha de S.Paulo*, 8.7.2004: "Brasil perde R$ 1,5 bi com software pirata".
	179	*O Estado de S. Paulo*, 11.5.2004: "A última da Microsoft: uma caixa preta humana".
Microsoft Linux	86	*Valor*, 17.6.2004: "Microsoft está tentando intimidar o governo, diz presidente do ITI".
Monsanto	102, 103	*O Estado de S. Paulo*, 7.3.2004: "Ideologias e interesses alimentam a polêmica dos transgênicos". *O Estado de S. Paulo*, 11.5.2004: "Monsanto pára pesquisas com trigo transgênico".
Nestlé & Garoto	98	*Valor*, 4.2.2004: "Nestlé estuda recorrer na Justiça contra decisão do Cade sobre Garoto".
Roche	98	*Valor*, 23-25.4.2004: "Anvisa barra nova droga da Roche contra Aids". *Valor*, 23-25.4.2004: "Fábrica do Rio será centro de excelência do grupo suíço".
Sainsbury's	110	Leys, 2004, p.209.
Sanofi & Aventis	97	*O Estado de S. Paulo*, 27.4.2004 (encarte The Wall Street Journal): "Sanofi-Aventis pode provocar onda de fusões entre farmacêuticos".

Gilberto Dupas

continuação

Empresa	Página	Descrição
Siemens	161	Beck, 2003b, p.254.
Volkswagen Ford Peugeot-Citroën GM Renault DaimlerChrysler	249	*O Estado de S. Paulo* (encarte The Wall Street Journal): "Montadoras européias dirigem-se para o leste e enfraquecem sindicatos".
Volkswagen (sobre corte de 103 mil empregados)	249, 250	*Valor*, 9.9.2004: "Volkswagen ameaça cortar 30 mil vagas na Alemanha se não houver acordo".
Volkswagen (sobre declaração do presidente da filial brasileira)	249, 250	*Valor*, 4.6.2004: "VW descarta Brasil como plataforma de exportação".
Wal-Mart General Motors (GM) Microsoft	71	*Folha de S.Paulo*, 18.4.2004: "Wal-Mart intriga intelectuais dos EUA".
Wal-Mart	72	*Folha de S.Paulo*, 9.5.2004: "Londrina barra área pedida pelo Wal-Mart."
Wal-Mart	73	*Le Monde*, 16.10.2004: "Mexique: mobilisation contre Wal-Mart près de Teotihuacan".
Wal-Mart Pão de Açúcar Carrefour Bompreço	73	*Folha de S.Paulo*, 2.3.2004: "Wal-Mart paga US$ 300 mi por Bompreço".
Wal-Mart (sobre venda de produtos chineses)	70	*The Economist*, 17.4.2004: "Learning to love Wal-Mart".
Zara e Benetton	200	Castells, 2003, p.64-5.

Anexo

Quadro 1 – Grandes países centrais

PIB > 1 tri	PPP > 18.000/ano	
PAÍS	**PIB (US$ bi)**	**PPP (US$)**
Estados Unidos	10.882	37.352
Japão	4.326	28.162
Alemanha	2.401	27.609
Reino Unido	1.795	27.106
França	1.748	27.327
Itália	1.466	27.050
Total	22.617	62% do PIB Mundial

Fonte: World Bank Indicators, 2004.
Elaboração: Prof. Gilberto Dupas.

Gilberto Dupas

Quadro 2 – Outros países centrais

120 bi < PIB < 1 tri	PPP > 18.000/ano	
PAÍS	PIB (US$ bi)	PPP (US$)
Espanha	836	22.264
Canadá	834	30.463
Austrália	518	29.143
Holanda	512	29.412
Suíça	310	30.186
Bélgica	302	28.396
Suécia	301	26.656
Áustria	252	29.973
Noruega	222	37.063
Dinamarca	212	31.630
Grécia	173	19.973
Finlândia	162	27.252
Portugal	150	18.444
Irlanda	149	36.775
Total	4.933	14% do PIB Mundial

Fonte: World Bank Indicators, 2004.
Elaboração: Prof. Gilberto Dupas.

Atores e poderes na nova ordem global

Quadro 3 – Grandes países periféricos

PIB > 100 bi	Pop > 25 mi	PPP > 18.000/ano
PAÍS	PIB (US$ bi)	PPP (US$)
China*	1.140	4.995
México	626	9.136
Coréia do Sul	605	17.908
Índia	599	2.909
Brasil	492	7.767
Rússia	433	9.195
Turquia	238	6.749
Polônia	210	11.623
Indonésia	208	3.364
África do Sul	160	10.492
Tailândia	143	7.580
Irã	137	7.145
Argentina	130	11.586
	(13) Total: 5.391	14% do PIB mundial
	(9) Total**: 3.195	9% do PIB mundial
Todos os outros 175 países da periferia: US$ 3.151 bi 8% do PIB mundial		

(*) Não inclui Hong Kong.
(**) Sem China, Rússia, Polônia e Irã.
Fonte: World Bank Indicators, 2004.
Elaboração: Prof. Gilberto Dupas.

Quadro 4 – Comparando GDPs (Em US$ bi constantes – 1995)

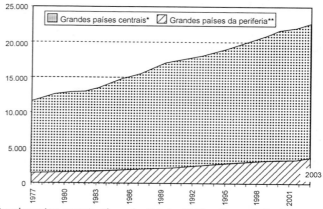

(*) Grandes países centrais: Alemanha, Estados Unidos, França, Itália, Japão e Reino Unido.
(**) Grandes países periféricos: África do Sul, Argentina, Brasil, Coréia do Sul, Índia, Indonésia, México, Tailândia e Turquia.
Fonte: World Economic Indicators, 2004
Elaboração: Prof. Gilberto Dupas.

Quadro 5 – América Latina – Os sete maiores países – Importações/PIB

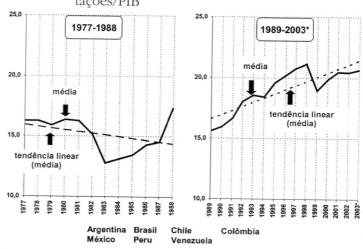

(*) Dados preliminares.
Fonte: World Economic Indicators, 2004
Elaboração: Prof. Gilberto Dupas.

Quadro 6 – América Latina – Os sete maiores países – Balança de bens e serviços/PIB

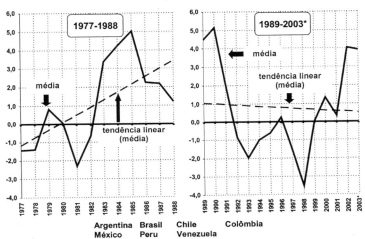

(*) Dados preliminares.
Fonte: World Economic Indicators, 2004.
Elaboração: Prof. Gilberto Dupas.

Quadro 7 – América Latina – Os sete maiores países – Investimento estrangeiro direto/PIB

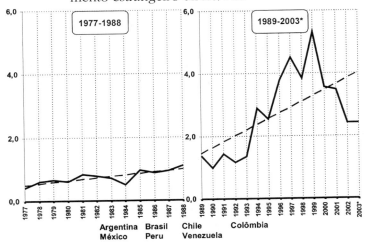

(*) Dados preliminares.
Fonte: World Economic Indicators, 2004 e Cepal.
Elaboração: Prof. Gilberto Dupas.

Quadro 8 – América Latina – Os sete maiores países – Dívida externa total/PIB

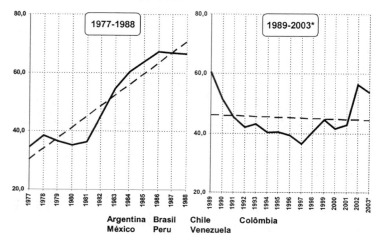

(*) Dados preliminares.
Fonte: World Economic Indicators, 2004 e Cepal, 2003.
Elaboração: Prof. Gilberto Dupas.

Quadro 9 – América Latina – Transferência líquida de recursos financeiros

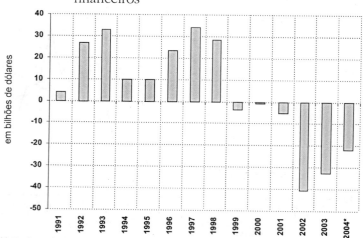

(*) Dado preliminar.
Fonte: Cepal, 1991-2003.
Elaboração: Prof. Gilberto Dupas.

Quadro 10 – América Latina – Os sete maiores países – PIB real e PIB *per capita* – Variações %

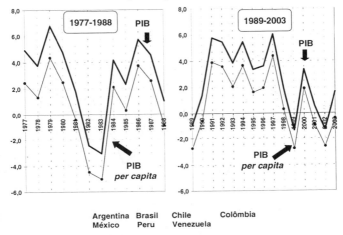

Fonte: World Economic Indicators, 2004 e Cepal, 2003.
Elaboração: Prof. Gilberto Dupas.

Quadro 11 – América Latina – Os sete maiores países – Taxa de desemprego aberto urbano

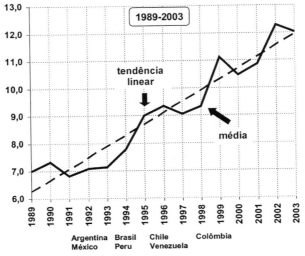

Fonte: Cepal, 1989-2003.
Elaboração: Prof. Gilberto Dupas.

Quadro 12 – América Latina – Os sete maiores países – Formação bruta de capital fixo/PIB

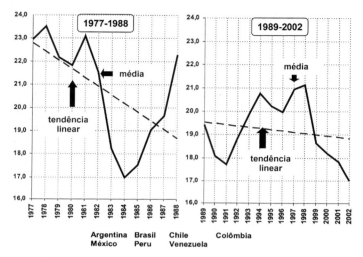

Fonte: World Economic Indicators, 2004 e Cepal, 2003.
Elaboração: Prof. Gilberto Dupas.

Quadro 13 – PIB e PIB *per capita*: Taxas anuais de crescimento – Dívida externa total/PIB

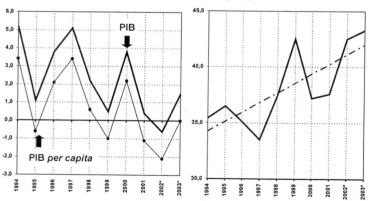

(*) Dados preliminares.
Fonte: Cepal, 1994-2003.

Atores e poderes na nova ordem global

Quadro 14 – Concentração mundial das corporações por setor – 500 maiores – 2002 – Valores em US$ bi

Aeroespacial e defesa (12)	Receita	Computadores e Equip. de Escritório (9)	Receita
Boeing	54.069	IBM	83.132
EADS	28.269	Hewlett-Packard	56.588
United Technologies	28.212	Fujitsu	37.896
% nas 12	43,1%	% nas 9	61,3%
Cias Aéreas (7)	Receita	Mercadorias em geral (12)	Receita
AMR	17.299		
Japan Airlines	17.099	Wall-Mart Stores	246.525
Lufthansa Group	16.045	Target	43.917
% nas 7	49,2%	Sears Roebuck	41.366
Eletrônico e Equip. Elétricos (18)	Receita	% nas 12	64,1%
		Veículos e Partes (32)	Receita
Siemens	77.205	General Motors	186.763
Hitachi	67.228	Ford Motors	163.971
Sony	61.335	Daimler Chrysler	141.421
% nas 18	33,0%	% nas 32	35,3%
Energia (10)	Receita	Refinação de Petóleo (26)	Receita
Suez (França)	43.575		
RWE (Alemanha)	41.114	Exxon Mobil	182.466
Gazprom (Rússia)	19.552	Royal Dutch/Shell	179.431
% nas 10	54,2%	BP	178.721
Alimentos e *Drug Stores* (23)	Receita	% nas 26	42,4%
		Farmacêutico (14)	Receita
Carrefour	64.979	Merck	51.790
Royal Ahold	59.455	Johnson & Johnson	36.298
Kroger	51.760	Pfizer	35.281
% nas 23	27,5%	% nas 14	38,4%
Bebidas (4)	Receita	Telecomunicações (24)	Receita
Coca-Cola	19.564	Nippon Tel. & Tel.	89.644
Coca-Cola e Enterprises	16.889	Verizon Communications	67.625
Anheuser-Busch	13.566	Deutsche Telekom	50.759
% nas 4	79,1%	% nas 24	29,5%

Fonte: Fortune – *The World's Largest Corporation*, n.14, July 2003.
Elaboração: Prof. Gilberto Dupas.

305

Quadro 15 – Evolução do lucro das 500 maiores corporações mundiais (2000-2003)

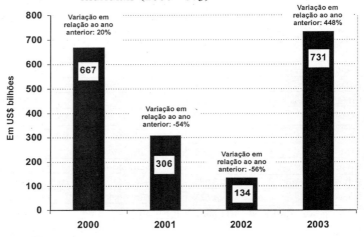

Fonte: *Fortune Global 500*, anos de 2001 a 2004.
Elaboração: Prof. Gilberto Dupas.

Quadro 16 – As maiores corporações mundiais

Rank 2003	2002		País	Receita US$ milhões	% mudança desde 2002
1	1	Wal-Mart Stores	EUA	263.009,0	6,7
2	5	British Petroleum	Grã-Bretanha	232.571,0	30,1
3	3	Exxon Mobil	EUA	222.883,0	22,2
4	4	Royal Dutch/Shell Group	Holanda/Grã-Bretanha	201.728,0	12,4
5	2	General Motors	EUA	195.324,0	4,6
6	6	Ford Motors	EUA	164.505,0	0,4
7	7	Daimler Chrysler	Alemanha	156.602,2	10,7
8	8	Toyota Motor	Japão	153.111,0	20,4
9	9	General Eletric	EUA	134.187,0	1,9
10	14	Total	França	118.441,4	22,2
11	12	Allianz	Alemanha	114.949,9	12,8
12	15	Chevron Texaco	EUA	112.937,0	22,7
13	31	Axa	França	111.912,2	80,4
14	36	Conoco Philips	EUA	99.468,0	70,4
15	20	Volkswagen	Alemanha	98.636,6	20,0

Atores e poderes na nova ordem global

continuação

Rank 2003	2002		País	Receita US$ milhões	% mudança desde 2002
16	16	Nippon Telegraph & Telephon	Japão	98.229,1	9,6
17	17	Ing Group	Holanda	95.893,3	8,8
18	13	Citi Group	EUA	94.713,0	(6,0)
19	19	International Business Machines	EUA	89.131,0	7,2
20	25	American International Group	EUA	81.303,0	20,5
21	21	Siemens	Alemanha	80.501,0	4,3
22	29	Carrefour	França	79.773,8	22,8
23	26	Hitachi	Japão	76.423,3	13,7
24	40	Hewlett-Packard	EUA	73.061,0	29,1
25	28	Honda Motor	Japão	72.263,7	10,5

Fonte: *Fortune – World's Largest Corporation*, July 2004.
Elaboração: Prof. Gilberto Dupas.

Quadro 17 – Vendas e valor adicionado das cinco maiores corporações mundiais em 2000 em US$ bilhões

Compahias	Vendas	Valor adicionado	Valor adicionado/ Vendas
General Motors	184,6	42,2	22,8%
Ford	170,1	46,8	27,5%
Daimler Chrysler	162,4	44,4	27,4%
Royal Dutch/Shell Group	149,1	36,3	24,3%
British Petroleum	148,1	33,5	22,6%
Média			

Fonte: De Grawne & Camerman (2002).

307

Gilberto Dupas

Quadro 18 – Países e corporações classificados de acordo com o valor adicionado e PIB em 2000 em US$ bilhões

#	País/Corporação	Valor	#	País/Corporação	Valor
1	EUA	9.882,8	38	Irlanda	94,4
2	Japão	4.677,1	39	Cingapura	92,3
3	Alemanha	1.870,1	40	Malásia	89,7
4	Reino Unido	1.413,4	41	Colômbia	81,3
5	França	1.286,3	42	Filipinas	74,7
6	China	1.076,9	43	Chile	70,5
7	Itália	1.068,5	44	*Wall-Mart*	67,7
8	Canadá	689,5	45	Paquistão	61,6
9	Brasil	595,5	46	Peru	53,5
10	México	574,5	47	Argélia	53,3
11	Espanha	555,0	48	*Exxon*	52,6
12	Índia	474,3	49	Rep. Tcheca	50,8
13	Coréia	457,2	50	Nova Zelândia	50,0
14	Austrália	394,0	51	Bangladesh	47,1
15	Holanda	364,9	52	Emirados Árabes	46,5
16	Argentina	285,0	53	*General Motors*	46,2
17	Rússia	251,1	54	Hungria	45,6
18	Suíça	240,3	55	*Ford Motors*	45,1
19	Bélgica	231,0	56	*Mitsubishi*	44,3
20	Suécia	227,4	57	*Mitsui*	41,3
21	Turquia	199,9	58	Nigéria	41,1
22	Áustria	191,0	59	*Citigroup*	39,1
23	Hong Kong	163,3	60	*Itochu*	38,4
24	Polônia	162,2	61	*Daimler Chrysler*	37,5
25	Dinamarca	160,8	62	*Royal Dutch/Shell*	37,3
26	Indonésia	153,3	63	*British Petroleum*	37,0
27	Noruega	149,3	64	Romênia	36,7
28	Arábia Saudita	139,4	65	*Nippon T & T*	36,1
29	África do Sul	125,9	66	Ucrânia	35,3
30	Tailândia	121,9	67	Marrocos	33,5
31	Venezuela	120,5	68	*AXA*	32,5
32	Finlândia	119,8	69	*General Eletric*	32,5
33	Grécia	112,0	70	*Sumitomo*	31,9
34	Israel	110,3	71	Vietnã	31,3
35	Portugal	103,9	72	*Toyota Motor*	30,4
36	Irã	99,0	73	Bielorússia	29,9
37	Egito	98,7	74	*Marubeni*	29,9

Atores e poderes na nova ordem global

continuação

75	Kuwait	29,7	88	*CGNU*	21,5
76	*Total Fina Elf*	26,5	89	*JP Morgan Chase*	21,0
77	*Enron*	25,2	90	*Carrefour*	21,0
78	*ING Group*	24,9	91	*Crédit Suisse*	20,8
79	*Allianz Holding*	24,9	92	*Nissho Iwai*	20,5
80	*E. ON*	24,3	93	*Bank of America*	20,2
81	*Nippon Life Insurance*	23,8	94	*BNP Paribas*	20,2
82	*Deutsche Bank*	23,5	95	*Volkswagen*	19,7
83	*AT & T*	23,1	96	Rep. Dominicana	19,7
84	*Verizon Comm.*	22,6	97	Uruguai	19,7
85	*US Postal Service*	22,6	98	Tunísia	19,5
86	Croácia	22,4	99	Eslováquia	19,1
87	*IBM*	22,1	100	*Hitachi*	19,0

Fonte: De Grawne & Camerman (2002).

Índice onomástico

Albright, Madelaine 114
Amadeu, Sérgio 86
AmBev 99, 294
Antarctica 160, 294
AOL-Time Warner 120, 294
Aquino, Tomás de 129, 131, 209
Aridjis, Homero 73
Aristóteles 130
Arrighi, Giovanni 25, 287
Avorn, Jerry 104

Banco Mundial 21, 39, 51, 53-56,
65, 93, 224, 235,
Barroso, José Manuel 254
Bayle, Pierre 209
BBC 105-108, 294
Beck, Ulrich 5, 12, 31, 36, 38, 40, 42,
83, 116-117, 146, 156, 160-162,
170, 173, 187, 189-190, 192, 198,
228, 234-236, 241, 246, 248, 268-
269, 271-272, 274-275, 287, 296

Benetton 116, 200, 296
Berlusconi, Sílvio 221
Bhagwati, Jagdish 57
Bibent, Michel 205
BID 59, 68
Bin Laden, Osama 214-215
Blair, Tony 108, 222, 250
Blethen, Frank A. 101, 287
Blumler, Jay 105
Bobbio, Norberto 152, 281
Bompreço 73, 296
Bornheim, Gerd 141-412, 281
Borradori, Giovanna 211-212, 215-
216, 228, 247, 288
Boutros-Ghali, Boutros 46-47, 288
Bové, José 248
Boxer, Charles 208, 288
Brahma 99, 160, 294
Bretton Woods 57, 232, 272, 283
British Petroleum 96, 306-308
BskyB 107, 294

Bush, George 214, 217, 234, 250, 277, 281

Camerman, Filip 96, 288, 307, 309
Cardoso, Fernando Henrique 222
Carnegie Endowment 65, 68, 287
Carnegie, Andrew 118
Carrefour 73, 296, 305, 307, 309
Casas Bahia 71, 294
Cassirer, Ernst 13, 125-129, 132-134, 288
Castells, Manuel 200, 288, 296
Cepal 61-63, 288, 301-304
Chang, Ha-Joon 90, 92-93, 284
Cícero 129-130
Citigroup 96, 308
Clinton, Bill 114, 222
Colgate-Kolynos 269, 294
Cuperus, René 227, 255, 257-258, 274, 288

DaimlerChrysler 96, 250, 296
De Grauwe, Paul 96, 288
De'Longhi, Giuseppe 69
Deleuze, Gilles 36-37, 293
Derrida, Jacques 212-216, 228
Desai, Meghnad 17-20, 288
Domergue, Gaston 89
Doz, Yves 99-100, 289
Drucker, Peter 113, 289

El-Baradei, Mohamed 50, 289
Enthoven, Alain 111
Espinosa 209
Estados Unidos 15, 21-27, 29, 35, 37, 40, 50, 57, 59, 64-66, 68, 70-74, 77, 85-86, 88-89, 109, 113-115, 118-119, 166, 172, 199, 206, 210, 213-215, 223, 225, 227, 236, 241, 246, 247, 249, 251, 254, 257, 261, 263-267, 277, 284, 297, 300
Eurípedes 126
Exxon Mobil 96, 305-306

Feldstein, Martin 57
Finkielkraut, Alain 243-244, 289
Fonseca Jr., Gelson 144, 289
Ford Motor 96, 305-306, 308
Fox, Vicente 73
Franklin, Benjamin 16
Freitag, Michel 152, 154, 290
Fuentes, Carlos 74, 290
Fundo Monetário Internacional (FMI) 28, 39, 55-57, 93, 117, 162, 221, 226, 232, 273, 277

Galileu 133
Gates, Bill 120, 179, 295
General Electric 96
General Motors 96, 249, 296, 305-308
George, Lloyd 89
Giannotti, José A. 184, 290
Glaxo Wellcome 111, 294
Goethe 125
Gonzáles, Filipe 274
Gothein, Johann 16)
Gramsci, Antonio 25, 290
Gray, John 242, 290
Greenpeace 102-103, 146, 167-168, 192, 221
Gregório VII 131
Grotius, Hugo 132-133
Guilhot, Nicolas 118-120, 290, 294

Atores e poderes na nova ordem global

Habermas, Jürgen 154, 185, 207-209, 211-212, 288, 290
Haider, Joerg 221, 230
Harrington, James 140
Head, Simon 71
Hegel 47, 125, 142, 184
Held, David 147-148, 164, 223-224, 226-227, 229-230, 232, 246, 290, 293
Herderson, David 122-123
Hirschman, Albert 41, 290
Hobbes, Thomas 132-133, 135, 144, 153, 290, 293
Howard, Michael 250
Huntington, Samuel 73-74, 257, 290
Hussein, Saddam 146
Hwang, Woo Suk 77-78

Iglesias, Enrique 59
Institut Karolinska 190
Instituto Akatu 194
Interbrew 99, 294
Itochu 96, 308

Jefferson, Thomas 132
João Paulo II 159
Jonas, Hans 276, 290

Kant, Immanuel 136-137, 228, 235, 271, 290
Kirchner, Néstor 221, 273
Kliksberg, Bernardo 290
Kosztolanyi, Dezso 244
Kroes-Smit, Neelie 254
Kulinowski, Kriesten 77
Kürnberger, Ferdinand 16

Lafer, Celso 145, 290
Lamy, Pierre 113

Lasch, Christopher 150, 291
Lavalle, Adrían Gurza 181, 291
Le Pen, Jean-Marie 230
Lefort, Claude 137-141, 291
Leys, Colin 105-112, 291, 294-295
Lichtenstein, Nelson 70
Linux 86, 295
Locke, John 209, 291
Lojas Americanas 71, 294-295
Losada, Sánchez de 266
Lyon, David 291

Mandelson, Peter 254
Maquiavel 133-134, 291
Marx, Karl 16-20, 184, 271, 288
Mauss, Marcel 120
McCreevy, Charlie 254
McDonald's 112, 188, 295
MacMillan, Margareth 88, 291
Meillet, Antoine 244
Mellon, Andrew 119
Merck Sharp & Dohme 104, 295
Miaille, Michel 202-204, 292
Microsoft 70, 85-86, 104, 179, 292, 295-296
Mitsubishi 96, 308
Mitsui 96, 308
Mitterand, François 222
Monsanto 102-103, 292, 295
Montesquieu 136, 245, 292
Murdoch, Rupert 107-108

Nafta 29, 64-66, 68, 171, 242, 292
Nancy, Jean-Luc 56, 292
Nestlé-Garoto 269, 294
Nietszche, Friedrich 271
Nippon 96, 305, 307-309
Nye, Joseph 26, 292

Gilberto Dupas

Oliveira, Francisco de 69,185-186, 292
ONU 37, 46-47, 58, 61, 117, 120, 147, 199, 226, 230-232, 274
Organização Mundial do Comércio (OMC) 51, 55, 87, 90, 93, 114, 117, 162, 225, 232, 235, 251-252, 268, 273, 285
Ortega y Gasset, José 150

Pão de Açúcar 73, 296
Peacock, Alan 106
Peugeot-Citroën 296
Platão 127-129, 276
Putnan, Robert 61

Quijano, Aníbal 265, 293

Rawls, John 209
Renan, Ernest 138-139
Renault 249, 296
Roche 98, 287, 295
Rockfeller, John D. 119
Roosevelt, Theodore 119
Rousseau, Jean-Jacques 136, 202, 293
Royal Dutch/Shell 96, 305-308

Sainsbury's 110, 295
Sanofi & Aventis 97, 295
Santo Agostinho 128-129
Santos, José 99-100, 289
Schmidt, Carl 142
Schopenhauer 125
Schöpke, Regina 293
Schröder, Gerard 222
Schumpeter 120
Sêneca 130
Siemens 160, 296, 305, 307

Silva, Luiz Inácio Lula da (Lula) 30, 159, 221, 276
Smith, Adam 17
Sócrates 127-128
Soros, George 120
Spencer, Hebert 118
Stiglitz, Joseph 57, 293
Sulston, John 86-87

T&T 96
Taverne, Dick 103, 293
Thatcher, Margaret 105-106, 110-111
The Economist 48, 296
Total 96, 297, 306, 309
Toyota Motor 96, 306, 308
Treitschke, Heinrich von 144
Tucídides 126
Turner, Ted 120

União Européia 11, 22-24, 113, 115, 169, 206, 225, 227, 230, 232, 245-246, 248-253, 264, 280-281

Vaculik, Ludvic 244
Valéry, Paul 245
Volkswagen 249-250, 296, 306-307, 310

Wade, Robert Hunter 51, 53-54, 293
Wall Street 57, 290
Wal-Mart 70-73, 95-96, 291, 295-296
Weber, Max 16-17, 88, 119, 154, 294
Westphalia, Tratado de 135, 164
Williamson, Peter 99-100, 289
Wilson, Woodrow 88-89

Yazbeck, Maria Carmelita 183

Zara 200, 296

Índice remissivo

Acordos comerciais 39, 67, 87, 261, 262, 263
Acumulação 12, 33-35, 47, 56, 69,72 75, 79, 110, 119, 171, 200, 206, 262, 282, 285,
Aids 98, 166-167, 207, 264, 270
Alca 64, 114, 261
América Latina 10, 44, 49, 58-64, 96,114, 232, 259-263, 265-266, 273, 276
Atores 36, 40-41, 45, 81, 101, 135, 144, 149, 164, 181, 189, 221, 223, 247, 276, 279, 283
  globais/mundiais/transnacionais 27, 31, 39, 80, 85, 94, 116-117, 158, 160, 165, 172, 191, 237, 264, 268
  econômicos 27, 31, 83-84, 94, 113, 117, 158, 162, 239, 264, 272, 286
  públicos 39

privados 169, 185, 206
da sociedade civil 36, 39, 116, 163
sociais 9, 26, 190, 197, 265-266

Cadeias produtivas 29, 33-35, 46, 75, 80, 95-96, 117, 172, 260-261, 284
Capital/capitalismo 9-12, 15-20, 27, 33-34, 37, 39-43, 46-49, 57, 60-61, 64, 68-72, 74-76, 79, 81, 84, 94-95, 97, 109-110, 112-113, 115-117, 119-122, 143, 150, 152, 154-158, 161-162, 166, 187-198, 191, 193, 206, 219-220, 224, 235, 237-238, 241, 257-258, 260-261, 264, 267, 269, 271-274, 276, 279
Cidadão/cidadania 32, 37-38, 41, 44, 46-47, 49, 81, 88, 113, 123, 135, 136, 149, 151, 154-155, 166, 170, 175, 178-180, 183, 194, 198, 200-206, 209, 212,

Gilberto Dupas

219, 227-229, 231, 234, 239-240, 245, 251, 255-256, 258, 269, 272, 277-278, 282

Consenso de Washington 10, 44,

Consumidor 11, 31, 39, 43, 46, 70-71, 100, 102, 107-108, 112, 116, 122, 154, 161, 166, 175, 179-180, 188-189, 192, 194-197, 250, 269, 272-273, 282

Contrapoder 9, 11, 40-41, 80, 175, 179, 187-190, 193, 197-198, 207, 281-283

Corporações 9, 11-12, 23, 27, 33, 36, 38, 45-46, 80, 84, 87, 94, 96, 102, 112, 113, 118, 160, 183, 188, 190, 192, 197, 200, 223, 264, 282, 285-286, 305-308

transnacionais 24, 32,41, 47, 79, 95, 156, 167, 171, 239, 261, 263-264, 273,278

grandes corporações 22, 27, 29, 35, 39-40, 46, 66, 77, 85-88, 94, 99-101, 104-105, 114, 117, 121, 149, 154-155, 158, 168, 180, 191, 195, 199-200, 227-229, 231, 234, 236, 240-242, 244, 246, 248-249, 254, 259, 261, 278-279, 281, 284

Cosmopolita/cosmopolitismo 11, 13, 17-18, 38, 137, 145-146, 150, 161, 168, 170, 191, 222, 227-228, 230-238, 240-242, 244-246, 248, 251, 277, 280

Democracia 32, 44, 46-49, 62, 79, 101, 107, 109, 113, 123, 137, 141, 145, 147-148, 150, 152-154,

157, 163-165, 169, 181, 184-185, 189, 203-205, 210-213, 222, 224, 226, 228, 235-237, 239, 241, 245, 247, 257, 259, 261, 277, 282, 285

socialdemocracia 44, 222, 224, 226-227, 254-255-258, 274

Direitos humanos 147-148, 163-165, 209, 226, 229, 231, 236, 265, 278

Dominação 25, 36, 42, 56, 81-83, 89, 125, 140, 143, 145, 152, 175, 189, 192, 205, 228, 232, 271-272

Economia 15-16, 24, 27, 33, 38, 41-42, 46, 48, 51, 62, 81, 87, 94, 112, 115, 118, 123, 158, 162, 166, 168, 176, 181, 189, 199, 201, 226, 236, 239, 245, 252, 268-269, 271-272, 282

Espaço

da política 267

privado 45, 175, 205

público 37, 45-46, 105, 109, 151, 153-154, 175, 180-182, 185, 203, 234, 281

Estado 9, 10, 13, 25, 27-29, 31, 36-37, 39, 40, 43, 45, 47, 49, 61, 75, 79, 81-83, 88, 100, 112-119, 121, 125-131, 133-139, 141-173, 176, 180-181, 184, 188-189, 192, 205, 209, 215, 220-224, 228-242, 244-247, 250, 253, 255, 257, 260, 264, 266-269, 271, 273, 275, 277-281, 286

Estratégia 10-12, 32, 39-41, 94, 97, 101, 113, 115, 121, 154, 158,

316

Atores e poderes na nova ordem global

161-162, 168, 173, 182, 188, 190, 192, 220, 226, 234, 237-240, 245, 264, 268-2689, 272, 274-275, 279, 284-285

cosmopolita 168, 228, 280

transnacionais 169, 262

de especialização 29, 171-72

socialdemocrata 171, 254, 280

hegemônica neoliberal 172-173, 281

Ética 74, 76, 119, 128, 132, 145, 164, 167, 185, 210, 229, 257, 276

Exclusão social 48-49, 75, 123, 156-157, 259

Filantropia 118-121, 282

Globalização 26, 28, 32, 35-36, 46, 49, 53-54, 73, 88, 93, 98-99, 113, 116-117, 120-121, 138, 141, 145, 147, 149, 156, 158, 160-161, 169-170, 172, 180, 191, 199, 211, 213, 221-226, 229-230, 234, 237-239, 241, 243, 248, 253-257, 259, 269, 271-272, 275, 278, 280-281, 283, 286

jogo global 27-28, 40, 99, 101, 117, 237, 262, 264

Governo/governança 42, 44, 46, 54, 57, 59, 84, 88, 91-92, 98, 103, 112, 121, 132, 136, 141, 149, 158, 162-163, 176, 178, 199, 201, 208, 224, 228, 232, 238, 254, 258, 261, 268, 271, 280-281, 284-285

Guerra fria 23, 36, 43-44, 50, 75, 138, 157, 213, 246, 259, 283

Hegemonia/hegemônico 11, 23-26, 33-34, 43, 75, 143, 173, 240-241, 273, 283

discurso hegemônico 10, 44, 59, 85, 157, 259-260, 273

Integração 22, 59, 65-68,141, 149, 152, 172, 177, 213, 240, 243-244, 249, 253, 263, 280

Keynesiano/keynesianismo 46, 260

Legitimidade/legitimação 9-12, 39, 42, 44-45, 50, 79-81, 83-84, 94, 101, 116-118, 121, 141, 143, 145-147, 149, 151-152, 154-155, 157, 161-163, 166-168, 182-183, 187, 189-192, 198, 203-204, 230, 233-239, 257, 261-262, 266, 269, 272-273, 276, 279, 282-284, 286

Lógica

global 22, 32, 35, 38, 42, 61, 68, 70, 82, 84, 116, 156-157, 260, 285

do capital 75, 112, 188, 272

Marxista, marxiano 17, 20, 38, 94

Mercado

global 35, 43-44, 54, 59, 67, 83, 101, 150, 168, 220, 239, 285

de trabalho 9-10, 17, 34, 45, 49, 62, 64, 150, 157, 193, 227, 260, 284

interno 20-21, 254

Metajogo 10, 12, 32, 36-38, 179, 187, 189, 210, 220, 238, 268, 277, 279

Metanacional 100

Gilberto Dupas

Moderno/modernidade/pós-modernidade 11, 13, 43-44, 125, 134, 150-152, 154-155, 180, 210-211, 213, 228, 278

Nacionalismo 28, 38, 134, 144, 170, 198, 221, 230, 238, 240, 248, 278

Neoliberalismo/ neoliberal 11, 28, 40-41, 44, 48, 65, 69, 83, 106-107, 110, 117, 157-158, 160-161, 167, 172-173, 187, 193, 220-221, 238, 254, 256-257, 259, 265, 268-269, 273-275, 277-278, 281, 283

Ordem 9, 15-16, 43, 117, 127, 131, 133, 143, 161, 164-165, 177-180, 208, 213-214, 235, 279, 283-284

Organizações não-governamentais 30-31, 86, 103, 120, 144, 181-182, 185, 189, 197-198, 203, 221, 230, 232, 234, 265, 273, 284

Países centrais 21-22, 24, 34, 39, 48, 67, 80, 82, 87, 90-91, 93, 109, 114, 156, 160, 261, 279, 280, 297-298

Países periféricos 21-22, 92, 191, 237, 261, 299

Poder 9-10, 12, 15, 20, 22-27, 32, 34-43, 47, 49, 75, 79, 82-85, 88, 94, 96, 104, 117, 127-128, 134-137, 140, 147, 149, 151, 154, 159, 162, 164, 167, 175, 187-188, 191, 195, 202, 214, 216, 219, 224, 230, 233, 238-239, 246, 256, 272, 275, 279, 283

Política
neoliberal 91, 284
industrial 90, 93
macroeconômica 263
global/mundial 35, 189, 229, 238, 268, 277

Populismo/populista 117, 227, 254-261, 267, 275, 277, 280, 282, 284

Protecionismo 28, 112-113, 156, 243, 254, 278

Redes/networks 11, 16, 31, 43, 75, 85, 150, 170, 177-178, 190, 198, 200-202, 215, 220, 228, 238, 281-282

Renda
concentração 30, 48, 75, 156-157
desigualdade 51-52, 64-65, 260
pobreza 51, 53-55, 59, 61-63, 65, 71, 78, 104, 150, 157, 172, 222, 224, 226, 233, 235, 262, 266

Responsabilidade 11, 85, 118, 121-123, 128, 162, 168, 176, 184, 191, 196, 213, 222, 233-234, 270, 273, 275-276, 278, 282

Soberania 11, 28, 30, 44, 84, 107, 118, 134-149, 152-153, 156, 163-164, 168-169, 201, 216, 228-229, 233-234, 238-242, 245, 261, 263-264, 271, 278, 280

Sociedade/social 19, 61, 64, 75, 151, 153, 163, 185, 210, 273-274
civil 9, 11, 26-27, 29-30, 40, 45,

Atores e poderes na nova ordem global

79, 102, 136, 154, 163, 171, 175-189, 191, 193, 199, 202, 233, 238, 264-271, 281, 284
política 141, 175-176, 184
desintegração social 157

Tecnologias/técnica 10, 31-35, 71, 74, 76-78, 97, 101, 112, 158, 160, 201, 214, 239, 270, 285
biotecnologia 102-103, 167
nanotecnologia 76-77, 161
genética 35, 75-76, 168, 192, 270
transgênicos 38, 84, 102-103, 161, 190. 193
da informação 26, 32, 34-35, 49, 68, 75-76, 84, 177-178, 201, 206
Terceira via 171, 222, 254, 256-257, 268, 278, 280

Terrorismo 11, 31-32, 47, 50, 170, 207, 210-211, 215, 217, 237, 241, 273, 277, 280, 283
violência 27, 42, 83, 143, 150, 157, 166, 209, 213, 234, 236, 255, 260, 267
Tolerância/intolerância 207-213, 216, 240
Trabalho
mercado de trabalho (vide Mercado)
desemprego 30, 38, 46, 48, 59-60, 62-63, 65, 150, 155, 157, 176, 181, 193, 207, 245, 255, 260, 265, 270, 284, 303
desocupação 62, 260
subemprego 265

SOBRE O LIVRO

Formato: 14 x 21 cm
Mancha: 23 x 45 paicas
Tipologia: Gatineau 10,5/15,2
Papel: Pólen Soft 80 g/m² (miolo)
Cartão Supremo 250 g/m² (capa)
1ª edição: 2005

EQUIPE DE REALIZAÇÃO

Coordenação Geral
Sidnei Simonelli

Produção Gráfica
Anderson Nobara

Edição de Texto
Ana Paula Castellani (Preparação de Original)
Fábio Gonçalves e
Sandra Regina de Souza (Revisão)

Editoração Eletrônica
Lourdes Guacira da Silva Simonelli (Supervisão)
Luís Carlos Gomes (Diagramação)

Impressão e Acabamento
na Gráfica Imprensa da Fé